이인호 목사의 깊이 있는 로마서 산책

왜 예수님만 믿는 사람이 드물까?
인간이 자기 의를 버리고, 행위와 공로의 힘을 빼고,
전통과 인격의 빛남도 의뢰하지 않고
오직 예수님만 믿고 산다는 것은 아주 고난도의 기술이다.

믿음에서 믿음으로

이인호 목사의 깊이 있는 로마서 산책

이인호 지음

익투스

들어가면서

 신학교 시절 폐결핵과 이로 인해 찾아온 심각한 불면증, 신경쇠약증으로부터 나를 구원해준 책이 바로 로마서이다. 주의 부르심에 타협하여 교수가 되겠다던 나에게 목사의 소명과 열정을 불질러준 것 역시 로마서의 복음이었다. 고통 속에서 믿음으로 살아보려고 신학교 시절 처음 로마서를 연구했던 나는 청년부 사역을 하는 10년 동안 여러 차례 연구와 강의를 했다. 담임목회를 하며 일 년 반에 걸쳐 매 주일 로마서 강해설교를 준비하며 또 한 차례 연구를 했다. 그리고 몇 년 전 두 주간의 가을 특별새벽부흥회에서 1~11장까지의 교리를 중심으로 강해를 하며 다시 연구했고 그 외에도 사역훈련을 할 때마다 이 로마서의 복음을 훈련생들에게 강의하며 되새겼다. 그렇게 반복적으로 로마서를 연구한 열매가 바로 이것이다.

 내가 발견한 로마서의 복음을 요약하라고 한다면 '처음부터 끝까지 예수님만 믿게 하는 복음'이라는 것이다. 처음에는 누구나 다 예수를 잘 믿는다. 그러나 30년이 되어도 처음처럼 '예수님만' 믿는 사람은 드물다. 그래서 점점 메말라간다. 왜 예수님만 믿는 사람이 드물까? 예수님만 믿는 것이 쉽지 않기 때문이다. 인간이 자기 의를 버리고, 행위와 공로의 힘을 빼고, 전통과 인격의 빛남도 의뢰하지 않고 오직 예수님만 믿고 산다는 것은 아주 고난도의 기술이다. 그래서 4영리만 가지고는 안 된다. 이미 믿는 로마교회에 로마서의 복음이 필요했던 것처럼 우리에게도 마찬가지다. 단언컨대 이 로마서의 복음을 모르면 결코 끝까지 예수님만 믿고 살지 못한다.

이 책을 쓰게 된 원래의 목적은 우리 교회 성도들의 신앙을 더 굳건하게 복음 위에 세우기 위함이었다. 제자훈련의 목회철학 위에 세워진 우리 교회가 연수가 더해 가면서 윤리화, 도덕화, 전통화, 제도화되어가는 것을 어떻게 막을 수 있을까를 고민하면서 쓰게 된 것이다. 그래서 이 책은 일반적인 설교집처럼 쉽게 읽도록 쓰여 있지 않다. 그렇다고 주석이나 주해같이 난해한 책도 아니다. 책의 성격을 말하라면 설교집도 아니고 성경공부 교재도 아니고 강해서도 아니며 주석은 더더욱 아니다. 뭐라 딱 규정하기는 어렵지만 어떻게 하면 성도들에게 로마서의 깊은 진리를 알게 할까를 고민하면서 무엇보다 로마서가 말하는 논리에 충실하였다. 모든 구절을 다루려고 노력했고, 조직신학적인 관점보다는 로마서의 흐름을 가지고 설명하려고 애를 썼다. 그래서 성도들로 하여금 바울이 로마서에서 가르치는 그대로 복음을 이해하도록 하고 싶었다.

나에게 처음 로마서의 눈을 열어준 사람은 로이드 존스 목사님이다. 그분의 여러 권으로 구성된 로마서 강해서를 신학교 시절부터 지금까지 여러 번 탐독하였다. 그리고 그 바탕 위에서 이 로마서를 명

쾌하고 쉽게 이해시켜준 분은 존 스토트 목사님이시다. 신학교 시절 이 두 분 목사님처럼 학자요 목회자가 되고 싶었는데 돌아보면 아쉽고 부끄럽기만 하다. 젊은 목사 시절 고 옥한흠 목사님을 통해서 들은 로마서 강해는 나에게 큰 울림을 주었다. 성도들을 향하여 어려운 로마서의 말씀을 타협 없이 감동 있게 선포하시던 그 현장을 잊을 수 없다. 그리고 최근에 읽은 팀 켈러 목사님의 로마서 강해 역시 복음 이해에 빛을 주었다. 그 외에 여러 주석서와 강해 설교집 등을 통해서 많은 깨달음을 얻었다. 학술적인 책이 아니기에 일일이 인용을 언급하지 못하였고, 아울러 내가 하는 말이 어느 분의 영향 아래 나온 것인지조차 일일이 알 수 없어서 다 언급하지 못하였지만, 여기에 있는 모든 글은 위에 언급한 분들과 수많은 신앙의 선배님들의 가르침의 빚을 진 것이다. 그러나 분명히 말하고 싶은 것은 그분들을 통해서 배운 것이 정말 그런가 하여 직접 로마서의 한 구절 한 구절을 살펴보았고, 선입견 없이 로마서의 말씀을 있는 그대로 깨달으려고 성령님의 가르침 아래서 오랜 시간 앉아 있었다는 것이다. 그러면서 내가 얼마나 성경을 그대로 보지 못하고, 남에게 들은 지식으로 잘못 알고 있는 것이 많은가를 깨달았다.

이 책을 쓰도록 나의 영감에 불을 붙여준 분들은 더사랑의교회 성도들이다. 말씀을 사모하는 성도들을 통해서 오늘날 성도들이 말씀을 싫어하고 즐거운 이야기만 좋아한다는 말이 거짓임을 알았다. 거짓 신화를 스스로 만들고 그 생각에 말려 타협한 것은 목회자들이었다. 가을 특별새벽기도회를 하는 두 주간 새벽 4시 50분부터 순수하게 성경을 권별로 강해하는데, 매번 말씀을 사모하는 성도들이 기간 내내 본당에 가득 찼다. 이렇게 말씀을 사모하는 성도들이 내게 용기를 주었다. 목회자조차 '말씀, 말씀' 하지 말라고 하는 시대, 말씀을 세밀하게 연구하는 태도를 조롱하며 그만 쪼개라고 빈정거리는 시대에 말씀을 사모하는 성도들을 만난 것이 얼마나 큰 은혜인지 모르겠다.

대중적인 인기가 별로 없을 것 같은 이 책의 가치를 높이 평가해 주고 기꺼이 출간해 주신 총회출판부와 정건수 장로님, 그리고 출판에 힘쓴 익투스의 모든 분들께 깊이 감사드린다.

2017년 10월
이인호

Contents

들어가면서 · 4

1부 믿음 외엔 길이 없다(롬 1:1~3:18)

1장_ 믿은 지 오래되었는데 왜 다시 복음을 들어야 하나요?　　　18

복음을 다시 들어야 하는 이유 · 20
예배 시간 중에 질문하지 못하는 진짜 이유는? | 교회를 오래 다니면 저절로 알게 된다고요? | 윤리를 가르치지 않아서 이 모양이라고요? | 오래된 교회가 거목(巨木)이 아니라 고목(枯木)이 되어가는 이유

온전한 복음의 의미 · 27
믿음에 행위를 더해야 구원이 완성된다는 공식의 신화 | 복음은 믿음으로 시작해서 믿음으로 끝까지 가는 것

복음을 알라 · 29
4영리만 아는 것으로는 충분하지 않다 | 복음을 제대로 모르는데 도대체 어떻게 지켜 내겠는가?

2장_ 사랑의 하나님이라면서 왜 사람들에게 진노하시나요?　　　34

인간의 불경건함에 진노하신다 · 37
악을 보고도 너그러운 것이 참된 사랑일까? | 보고도 모른 척하면 기분이 어떨까? | 인격을 폄훼하는데 어찌 화가 나지 않을까? | 하나님을 무시하고 왜곡시키는 속마음은?

인간이 불의해서 진노하신다 · 42
자녀가 성적으로 방탕한데도 화를 내지 않는 것이 사랑인가? | 사회에 해악을 끼치는 자에게도 관대한 것이 사랑인가? | 하나님의 진노에도 불구하고

왜 악한 자들이 멀쩡한가? | 진노의 결과인 내버려 둠 | 내버려둠 자체로서 보응이 된다 | 내버려 둠은 진노를 쌓아두는 과정이다

3장_ 도덕적으로 선한 사람은 하나님이 봐주시지 않을까요? 54

소위 도덕적이라는 모습의 정체 • 56
판단하는 생각과 실제 삶의 모습은 다르다 | 겉과 속이 다르다 | 내가 하면 로맨스, 남이 하면 불륜(내로남불) | 양심에 찔리면서도 결국은 자기 고집대로 산다

그들을 향한 하나님의 심판 • 64
생각이 아닌 행위를 심판하신다 | 타인을 판단하던 도덕의식이 그들 자신을 심판하는 기준이 된다.

4장_ 종교적으로 깊은 깨달음을 가진 사람들은 다르겠죠? 68

종교인들은 다를까? • 69
종교 천재인 유대인들은 뭔가 다를 거야 | 깊이 깨우친 스님들은 차원이 다르겠지?

종교 전문가들이 보여주는 반전 드라마 • 72
더 깊이 가르치지만 그렇게 살지는 못한다 | 화려하나 공허하도다 | 오십보백보 | 성경은 모든 사람이 다 실패했다고 선언한다 | 긍정이라는 사탄의 속삭임 | 이제 자기 숭배를 그치라

Contents

2부 믿음으로만 구원받는다 (롬 3:19~5:21)

5장_ 모두가 다 죄인이라면 도대체 누가 구원받나요? 82

이신칭의의 복음 • 85
첫 번째 오해, 엉망으로 살아도 믿기만 하면 구원받는다? | 두 번째 오해, 믿기만 하면 된다는 기독교는 값싼 종교가 아닌가?

이신칭의는 값비싼 진리 • 92
속량 : 우리 대신 죗값을 지불하셨다 | 화목제물 : 우리 대신 진노의 저주를 담당하셨다 | 기쁘고도 당당하게 누려라

이신칭의의 분별식 • 100
선한 행위를 자랑하지 않는다 | 의인은 의로워지고 죄인은 더러워진다

6장_ 구약성경은 착하게 살아야 구원받는다고 말하지 않나요? 106

구약시대의 이신칭의 • 107
구약시대에는 이신칭의가 없지 않았나요? | 아브라함도 믿음으로 의롭다 함을 받았다 | 아브라함의 하나님도 이신칭의의 하나님이시다 | 다윗의 하나님도 이신칭의의 하나님이시다

믿음의 본질 • 115
그래도 믿음만으로는 부족하니까 율법을 주신 것이 아닐까? | 본질이 전통보다 먼저다 | 믿음이 율법보다 먼저다 | 율법은 죄를 깨닫게 할 뿐이다

참 믿음의 DNA • 121
죽은 자를 부활시키시는 하나님을 믿음 | 믿음은 선한 열매를 잉태한다

7장_ 더 이상 하나님이 무섭지 않다고요?　　　　　　　　　　126

　이신칭의의 축복 · 127
　하나님이 무섭지 않다 | 하나님 앞에서 당당해진다 | 그날을 바라보며 즐거워
　한다 | 환난 속에서도 즐거워한다 | 구원이 흔들리지 않는다

8장_ 어떻게 한 분의 죽음이 많은 사람을 구원할 수 있나요?　　146

　이신칭의의 원리 · 147
　대표자의 원리를 이해하라 | 그리스도는 생명의 대표자이시다

Tip
- 아브라함을 향한 칭의의 합리적인 근거는 무엇인가? · 114
- 약속의 우선순위 · 118
- 이신칭의의 복음의 정리 · 153
- '여기는' 삶의 구체적인 실례들 · 184

Contents

3부 믿음으로만 열매를 맺는다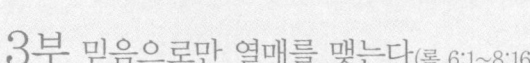(롬 6:1~8:16)

9장 _ 믿기만 하면 내 맘대로 살아도 된다는 건가요? 158

내 맘대로 살 수 없는 이유 • 160
믿을 때 죄의 지배에서 벗어났기 때문이다 | 믿을 때 그리스도와 연합했기 때문이다 | 그리스도의 죽으심과 연합하여 옛사람이 죽었기 때문이다 | 옛사람이 죽음으로 죄의 몸이 죽었기 때문이다 | 그리스도의 부활과 연합하여 새 생명을 얻었기 때문이다 | 그리스도의 부활과 연합하여 새로운 소속이 되었기 때문이다

존재에 맞게 여기며 살기 • 174
육체의 정과 욕심을 무시하라 | 내 몸을 의의 무기로 여겨라 | 하나님의 종으로서 열심을 내라 | 하나님의 종으로 사는 행복을 선택하라

10장_ 구원은 믿음+행위가 아니라고요? 186

믿고 나서 율법으로 돌아가면 안 되는 이유 • 188
율법 남편과 살면 열매 맺지 못한다 | 율법 남편으로부터 탈출해야 산다 | 예수님께 가야만 열매 맺는다 | 영의 새로운 길을 가라

새 남편과 전남편의 차이 • 194
새 남편이 더 거룩하고 고상하다 | 새 남편은 마음이 너그럽고 은혜롭다 | 전남편은 무섭고 미웠는데 새 남편은 사랑스럽고 감사하다 | 전남편의 말은 잔소리 같으나 새 남편의 말과 행동은 닮고 싶다

왜 많이 가르쳐도 선하게 되지 않을까? • 195
왜 도덕적 인간이 오히려 나쁜 사회를 만드는 것일까? | 율법은 죄의 악함을 드러낸다 | 율법은 죄의 반항성을 알게 한다 | 율법은 죄의 강압성을 드러낸다

| 율법은 죄의 막강한 권세와 세력을 알게 한다 | 율법은 그리스도를 바라보게 한다

믿고 거듭났어도 죄에 자주 넘어지는 이유 • 206
신자의 이중적 실상 | 넘어지게 하는 주범, 육신의 정체

그리스도인이 죄를 짓고 넘어지는 것이 정상인가? • 209
거듭난 신자의 삶일 수 없다는 견해 | 정상적인 심지어 성숙한 그리스도인의 모습이라는 견해 | 연약하고 미성숙한 신자의 증상이라는 견해 | 그리스도인이 죄를 짓고 넘어지는 것은 정상이 아니다

11장_ 예수를 믿으면 실제적으로 죄를 이길 수 있나요? 218

몸을 위한 복음 • 220
율법이 할 수 없는 것을 하나님이 하신다 | 예수님이 '죄 있는 육신의 모양으로' 죄를 담당하셨다 | 성령님이 몸의 해방군으로 오셨다 | 성령을 따라 행하라

12장_ 구원받는 것이 중요하지 성령님은 잘 몰라도 되지 않나요? 230

성령이 하시는 일 • 232
성령님은 제일 먼저 내면의 생각을 바꾸신다 | 성령님은 내주하셔서 우리를 변화시키신다 | 성령님은 신자의 주인이 되셔서 몸의 행실을 죽게 하신다 | 성령님은 신자를 하늘 상속자로 준비시키신다

성령을 따라서 사는 방법 • 245
항상 성령을 따라서 살아야 한다

Contents

4부 끝까지 믿어야 산다 (롬 8:17~11:36)

13장_ 하나님의 자녀인데 왜 이 땅에서 고난을 당하나요?   250
그리스도인이기 때문에 받는 고난 • 251
시들어가는 피조물로서의 고난 • 253
허무함 | 썩어짐 | 탄식 | 인내

14장_ 어떻게 고난을 인내하며 견딜 수 있을까요?   260
우리의 기도를 도우시는 성령님 • 261
왜 성령님은 고난의 때에 기도를 도와주실까? | 성령님은 무엇을 기도해야 할지 가르쳐 주신다 | 성령님은 탄식으로 우리 기도를 도와주신다

성령님의 탄식 • 265
우리를 동정하시고 우리의 아픔을 함께 느끼는 탄식 | 신음이 아니라 소망의 탄식 | 간절한 기도의 탄식

15장_ 하나님의 사랑은 정말로 변함이 없나요?   268
신자에게는 선하신 섭리가 있다 • 269
모든 것이 합력하여 선을 이룬다 | 기도 속에 하나님의 섭리가 이루어진다

신자를 향한 확고한 목적이 있다 • 271
모든 것을 합력하여 이루시는 선은 무엇인가? | 선을 확고하게 이루신다

신자에게는 끊을 수 없는 사랑이 있다 • 273
누가 대적하리요 | 누가 정죄하리요 | 누가 끊으리요

16장_ 선택받아야 믿을 수 있다는데 사실인가요?   280

　하나님은 누구를 선택하시는가? • 282
　믿음의 명문가 출신이라고 선택받은 것이 아니다 | 행위나 조건을 근거로
　선택하시지 않는다 | 하나님 주권대로 선택하신다

　믿지 않는 것은 인간의 탓인가, 선택하지 않은 탓인가? • 287
　선택은 불신의 책임을 면제해 주지 않는다 | 선택은 복음을 전할 책임을 면제
　해주지 않는다

　신자가 믿음에서 떨어지면 어떻게 되는가? • 296
　넘어진 이스라엘의 구원 시나리오 | 너도 아끼지 아니하시리라 | 끝까지 믿음
　의 복음 안에 남아 있으라

나뭇가지가 나무를 떠나서 살 수 없듯이
그리스도인은 그리스도를 떠나서, 복음을 떠나서는 살 수 없고 존재할 수 없다.
그래서 복음 안에서 자라나는 생명은
오래되어도 말라서 죽어버린 고목(枯木)이 되지 않는 법이다.

1부
믿음 외엔 길이 없다

(롬 1:1~3:18)

1장

믿은 지 오래되었는데
왜 다시 복음을 들어야 하나요?

롬 1:1~17

"그러므로 나는 할 수 있는 대로 로마에 있는 너희에게도 복음 전하기를 원하노라"(1:15)

어떤 집사님이 다른 곳으로 이사를 가게 되어 새로운 교회를 찾아 나섰다. 그리고 주변 분들의 권유로 한 교회에 나가게 되었다. 새로운 삶의 터전이 낯설기는 하지만, 그래도 교회는 쉽게 정착하리라는 생각을 가졌다. 그는 신앙의 연륜이 있는 사람이었기 때문이다. 그런데 가자마자 난관을 만났다. 새가족반에 들어오라는 목사님의 분부 때문이었다. '내가 예수님 믿은 지가 얼마인데……'라는 생각과 함께 지나온 신앙생활에 대한 간증문이라도 제출하고 싶은 심정이었다.

이와 비슷한 일들은 교회에서 자주 있는 일이다. 우리 교회의 경우 더욱 그러하다. 오랫동안 교회를 다닌 교인이나 중직자가 이사 등의 이유로 교회에 새롭게 등록하면서 가장 꺼리는 과정 중 하나가 바로 새가족반 강의를 듣는 것이다. 이들은 이미 수십 년 동안 들어온 복음을 왜 다시 들어야 하느냐고 묻는다. 그뿐만이 아니다. 강단에서 복음을 전하면 '복음 증거는 전도 집회 때나 하는 것이지 예수를 이미 믿고 있는 사람에게 왜 또 전하는 거지?'라며 의문을 가지기도 한다.

오늘날 만약 사도 바울이 다시 살아나서 현대교회에 편지를 보낸다면, 우리는 아마도 뭔가 새로운 계시와 성경에서 읽지 못하던 하늘의 비밀스런 이야기를 새롭게 써주길 기대할 것이다. 그런데 성경 시대의 바울은 세워진 지 이미 20년이나 된 로마교회에 복음의 내용을 담아 편지를 썼다. 그는 "할 수 있는 대로 로마에 있는 너희에게도 복음 전하기를 원하노라"(15절)라고 하였다. 이 편지는 분명 믿음 없는 자들에게 쓴 것이 아니다. 왜냐하면 바울은 그들을 "예수 그리스도의 것으로 부르심을 받은 자"(6절) 그리고 "하나님의 사랑하심을 받고 성도로 부르심을 받은 자"(7절)라고 하였기 때문이다. 심지어 그들의 "믿음이 온 세상에 전파되어서 감사한다"(8절)고 말했다. 이렇게 이미 구원받고 하나님의 자녀가 되어 믿음의 좋은 소문이 나고 있는 성도들에게 복음 전하기를 원한다는 말이 좀 이상하게 들리지 않는가? 바로 이런 의문이 우리에게도 동일하게 있다. 예수 잘 믿고 신앙생활 잘하는 우리가 왜 복음을 들어야 하는가? 믿지 않는 사람들이 들어야지 왜 이미 예수 믿은 지 20년, 30년이 되고 중직으로 교회봉사 열심히 하는 우리가 복음을 들어야 하는가?

복음을 다시 들어야 하는 이유

예배 시간 중에 질문하지 못하는 진짜 이유는?

복음을 다시 들어야 할 이유는 두 가지이다. 첫째로 복음은 반복해서 들어야만 하기 때문이다. 복음서에서 예수님은 하나님 나라의 복음을 '전파'하셨다고도 하고 '선포'하셨다고도 말한다. 복음은 우선 믿지 않는 사람에게 구원의 소식으로 전파되어야 한다. 그럴 때 그 소식을 듣고 믿지 않는 자들이 구원받는다.

그러나 동시에 복음은 선포되어야 한다. 선포란 권위를 가지고 일방적으로 들려주는 것으로서 하나님의 말씀을 믿음으로 받아들이기를 요청하는 일종의 설교이다. 혹자는 설교 시간에 질의응답 시간이 있으면 더 효과적일 것이라고 말한다. 질의응답이 교육에 효과적인 것은 부인할 수 없다. 하지만 설교를 듣는 자가 가져야 하는 기본적인 태도는 질문하는 자세가 아니라 '하나님이 말씀하시면 내가 듣겠나이다'라는 경청의 자세이다. 이것은 말씀의 권위를 존중하는 태도이다. 예배 시간에 질문이 없는 것은 바로 말씀의 권위와 그 말씀을 선포하는 형식의 중요성을 존중하는 것이다. 하나님의 말씀은 설교자의 입술을 통해서 확신 있게 선포될 때 청중의 마음속에 부딪쳐서 생명의 역사를 이룬다. 그 선포된 말씀이 들려지는 순간에 그 속에서 믿음이 싹트게 되는 것이다. 하나님의 말씀은 전도의 미련한 방법으로 전해질 때에 구원을 이루는 믿음의 역사를 이루고, 동시에 반복적으로 선포될 때에 마음속에 살아 있는 믿음을 창조한다.

개인적으로 나는 여러 제자훈련과 사역훈련을 이끌면서 매년 매 학기에 반복적으로 복음을 가르치기를 부목사 시절부터 20년이 넘도록 하고 있다. 그런데 한 번도 복음을 반복적으로 가르치는 것으로 인해서 지루하거나 답답해본 적이 없고, 오히려 그 시간에 내 자신이 살아나는 것을 매번 경험한다. 더 나아가 요즘 강단에서 전하는 설교의 결말은 언제나 그리스도요 그분의 십자가와 부활이다. 이렇게 매주 복음을 반복적으로 선포하면서 내 자신이 더욱 그리스도를 사랑하게 되고, 그분의 깊은 은혜와 사랑에 잠기게 된다. 그리스도가 날마다 내 심령에 살아 있는 삶은 결국 반복적인 복음 선포로 말미암는 것임을 경험한다. 하지만 교회의 연수가 오래되고, 신앙 연수가 오래될수록 많은 성도들이 이미 복음을 다 알고 마스터했다고 생각하여 윤리나 도덕적으로 성숙한 삶을 가르치는 설교를 들어야 한다고 생각한다. 그 결과 점점 그리스도의 복음에서 멀어져서 생명력을 잃어가는 모습이 너무나 안타깝다. 복음을 반복적으로 들어야 하는 이유가 여기에 있다. 복음은 매일 매주 반복적으로 우리에게 들려지고 선포됨으로써 신자의 마음속에 생명력 있게 살아 역사하는 것이다.

교회를 오래 다니면 저절로 알게 된다고요?

복음을 다시 들어야 할 두 번째 이유는 복음을 더 정확하게 들어야 할 필요성 때문이다. 나는 이것이 바울이 로마교회에 복음을 들려주는 더 정확한 이유라고 생각한다. 로마교회에 복음을 듣게 하려는 바울의 의도는 단지 '다시' 들려주는 반복적인 선포가 아니라 그들에게 온전한 복음을 듣게 하는 데 더 중요한 초점을 가지고 있다.

신도시에 위치한 우리 교회에는 타 교회에서 수십 년 동안 섬기다가 이사해서 등록한 분들이 꽤 많다. 그분들과 함께 제자훈련, 사역훈련을 하면서 복음을 깊이 나눌 때마다 나타나는 반응은 다양하다. 어떤 분은 훈련 중에 복음을 듣고 깨달으며 회심을 경험한다. 어떤 분은 이러한 복음을 처음 들었다고 감탄하고 감격하기도 하며, 어떤 분은 자신이 지금까지 알았던 예수님과 요즘 알아가는 예수님이 정말 다른 것 같다고도 한다. 또 오랜 시간 동안 율법적인 교회 분위기에 얽매여 있다가 십자가에서 죽으시기까지 자신을 사랑하신 주님을 만난 감격으로 눈물이 떠나지 않는다고도 한다. 그리고 예수님으로 인해서 삶이 변화되고 가정이 변화되어 자신의 인생 가운데 최근 몇 년이 가장 행복하다는 고백을 한다. 그러면서 더불어 나에게 감사의 고백을 한다. 나는 단지 예수 그리스도의 복음을 전한 것뿐인데 이러한 충심어린 감사의 말을 들을 때마다 몸 둘 바를 모르겠다. 이러한 반응을 보면서 한편으로는 정말 감사하면서도 다른 한편에서는 한국 교회가 얼마나 성도들에게 복음을 정확하게 가르치지 않는가 하는 의심을 떨쳐버릴 수 없다. 나와 훈련하는 분들 중에는 다른 교회에서 오랜 시간 동안 열심히 섬겼던 분들도 많다. 그런데 그런 분들이 내가 그들과 나누는 복음이 혹시 잘못된 이단적인 가르침이 아닌가 하고 의혹의 시선으로 바라보며 잘 받아들이지 않는 것을 볼 때에는 정말 마음이 아프다. 이렇게 복음을 모른 채 섬김에만 열심을 내니 은혜의 감격은 없고, 그저 기복주의적이고 공로주의적인 동기로 종교생활을 하는 것이다. 그러니 열심은 있으나 변화와 성장이 없다. 자기 열심, 자기 의에 기초해서 봉사하다 보니 결국은 교만과 자기만족에 빠지거나 상처, 섭섭함, 낙심이라는 막다른 벼랑에 도달하기 일쑤이다.

복음을 정확하게 이해하고 있다면, 복음의 내용을 반복해서 들을수록 그 자체로부터 생명력이 더욱 왕성하게 뿜어져 나온다. 이 말을 뒤집어서 생각해 보자. 복음이 지겨운 이유는 우리가 복음을 정확하게 이해하지 못하고 있기 때문이 아닐까? 나뭇가지가 나무를 떠나서 살 수 없듯이 그리스도인은 그리스도를 떠나서, 복음을 떠나서는 살 수 없고 존재할 수 없다. 그래서 복음 안에서 자라나는 생명은 오래되어도 말라서 죽어버린 고목(枯木)이 되지 않는 법이다. 그러나 교회가 고목이 되어가는 이유는 그들의 삶이 복음에 기초해 있지 않고, 복음으로 자라지 않기 때문이다. 그들이 십자가와 부활을 몰라서가 아니다. 모두 성경공부를 통해서 배우고 전도집회 때마다 듣는다. 그러나 그들은 참된 복음을 모른다.

윤리를 가르치지 않아서 이 모양이라고요?

교회 안에서 일어나는 모든 문제의 원인을 혹자는 윤리를 가르치지 않아서라고 한다. 과연 그럴까? 한국교회 강단에서 행해지는 설교를 들어보라. 대부분 충분하게 윤리적인 설교가 아닌가. 윤리를 가르치지 않음이 문제가 아니라 설교하는 대로 행하지 않는 목회자들이 문제가 아닌가? 윤리를 가르치지 않는다고 혈압 올리는 그분은 과연 자기가 목소리 높이는 그대로 살까? 그러면 윤리적, 율법적인 경전으로 가르치는 유대교, 불교, 유교는 도덕을 그렇게 강조해서 타락했는가? 사서삼경을 줄줄이 어려서부터 외우던 조선의 사대부들은 도덕을 몰라서 그렇게 타락하였던가?

교회가 윤리를 가르치지 않아서 문제라고 하는 분들은 기독교가 무엇인지 모르는 사람들이다. 우리의 문제는 우리가 알고, 깨닫고, 심지어 감동하고, 눈물 흘리는 것조차 행할 능력이 없다는 데 있다. 그 행할 능력이 예수님을 믿고 거듭나면 저절로 생기는가? 아니다. 우리는 예수님을 믿기 전에도 무능하고, 예수님을 믿고 거듭난 후에도 여전히 우리가 아는 것을 행할 능력이 없다. 우리의 존재가 예수님을 믿는다고 갑자기 천사처럼 변하여 도덕적으로 살게 되는 것이 아니기 때문이다. 그러므로 우리의 구원의 길은 절대로 우리 안에서 찾을 수 없다. 믿기 전에도 그렇고 믿은 후에도 그렇다. 그래서 처음 믿을 때만 믿는 것이 아니라 믿고 난 후에도 끝까지 믿어야 한다.

오래된 교회가 거목(巨木)이 아니라 고목(枯木)이 되어가는 이유

선택받은 유대인들이 왜 망하였는가? 믿음에서 떠났기 때문이다. "옳도다 그들은 믿지 아니하므로 꺾이고 너는 믿으므로 섰느니라 높은 마음을 품지 말고 도리어 두려워하라"(11:20). 유대인들은 믿지 않아서 꺾였다. 그러나 이방인들은 믿어서 세워진 것이다. 왜 그렇게 부흥하던 유럽교회가 쇠퇴해 가는가? 그들 역시 믿음으로 시작하였으나 모두 믿음을 버리고 자신의 행위, 자신의 이성으로 돌아섰기 때문이다. 왜 오래된 전통적인 교회가 쇠퇴하는가? 그들이 믿음으로 시작하였으나 어느덧 믿음을 버리고 자신의 습관, 행위, 전통을 의지하기 때문이다. 그들이 망한 원인은 복음으로 시작하였다가 점점 윤리화되고 율법화되어 갔기 때문이다. 바로 이 믿음의 복음을 알지 못하기 때문이다. 잘못된 복음, 변질된 복음은 사람으로 하여금 믿음에서 떠나게 하고 결국 그리스도를 떠나게 한다. 정말 심각한 문제는 교회에서 이렇게 믿음에서 떠나도록 가르친다는 것이다. 도덕과 윤리를 너무나 열심히 가르쳐서, 인간적인 도전과 감동을 주기 위해 세상에서 훌륭하다 하는 위인들을 너무 많이 소개해 주어서, 그리하여 스스로 두 주먹을 불끈 움켜쥐게 만듦으로 결국 그리스도를 믿는 믿음에서 떠나게 만든다. 우리를 그리스도와 떼어놓는 것은 죄가 아니라 율법과 선한 것들이다. 잠시 죄에 넘어진 성도들은 다시 회개하여 일어선다. 그러나 큰 죄를 짓지 않는 자신을 보면서 법 없이도 살 수 있다고 스스로 자부하는 사람들, 남을 돕고 교회에서 봉사하며 십일조 착실히 하는 자신의 삶을 스스로 흐뭇해하는 사람들, 잘 자라준 자녀들을 가슴에 커다란 훈장처럼 달고 다니면서 이 정도면 괜찮은 사람이지 하는 사람들, 그래서 전처럼 기도하지 않고, 남을 가르치는 일에는 열심이지만 결코 말씀을 듣지 않는 사람들, 이렇게 그리스도가 자신의 삶에 필요 없는 사람들을 다시 돌이키는 것은 정말 어렵다.

언젠가 미국에서 목회하시는 목사님의 초청으로 가족과 함께 그 교회를 방문한 적이 있다. 그 교회를 설립한 중직자 가정의 초대로 함께 식사를 했는데, 그분의 이야기를 들어보니 자녀들이 모두 명문대를 졸업하고 의사, 변호사로 미국 주류 사회에서 영향력을 행사하고 있었다. 처음에는 경건한 가정에서 훌륭한 자녀들이 배출된 것 같아 감사한 마음으로 그분의 이야기를 들었다. 그런데 시간이 가도 그 이야기가 끝나질 않았다. 그래서 다른 화제로 돌리니 그분은 아예 듣지를 않았다. 할 수 없이 다시 그분의 자녀 이야기로 돌아와야 했다. 오직 그분과 그 자녀를 칭찬하는 대화 외에는 나눌 수 없으니 식사 시간 내내 힘들었다. 그리고 그 주일에 예배를 참석하였다. 그런데 제일 앞에 앉아 있던 그분은 예배 시간 내내 계속 뒤를 돌아보았다. 그러다가 자신이 아는 누군가가 오면 제일 앞자리에서 걸어 나와 손님을 맞이하며 악수와 환담을 하고는 다시 앞으로 가는 것이었다. 예배 중인데도 말이다. 이러한 행동을 서너 번 반복하였는데 그 누구도 그것을 제지하지 않았다. 하나님이 아니라 그분이 예배를 받고 있었다. 아무리 교회를 설립하였고 헌신하였다 해도 이런 행동은 전혀 복음을 모르는 행동이 아닌가 싶다. 이런 현실로 교회가 멍들어간다는 것이 정말 가슴이 아프다. 조금 극단적인 예를 들었으나 정도의 차이뿐이다. 죄가 아니라 성공하고 사회적으로 칭송받을 만한 일이 오히려 복음을 배격하고 있는 것이다. 이 선해 보이는 것들이 역설적으로 우리로 하여금 복음에서 멀어지게 하는 것이다. 그래서 예수님이 가장 신랄하게 책망했던 자들은 세리와 창기가 아니라 스스로 의롭다 하던 바리새인들이었다. 바울이 개척한 교회마다 쫓아다니며 교회를 어지럽히던 자들도 바로 율법을 지켜야 구원받는다는 유대주의자들이었다.

온전한 복음의 의미

믿음에 행위를 더해야 구원이 완성된다는 공식의 신화

바울이 갈라디아 성도들로 하여금 믿음에서 떠나 행위와 율법으로 돌아가게 하는 자들을 거짓 교사요, 저주받을 이단으로 정죄한 것을 명심해야 한다. 이들의 주장의 핵심은 "구원은 믿음+행위이다. 자꾸 믿음, 믿음 하니까 너희가 윤리적으로 이상하게 사는 것이 아니냐. 믿음+행위, 믿음+율법 이것이 복음이다"라고 말할 수 있다. 그런데 바울은 이들을 향해 복음을 변질시키는 자들이요, 다른 복음을 전하는 자들이라고 했으며 그런 자들은 저주를 받을 것이라고 경고했다.

"그러나 우리나 혹은 하늘로부터 온 천사라도 우리가 너희에게 전한 복음 외에 다른 복음을 전하면 저주를 받을지어다"(갈 1:8)

그저 교회가 좋은 이야기, 도덕적인 이야기, 선하게 사는 이야기를 하면 오케이라고 생각하면서 자기 의의 착각에 빠져 윤리적인 열심을 낸다면, 훗날 그것이 복음에서 자신을 멀리 떨어지게 하였음을 알게 될 것이다. 그리고 그 자신도 자신이 주장한 대로 전혀 살지 못했음을 깨달을 것이다. 또한 자신이 주장하던 그 윤리 도덕으로 심판대 앞에 서서 책망받게 될 것이며, 그것이 얼마나 교회를 훼방한 행동이었는지 알게 될 것이다. 율법의 열심으로 하나님을 위한다고 앞장섰던 바울이 결국 그리스도를 핍박하는 자가 되었던 것처럼 말이다. 그럼에도 불구하고 예수 믿고 그 다음에 율법을 지켜서 구원을 완성해야 한다는 공식은 지금도 매우 강력하게 교회를 오염시키고 있다.

복음은 믿음으로 시작해서 믿음으로 끝까지 가는 것

그러면 도대체 바울이 전하려는 온전한 복음이란 무엇인가? 특히 로마서 1~11장에서 말하려는 핵심은 무엇인가? 그것은 바로 믿음이다. 더 정확하게 말하면 복음은 처음부터 끝까지 믿게 하는 것이다.

"복음에는 하나님의 의가 나타나서 믿음으로 믿음에 이르게 하나니 기록된 바 오직 의인은 믿음으로 말미암아 살리라 함과 같으니라"(1:17)

"믿음으로 믿음에 이르게"를 NIV 성경은 "by faith from first to last"로 번역한다. 처음부터 끝까지 믿음이라는 것이다. 누구나 처음에는 믿음으로, 성령과 은혜로 시작한다. 그러나 시간이 지나면서 처음에 가졌던 믿음, 은혜, 성령에서 조금씩 멀어진다. 그리고 그 대신 자신의 행위, 자신의 성숙, 경험, 전통 그리고 자신의 인격을 의지한다. 그 결과 점점 성령에게서 멀어져가고 그리스도에게서 멀어져간다.

복음은 처음부터 끝까지 믿음이다. '믿음에서 믿음으로' 바로 이것이 로마서의 주제다. 그리고 그 믿음은 그리스도를 붙잡는 것이다. 바울은 골로새서에서도 그들이 머리이신 그리스도를 붙들지 않고 신화, 절기, 철학을 붙드는 것을 경계한다. 에베소서에서도 교회가 머리이신 그리스도를 통해서만 충만케 됨을 이야기하면서 오직 그리스도에게까지 자라가야 할 것을 권면한다. 우리의 최대 문제는 바로 우리의 주요 교회의 머리이신 그리스도에게서 떨어져 나가는 데 있다. 믿음에서 멀어져가는 데 있는 것이다. 이것을 경계하고 오직 그리스도만 바라보고 믿도록 가르치는 것이 성경의 대주제이다.

복음을 알라

4영리만 아는 것으로는 충분하지 않다.

그러면 이것을 알았으니 이제부터 우리는 믿음으로 살기로 결단하면 되는 것일까? 믿음으로 산다는 것이 그렇게 간단하게 될 일이라면 바울이 이렇게 로마서를 길게 쓸 이유가 없다.

이렇게 질문하시는 분들이 있다. "목사님, 그냥 예수 믿으면 되는 거지 우리가 이 어려운 로마서의 복음을 알아야 구원받는 것은 아니잖아요. 꼭 바울이 설명한 이 복음을 이해해야 하나요?" 물론 우리가 바울의 로마서를 알아야 구원받는 것은 아니다. 우리도 복음에 대해서 잘 모를 때 그저 듣고 믿고 구원을 받았다. 그러니 굳이 로마서를 알아야 한다고 하는 말에 의문을 제기할 법하다. 그러나 이것은 우리가 믿음으로 시작은 했으나 믿음으로 끝까지 가는 여정이 얼마나 어려운 것인지 모르는 무지함에서 나오는 이야기이다. 성경은 이 믿음에서 파선한 사람이 얼마나 많은지 이야기한다. 열매 없는 쭉정이 신자는 또 얼마나 많은가? 믿음의 열정을 잃어버리고 세속에 취해서 미지근하여 어딘가 정박한 채 잠들어 있는 신자는 또 얼마나 많은가? 처음 믿을 때는 이 믿음이 영원할 것 같지만 그렇지 않다는 말이다. 복음을 제대로 모르니까 결국 교묘한 이단의 가르침에 넘어가 그리스도에게서 떠나는 것이다. 우리가 알 필요가 없다면 왜 성경 66권이 우리에게 주어진 것인가? 불교 신자들은 그들의 경전을 팔만대장경에 기록해도 모자랄 만큼 소유하며 온갖 철학과 경전을 공부하는데, 겨우 이 성경 66권이 뭐가 많다고 덮어두려고 애를 쓰는가? 특별히 루터가 성경의 가장 중요한 책을 한 권 뽑으라면 로마서라고 했건만 그 한 권을 읽고 공부하고 이해하는 것이 그렇게 힘든 일인가? 그리고 그 로마서의 가장 빛나는 부분이 로마서 8장이라고 했는데 그 빛나는 로마서 8장의 내용을 아는 성도들은 과연 얼마나 될까? 정말 한탄스러운 일이다.

바울은 이 복음을 로마에 있는 그리스도인들에게 전해 주는 것을 신령한 은사를 나누어주는 것이라고 말한다. "내가 너희 보기를 간절히 원하는 것은 어떤 신령한 은사를 너희에게 나누어 주어 너희를 견고하게 하려 함이니"(1:11). 바울이 로마에 가고자 했던 것은 은사집회를 하려고 한 것이 아니라 그가 계시로 깨달은 이 복음을 전해 주어 그들의 믿음을 견고하게 해주기 위함이었다는 것이다. 그래서 그는 로마서 16장 26절에서 이 복음이 "그 신비의 계시를 따라 된 것"이라고 말한다. 갈라디아서 1장 11~12절에서도 "형제들아 내가 너희에게 알게 하노니 내가 전한 복음은 사람의 뜻을 따라 된 것이 아니니라 이는 내가 사람에게서 받은 것도 아니요 배운 것도 아니요 오직 예수 그리스도의 계시로 말미암은 것이라"라고 말한다. 이 복음은 사람에게서 배운 것이 아니라 그리스도가 계시로 알려주신 것이라는 말이다. 사도에게는 이러한 계시를 주시고 그것을 주장하는 법정적인 특권이 있다. 사도 외에는 아무도 내가 계시로 받았다고 말할 수 없다. 이렇게 계시로 받은 이 복음을 바울 사도는 "그리스도의 충만한 복"(15:29)이라고 말한다. 이 복음 안에 그리스도의 충만한 복이 다 있다는 것이다. 이 복음을 깨닫는 것이 우리가 받아야 할 신령한 은사이고, 충만한 복이다.

복음을 제대로 모르는데 도대체 어떻게 지켜 내겠는가?

바울은 이 로마서를 다 기록하고는 로마서의 복음을 "나의 복음"(15:29)이라고 말한다. 예수 그리스도께서 이 복음을 바울 자신에게 계시해 주셨기 때문이다. 물론 이 복음을 바울이 사사로이 혼자만 깨닫고 옳다고 한 것은 아니었으며 이를 예루살렘에 있는 베드로와 요한, 야고보를 위시한 사도들도 인정하였다(갈 2:1~10). 그리고 바울은 이 복음을 핍박하는 전운이 깊어질 때에도 디모데에게 복음과 함께 고난을 받을 것과 이 복음을 지킬 것을 부탁한다(딤후 1:13~14). 더 나아가 디모데로 하여금 충성된 사람들에게 부탁하게 하고, 그 충성된 사람들이 또 다른 사람들을 가르치게 하라고 명령한다(딤후 2:2). 바울은 이 복음만이 세상을 변화시키고 구원할 수 있음을 알았기에 이 복음을 위해서 고난을 받고 목숨 걸고 지켜 전수하라고 한 것이다. 그래서 그들의 순교의 피 속에서 오늘 로마서의 복음이 우리의 손안에 있는 것이다. 여러분에게는 바울이 말한 "나의 복음"이라는 것이 확실하게 있는가?

오늘날 한국교회는 다른 것이 아니라 바로 이 복음에 무지하다는 것이 문제이다. 그래서 무력하고 형편없는 모습으로 세상의 조롱을 받는 굴욕적인 지경에 이른 것이다. 이 시대를 향한 하나님의 방법이 무엇인가? 바로 온전한 복음이다. 이 복음을 다시 듣되, 온전하게 제대로 들어야 한다. 이 복음은 어거스틴을 변화시키고 루터를 변화시켰으며, 칼빈을 변화시키고, 웨슬리를 변화시켰다. 오늘날 교회의 능력은 복음 안에 있다. 이 복음이 나를 변화시키고, 교회를 새롭게 하며, 세상을 뒤집어 놓을 것이다.

2장

사랑의 하나님이라면서 왜 사람들에게 진노하시나요?

롬 1:18~32

18세기의 설교자 조나단 에드워즈(1703-1758)는 '진노한 하나님의 손에 붙들린 죄인들'이란 유명한 설교를 한 적이 있다. 이 설교를 하는 동안 사람들은 자기 죄를 애통해하고 예배당 바닥을 뒹굴며 회개하였다고 한다. 그가 설교한 내용의 일부를 소개하면 다음과 같다.

"회심하지 않은 사람들은 썩은 덮개로 가려진 지옥 구덩이 위를 걷고 있는 셈인데, 그 덮개가 너무 약해 언제 그 구덩이에 빠질지 모릅니다. … 유황불이 활활 타오르는 그 처참한 지옥이 여러분 밑에 있습니다. 하나님의 진노의 불꽃이 이글대는 무서운 웅덩이가 있습니다. 지옥문이 입을 활짝 벌리고 있습니다. 그런데 여러분에게는 발을 붙이고 서 있을 곳도, 붙잡을 만한 지푸라기도 없습니다. 여러분과 지옥 사이에는 넓은 공간 이외에 아무것도 없습니다. 여러분이 그곳에 떨어지지 않고 있는 것은 오직 하나님의 권능과 그의 전적인 뜻 때문입니다. … 게다가 여러분의 사악함이 여러분을 납덩이처럼 무겁게 만들기 때문에 여러분은 급속도로 지옥에 떨어질 것입니다. … 태양은 죄와 사탄을 섬기고 있는 여러분에게 마지못해 햇빛을 비춰주고 있으며, 이 땅은 자기 정욕이나 만족시키고 있는 여러분을 위해 마지못해 그 산물을 내고 있습니다. … 공기 역시 여러분이 하나님의 원수들을 섬기며 인생을 탕진하고 있는 동안 마지못해 여러분에게 호흡할 수 있는 공기를 제공해 줌으로써 생명을 유지해 주고 있는 것입니다. … 여러분의 머리 바로 위에는 천둥과 함께 폭풍우가 금방이라도 내리칠 것처럼 보이는 하나님의 진노의 검은 구름이 잔뜩 서려 있습니다. … 그분 눈에는 지금 여러분이 지옥불 속에 던져질 수밖에 없는 존재로 보입니다. 아니 그 눈이

너무 정결하여 여러분을 바라보는 것조차 괴로울 정도입니다. 하나님 눈에
는 여러분이 혐오스러운 독사보다 더 가증스러운 존재로 보입니다."
「진노한 하나님의 손에 붙들린 죄인들」 생명의말씀사, 안보현 역 인용

당시 타락해 가던 미국교회에 대각성 부흥운동의 불씨를 당겼던
이 설교를 오늘날 사람들이 듣는다면 어떤 반응이 일어날까? 아마도
하나님이 사랑이시라면서 왜 진노하시느냐고 반문할 것이다.

악을 보고도 너그러운 것이 참된 사랑일까?

몇 년 전에 반기독교 시민운동연합에서 버스에 무신론 광고를 붙
였다. 그 내용인즉 "나는 자신의 창조물을 심판한다는 신을 상상할
수가 없다"라는 아인슈타인의 말이었다. 인간의 죄에 대해서 진노하
고 심판하는 창조주가 이해되지 않는다는 것이다. 과연 죄에 대해서
화내는 신은 나쁜 신인가? 그저 눈감아 주는 것이 사랑인가? 예를
들어 어른들의 탐욕과 죄로 배가 침몰해서 수많은 학생들이 물속에
서 죽어가는 모습을 보고도 분노하지 않고 진상을 조사하지도 않고
덮어준다면, 그것이 사랑일까? 어린아이를 학대하고, 여학생을 성추
행하는 사람을 보고도 화를 내지 않는 것이 진정한 사랑일까? 아니
다. 그것은 정의롭지 못한 것이다. 아빠가 자기 자녀가 거짓말하고,
도둑질하고, 약한 아이를 괴롭히는 깡패 짓을 하는데도 전혀 화를
내지 않는다면 그는 좋은 아빠인가? 아내가 자신의 남편이 다른 여
자와 간음을 저질렀음에도 분노하지 않는다면 그 남편을 사랑한다고

말할 수 있는가? 아니다. 그것은 진정한 사랑이 아니다. 진정한 사랑 안에는 진실과 정의가 들어 있다. 따라서 세상의 온갖 더러운 죄, 간음, 배신, 살인과 속임수를 본다면 당연히 화를 내야 마땅하다. 이 세상의 악을 보고도 진노하시지 않고 그저 좋다고만 하신다면 하나님은 결코 공의로운 분일 수 없고 사랑이 많으신 분일 수도 없다. "하나님의 진노가 … 하늘로부터 나타나나니"(18절) 성경은 명백히 하나님께서 인간의 죄에 대해서 진노하신다고 선언한다.

인간의 불경건함에 진노하신다

하나님이 진노하시는 이유에 대해서 성경은 두 가지로 이야기하는데 그것은 바로 '불경건'과 '불의'이다. '불경건'이란 인간이 자신을 창조하신 하나님을 섬기지 않는 것이고, '불의'란 하나님의 말씀을 거역하는 것이다. 말씀을 보면 순서적으로 불의를 언급하기 전에 먼저 불경건이 나온다. "하나님의 진노가 불의로 진리를 막는 사람들의 모든 경건하지 않음과 불의에 대하여 하늘로부터 나타나나니"(18절) 이것은 인간의 모든 불의의 출발이 하나님을 떠난 불경건에서 오는 것임을 말해준다. 불경건이 모든 죄악의 출발인 것이다. 그러면 인간의 어떠한 모습을 성경은 경건하지 않다고 말하는가?

보고도 모른 척하면 기분이 어떨까?

첫째로 하나님의 존재를 알면서도 없는 것처럼 모르는 것처럼 무시하는 것이다. 인간은 분명 하나님이 계신 것을 안다. 그래서 나쁜 짓을 하면 무의식중에도 벌을 받는다고 말하고, 위기에 몰리고 위태로워지면 '아이고, 하나님 살려주세요' 하고 기도한다. "이는 하나님을 알 만한 것이 그들 속에 보임이라"(19절)는 말씀처럼 인간은 양심으로 분명히 하나님이 계심을 인식하는 존재라는 것이다. 또한 인간은 자연 만물을 보면서 하나님의 존재를 인식할 수 있다.

이동원 목사님의 책에 이런 이야기가 있다. 어느 목사님이 스위스의 아름다운 대자연을 보러갔는데 관광 일행 중에 스님이 있었다고 한다. 그런데 그 스님이 아름다운 자연을 보더니 감탄하면서 "와. 누가 만들었을까?" 하더라는 것이다. 왜 그럴까? 하나님이 자연 만물을 통해 당신의 존재를 알 수 있도록 심어놓으신 것이다. "그의 영원하신 능력과 신성이 그가 만드신 만물에 분명히 보여 알려졌나니 그러므로 그들이 핑계하지 못할지니라."(20절 하). 그래서 사람들은 로키 산맥의 웅장함, 나이아가라 폭포의 위용, 떠오르는 일출의 장엄함, 지는 노을의 아름다움을 보고 신을 찬양한다. 아름다운 꽃들, 헤아릴 수 없는 다양함과 진기한 옷을 입은 아름다운 동물들을 보면서 신의 솜씨를 칭송한다. 그래서 인간은 그 천성에 새겨진 신의식(神意識) 때문에, 자연 만물에 나타난 신의 존재 때문에 그 누구도 핑계할 수 없다. 결코 나는 하나님이 계신 줄 몰랐다고 핑계할 수 없는 것이다. 브리태니커 사전에 나오는 통계에 의하면 전 세계 244개국 인구의 97%가 종교를 가지고 있거나 신의 존재를 인정한다고 한다. 하나님이 계신 것을 인간은 무의식적으로 다 아는 것이다.

그런데 인간이 얼마나 배은망덕한지 자신을 만드신 하나님이 계신 줄 알면서도 하나님을 섬기지 않고 등을 돌린다. 그리고 21절에 "하나님을 알되 하나님을 영화롭게도 아니하며 감사하지도 아니하고"라 하였듯이 하나님이 만드신 세상에서 하나님이 주신 모든 것을 누리며 살면서도 전혀 감사할 줄 모른다. 그런데 한걸음 더 나아가서 자신이 스스로 태어나고 스스로 존재하는 줄 착각하고 우쭐해한다. "오히려 그 생각이 허망하여지며 미련한 마음이 어두워졌나니 스스로 지혜 있다 하나"(21절 하~22절). 남의 것을 가져다 쓰면서 감사하지 않는 것도 문제지만, 더 나아가서 자신이 주인 행세를 한다면 이것처럼 고약한 것이 없다. 그런데 바로 인간이 그러하다. 피조물이면서도 뻔뻔스럽게 내 인생은 나의 것이라고 당당하게 선언한다. 그리고 자신이 우주의 중심이라는 가당찮은 말을 지껄인다. 팀 켈러의 표현에 의하면, 음악으로 치면 감사도 하지 않고 비용도 내지 않은 채 무단으로 듣고 즐기더니만, 어느 날 '이 음악은 내가 작곡했다, 내 거다' 하는 식이다. 이것은 완전 도둑놈 심보이다.

인격을 폄훼하는데 어찌 화가 나지 않을까?

그런데 인간의 파렴치함은 여기서 끝나지 않는다. 하나님의 진노를 촉발시키는 두 번째 불경건은 결정적인 것으로, 그것은 바로 우상을 만들고 그것을 섬기는 것이다. 아마도 하나님을 없다 하며 스스로 우주의 주인인 척하는 인간이 왜 우상을 섬길까 하는 의문이 떠오를 것이다. 그런데 인간이 우상을 만드는 것은 하나님을 완전히 외면하기 위한 나름의 비법이다. 인간이 비록 스스로 주인인 척, 지혜로운 척하지만 본질상 피조물이기에 그 양심과 자연에 새겨진 하나님을 부인할 수는 없다. 즉 입으로는 큰소리를 쳐도 천성에 새겨진 신의식은 지울 수가 없는 것이다. 그런데도 인간이 굳이 하나님을 부정하려는 이유는 그 하나님은 거룩하시고, 공의롭고, 정직하시고, 순결하신 분이기에 인간에게 이러한 하나님의 법대로 순종하며 살기를 요구하시기 때문이다. 그러니 자기 마음대로 살고 싶은 인간으로서는 하나님의 존재가 늘 껄끄럽고 부담스럽다. 그렇다고 하나님의 존재를 부정하기도 어렵다. 그래서 사람들이 취한 방법이 하나님의 존재를 교묘히 왜곡시키는 것이다.

하나님은 자신을 말씀으로 계시하신다. 그리고 모든 인격은 말과 대화를 통해서 알게 된다. 인격이신 하나님은 그분의 말씀으로 자신을 계시하신다. 그러나 사람들은 그 말씀대로 순종하기 싫어서 하나님을 말 못하는 피조물의 형상으로 바꾸어버리고, 그 우상을 하나님이라고 섬긴다. "썩어지지 아니하는 하나님의 영광을 썩어질 사람과 새와 짐승과 기어 다니는 동물 모양의 우상으로 바꾸었느니라"(23절). 결국 자신의 입맛대로 하나님의 형상을 왜곡시켜버리는 것이다. 연약한 인간은 본질적으로 누군가를 의지하지 않으면 불안하다. 인간은 자신의 불안과 공포를 잠재워줄 누군가가 필요하다. 그래서 이렇게 하나님의 형상을 우상으로 왜곡시킴으로써 나의 필요를 채워주되, 부담은 주지 않는 존재로 만들어버린 것이다. 결국 제 마음대로 하고 싶어서 진리를 왜곡하기 위해 만든 것이 바로 우상이다. "이는 그들이 하나님의 진리를 거짓 것으로 바꾸어 피조물을 조물주보다 더 경배하고 섬김이라"(25절). 결국 짐승처럼 본능적으로 살고 싶어서 하나님의 형상을 더럽고 추한 짐승과 버러지의 형상으로 만들어놓은 것이다. 그 신은 내가 복채만 두둑이 주면 아무리 더럽고 짐승 같은 짓을 해도 눈감아주는, 편리한 신이다. 온 세상은 바로 이 우상들로 뒤덮여 있다. 가까운 일본만 해도 신이 수백만 개가 있고 곳곳에 신사가 있다. 홍콩에 가보니 집집마다 집 앞에 초를 켜놓고 신줏단지를 모셔놓았다. 태국, 캄보디아 신전에 가보면 뱀, 버러지 같은 더러운 것들을 새겨놓고 섬긴다. 이단, 사이비, 미신, 잡신들이 독버섯처럼 번성한다. 돈만 주면 원하는 대로 액운을 풀고 점괘를 내주는 그들을 인간이 필요로 하기 때문이다. 소위 고상한 고등종교 안에도 정작 우리가 섬겨야 할 하나님은 계시지 않고, 인간의 의만 존재한다. 인간이 중심인 것이다. 진정 이 세상은 우상 공장이다.

하나님을 무시하고 왜곡시키는 속마음은?
인간이 하나님을 무시하고 우상을 섬기는 본래의 의도는 하나님의 간섭 없이 자기 마음대로 살고자 함이다. 그래서 성경은 이러한 인간들이 마음의 정욕대로(24절) 부끄러운 욕심대로(26절) 살고, 서로를 향하여 음욕이 불 일듯(27절) 한다고 말한다. 자신의 정욕대로 욕심대로 산다는 것이다. 간섭하시는 하나님을 우상을 통해 몰아내고 결국 자기 하고 싶은 대로 살려는 것이다.
사실 우상의 외형은 아무것도 아니다. 그냥 돌이고 나무이고 형상이지 아무것도 아니다. 인간의 진짜 우상은 내면에 자리 잡고 있다. 바로 정욕, 탐심에 있는 것이다. 우상에게 기대고 비는 인간의 마음에 있는 욕심, 이것이 진짜 우상인 것이다. 그래서 성경은 "탐심은 우상 숭배니라"(골 3:5)라고 말하지 않는가? 탐심은 우리로 하여금 하나님으로 만족하지 못하게 하고, 다른 무언가를 가질 때 그것이 나를 행복하게 해줄 것처럼 생각하게 만든다. 따라서 우리가 탐하는 대상이 우상이요, 그것만 있으면 행복할 것이라고 믿는 것이 곧 우상 숭배이다. 누군가에게 그것은 돈이고 누군가에겐 학벌이며 누군가에겐 외모고 누군가에겐 남편이나 자녀, 누군가에겐 명예이다. 어느 날 난데없이 보석에 탐심이 꽂히면 그것만 있으면 행복할 것 같고 그것이 없어서 불행한 것 같다. 어느 날은 명품에 탐심이 꽂히고, 어느 날은 할리 데이비슨 오토바이에 꽂히고, 어느 날은 아파트에 꽂힌다. 또 어느 날은 이웃집 아내에게 꽂히고, 어느 날은 남의 남편에게 마음이 간다. 그래서 이 탐심의 우상은 우리로 하여금 하나님의 법을 어기게 한다. 그것을 얻기 위해서 진리를 왜곡하고, 하지 말아야 할 짓을 하며, 수단과 방법을 가리지 않는다. 불경건은 이런 방식으로 온갖 불의에 이르는 것이다.

인간이 불의해서 진노하신다

불경건이 곧 불의를 낳는다. 즉 온갖 불의는 불경건이라는 모태로부터 나온 자식들이다. 그런데 인간이 경건하지 않다는 것은 단지 종교적인 활동을 하지 않는다는 차원이라기보다는 보다 더 근본적인 인간의 장애를 의미한다. 정상적인 유전자와 지능을 가진 아이와 달리 유전적 장애가 있으면 정상적인 교육이 어렵다. 이처럼 인간의 불경건은 어떤 교육으로도 바로잡을 수 없는 선천적 장애인 것이다. 그래서 인간이 불의를 행하는 것이다. 인간이 죄를 짓는 것은 그가 선천적으로 죄인이기 때문이다. 즉 선하신 하나님에게서 떠난 원래적 죄인이기 때문이다. 따라서 하나님이 인간에게 진노하시는 두 번째 이유는 불경건한 인간이 저지르는 불의 때문이다. 마음에서 하나님을 몰아내고 우상을 섬기며 정욕대로 살아가는 인간이 도대체 어떤 짓을 하며 살기에 하나님이 화를 내시는 것일까?

자녀가 성적으로 방탕한데도 화를 내지 않는 것이 사랑인가?

인간은 결국 우상을 통해 하나님을 몰아내고, 자기 정욕대로 탐욕을 이루는 데 성공하게 된다. 이렇게 끝까지 하나님을 거부하고 자기 욕심대로 살려고 애를 쓰면, 하나님도 결국은 그 정욕대로 살도록 그들을 내버려 두신다. "그러므로 하나님께서 그들을 마음의 정욕대로 더러움에 내버려 두사"(24절). 그 결과 특징적으로 나타나는 현상이 동성애다. 26~27절에 "곧 그들의 여자들도 순리대로 쓸 것을 바꾸어 역리로 쓰며 그와 같이 남자들도 순리대로 여자 쓰기를 버리고 서로 향하여 음욕이 불 일듯 하매 남자가 남자와 더불어 부끄러운 일을 행하여"라고 하였는데 이는 명백히 동성애를 지칭하는 것이다.

인간이 권력의 정상에 서든지 철학의 정상에 서든지 간에 자기 정욕대로 살아갈 힘과 명분을 얻으면 결국 성적인 타락에 빠지게 되고, 그 정점이 바로 동성애인 것이다. 로마 황제 15명 중에 14명이 동성애자였고, 이러한 황제와 귀족들을 위해서 당시에 소년들을 미동으로 길렀다. 그들을 성적인 노리개로 삼은 것이다. 더 놀라운 것은 고상하다 하는 소크라테스, 플라톤, 크세노폰, 아리스토텔레스와 같은 철학자들도 동성애자였다고 한다. 아무리 수준 높은 차원의 철학을 강론하였다고 해도 하나님을 떠난 이후에는 결국 추악한 모습으로 변질된다. 플라톤은 「향연」에서 말하길 '여자와 동침하면 육체를 낳지만 남자와 동침하면 생명을 낳는다'는 궤변을 늘어놓는다. 아무리 고상한 이야기를 하고 아무리 멋진 사상을 이야기해도 하나님이 없는 사상은 다 이렇게 더러운 정욕의 도구로 치닫는다. 버트런트 러셀이란 철학자는 행복에 대해서 아름다운 글을 많이 썼다. 그런데 사실 그는 제자의 아내를 빼앗아서 살았다고 한다. 겉으로는 아름답게 정의와 사랑을 말하고 세계 평화를 말하면서 정작 자기 아내를 버리고 자기 자녀에게 무책임하다면 무슨 의미가 있겠는가? 게다가 그들은 부끄러움조차 없이 당당하게 떠들어대길 멈추지 않으니 하나님 없는 철학과 사상은 얼마나 무서운 것인가?

성경은 인간들이 "순리대로 쓸 것을 바꾸어 역리로 쓴다"고 말한다. 즉 그들의 행동이 하나님이 지으신 자연 질서에 어긋난다는 말이다. 그런데 그들은 언제부터 그것이 순리였느냐고 반문한다. 언제부터 남녀가 결혼하는 것이 순리며, 언제부터 가정을 세우는 것이 순리요, 언제부터 남녀가 결혼하여 아이를 낳는 것이 순리냐고 말한다.

이런 말도 안 되는 궤변이 가능한 이유가 무엇인가? 25절에서처럼 그들이 먼저 "하나님의 진리를 거짓 것으로 바꾸"었기 때문이다. 이것이 철학자들의 궤변을 가능하게 한 사상이다. 결국 인간은 자신의 정욕을 위하여 하나님만 제거하면 못할 짓이 없다. 진리고 순리고 자연법칙이고 다 소용이 없다. 그저 내 정욕을 채우는 것이 그들에게는 순리요 고상한 것이다. 그래서 사람들은 점점 성의 문제는 도덕이나 진리와 관계가 없다고 주장한다. 상호 동의가 있고 착취 관계를 피하기만 하면 그만이라는 것이다.

찰슨 콜슨은 "과거 동성애 입양, 동성애 결혼이 불가능하다고 했으나 현재 받아들여지는 것처럼 앞으로 대중문화에서 소아애호증이 받아들여질 것이다"라고 말한다. 실제로 펜실베이니아 주립대학에서 패트릭 칼리피아 라이스가 여성학에 대해서 강연하던 중 다음과 같이 말했다고 한다. "소년 애호가들과 어린 여인을 둔 레즈비언들은 아동 성추행범이 아니다. 아동 학대자들은 오히려 자신이 맡은 아이들에게 케케묵은 도덕을 강요하는 성직자와 교사, 정신과 의사와 경찰 그리고 부모들이다. 소아 성애자들이 어린 레즈비언이나 게이들과 성관계를 갖는다고 해서 그들을 범죄자로 취급할 것이 아니라 오히려 지지해야 한다." 이렇게 순리를 역리로 바꾸는 황당한 자들이 점점 많아지고 있는 것이 현실이다.

사회에 해악을 끼치는 자에게도 관대한 것이 사랑인가?
정욕대로 내버려 두니까 먼저 성욕을 채우더니 이젠 그것을 얻기 위해서 온갖 더러운 것들로 가득한 자가 된다. 성경은 다음과 같은 죄악 일람표를 열거한다. "곧 모든 불의, 추악, 탐욕, 악의가 가득한 자요 시기, 살인, 분쟁, 사기, 악독이 가득한 자요 수군수군하는 자요"(29절). 그들의 마음은 옳지 않은 것에 대한 욕구(불의, 아디키아)로, 더 러운 것에 대한 욕구(추악, 포네리아)로, 더 소유하려는 욕심으로(탐욕, 플레오넥시아), 악한 것에 대한 욕구(악의, 카키아)로 가득해진다. 이렇게 자신의 욕구를 더러운 것으로 채운 사람은 얼마나 무서운가? 더 나아가 다른 사람을 향한 이들의 마음에는 무엇이 가득한지를 보라. 시기하는 마음이 가득하고, 죽이고 싶은 마음(살인)이 가득하며, 분당하고 다투고 싶은 마음(분쟁)이 가득하다. 또 남을 속이고 빼앗고 싶은 마음(사기)이 가득하고, 악독이 가득하다.

결국 그 마음에 쌓인 악에서 무수한 악을 쏟아내는 것이다. 고삐 풀린 정욕으로 인해 마음에 온갖 더러운 것과 악한 것을 가득 쌓은 그들이 하는 행동은 무엇인가? "수군수군하는 자요 비방하는 자요 하나님께서 미워하시는 자요 능욕하는 자요 교만한 자요 자랑하는 자요 악을 도모하는 자요"(29절 하 ~30절). 먼저 가장 손쉬운 무기인 그들의 입술로 남을 공격하기 위해 수군거린다(프시뒤리스타스). 즉 공개적으로가 아니라 은밀하고 비밀스럽게 악평하고 돌아다니는 것이다. 오늘날 익명으로 인터넷 댓글에 온갖 추측과 유언비어를 도배하는 자들이 이에 해당할 것이다. 그러나 여기서 더 담대해지면 이제 공개적으로 남을 욕하거나 비난하는 데 이른다(비방, 카탈랄루스). 그런데 그 일차적인 대상이 누구일까? 바로 하나님이요 성도들이다. 그래서 그들은 하나님께서 미워하시는 자들이 된다. 그들이 성도들을 능욕하는 것은 성도들은 약하며 또 성도들 때문에 자신들의 죄가 드러나기 때문이다. 하지만 그들은 자신을 돌아볼 줄 모르고 언제나 자기 잘난 맛에 사는 교만한 자요 자랑하는 자들이 된다. 그리고 여기서 더 나아가 자신의 이익을 위해서 다른 사람들이 상상하지 못하는 악을 고안해 낸다(악을 도모, 에퓨레타스 카콘).

또한 하나님을 거역하는 사회의 아주 특징적인 죄가 이어서 나온다. "부모를 거역하는 자요 우매한 자요 배약하는 자요 무정한 자요 무자비한 자라"(30절 하~31절). 먼저 부모를 거역한다. 하나님을 몰아내면 부모를 거역하는 사회로 간다. 어른을 공경하지 않는 사회가 되는 것이다. 또한 은혜를 입었음에도 은혜를 알지 못하는 배은망덕한 자가 된다(우매하다, 아쉬네투스). 그리고 결국 자기 이익에 따라서 여기저기 붙어서 배신을 일삼는다(배약하는 자, 아쉰데투스). 가정에서는 어떨까? 동물도 자기 자식을 사랑하건만, 자기 자식을 학대하고 유기하고 살해하기까지 한다(무정한 자, 아스토르구스). 또한 아랫사람에게는 혹독하게 하여 임금을 떼먹거나 노비를 함부로 부려먹고 죽인다(무자비한 자, 아넬레에모나스).

그리고 그것이 잘못된 것인 줄 알면서도 그렇게 행할 뿐 아니라 그것을 행하는 자를 옳다고 옹호한다. "그런 일을 행하는 자들을 옳다 하느니라"(32절 하). 이렇게 자기에게 유익하면 그것이 악해도 옳다고 주장하는 사회가 된다. 내가 하면 로맨스이고 남이 하면 불륜이라고 변명한다. 죄에 대해서 점점 더 뻔뻔해지는 것이다.

결국 인간이 하나님을 몰아내고 자기 정욕대로 살면 짐승보다도 더 악하고 추악한 존재가 된다. 그들의 아비인 마귀처럼 변해가는 것이다. 사람들은 속으로 생각한다. 내가 내 맘에 원하는 대로 사는 것을 왜 하나님이 뭐라고 하시는가? 도대체 내 욕심대로 살아가는 것이 왜 문제인가? 그래서 그것을 못하게 하는 하나님이 싫고 고리타분하다고 생각한다. 그리고 내 욕심을 채워주는 이론에 귀가 솔깃하고, 그러한 영화와 유명인의 행동에 용기를 얻어서 내 마음대로 해보고 싶다. '남들 다 하는데 왜 나라고 못해?'라고 생각하며 그렇게 뻔뻔하게 살아가는 자들을 용기 있는 자로 추앙한다. 하지만 우리는 그렇게 내 욕심대로 살면 인생이 짐승만도 못한 존재로 떨어진다는 사실을 기억해야 한다. 기독교 철학자인 하웃즈 바르트는 "모든 인간은 자기 마음속에 자신만의 신을 섬기고 있으며 사람은 자신이 섬기는 신의 형상으로 변모한다"라고 말했다. 그렇다. 오늘 우리의 인격, 성품, 태도를 형성한 것이 바로 내 속에 내가 섬기는 신이다. 회사에서 직위에 오르기 위해 야비하게 수단과 방법을 가리지 않는 사람이 있다면 그가 교회를 다닌다고 해도 그 사람의 신은 직위인 것이다. 돈 좀 벌었다고 사람을 무시하고 오로지 이득에만 매달린다면 그의 신은 돈인 것이다. 하나님 대신 마음속에 우리가 섬기는 우상, 그것이 우리의 인격을 형성하는 것이다. 하나님의 형상으로 변화되어가야 할 인간이 하나님을 버리고 우상을 섬김으로 그 마음속에 있는 우상의 형상대로 변질되어가는 것이다. 이처럼 불경건과 불의는 짝을 지어 다닌다.

하나님의 진노에도 불구하고 왜 악한 자들이 멀쩡한가?

그런데 궁금한 것이 있다. 분명 하나님이 이들에 대해서 진노하신다고 하는데 왜 이 세상을 보면 제 욕심대로 살아가는 악한 자들이 무병장수하는 것인가? 과연 하나님이 진노하신다는 말은 다 허풍이고 지어낸 이야기인가? 이 세상을 바라보노라면 시편을 기록한 어느 시인의 탄식이 이해된다.

"나는 거의 넘어질 뻔하였고 나의 걸음이 미끄러질 뻔하였으니 이는 내가 악인의 형통함을 보고 오만한 자를 질투하였음이로다 그들은 죽을 때에도 고통이 없고 그 힘이 강건하며 사람들이 당하는 고난이 그들에게는 없고 사람들이 당하는 재앙도 그들에게는 없나니 … 살찜으로 그들의 눈이 솟아나며 그들의 소득은 마음의 소원보다 많으며 … 볼지어다 이들은 악인들이라도 항상 평안하고 재물은 더욱 불어나도다"(시 73:2~12).

과연 하나님은 살아 계시는가? 이 시인처럼 우리도 시험에 들어 넘어질 것만 같다. 과연 하나님은 정말 그들을 향해서 진노하신다는 것이 맞는 것일까? 진노하신다면 어떻게 그 진노가 나타나고 있다는 것일까?

진노의 결과인 내버려 둠

하나님은 불경건하고 불의한 자들을 내버려 두신다. 내버려 두심으로 벌하신다. 부모님이 자녀에게 너무나도 화가 나면 뭐라고 하는가? "내버려 둬! 그러다가 망하든 말든, 놀다가 대학 가든 말든 제 인생이니까 내버려 둬!" 물론 부모님은 자녀를 사랑하기에 말은 그렇게 해도 내버려 두지 않는다. 하지만 누군가 자신이 정말 사랑하는 사람이 무슨 짓을 해도 내버려 두고 전혀 신경 쓰지 않는다면, 그는 정말 화가 난 것이다. 이 땅의 악한 자들을 향한 하나님의 진노가 바로 그렇게 나타나고 있다. 그래서 성경은 하나님이 이들을 내버려 두셨다는 말씀을 무려 세 번이나 하고 있다. 24절에 "하나님께서 그들을 마음의 정욕대로 더러움에 내버려 두셨다", 26절에서 "이 때문에 하나님께서 그들을 부끄러운 욕심에 내버려 두셨다" 그리고 28절에서 "상실한 마음대로 내버려 두셨다"고 말한다. 죄를 짓거나 말거나 자기 하고 싶은 대로 내버려 두는 것이다. 그런데 하고 싶은 대로 내버려 두는 것, 아니 그가 하고 싶은 욕심대로 살도록 허용하는 것이 왜 진노일까?

내버려 둠 자체로서 보응이 된다.

일단 정욕대로 난잡하게 살아가면 에이즈와 같은 질병에 시달린다. 동성애자에게는 질병이 많을 뿐 아니라 평균수명도 약 15-20년 줄어든다고 한다. 이는 역사가 증명한다. 일부다처의 폭군, 후궁을 많이 거느린 독재자들은 대부분 40세 정도까지밖에 살지 못했다. 그들은 "그릇됨에 상당한 보응을 받는"(27절 하) 것이다.

우리가 정욕대로 살고 내가 하고 싶은 대로 하면 정말 행복할 것 같지만 실제로 그렇게 하면 점점 행복도가 떨어져서 더 자극적인 것을 원하는 무감각한 상태가 되어버리고 만다. 부지셰프스키는 이렇게 말한다. "성은 접착테이프와 같다. 테이프는 처음 사용할 때는 어디에나 착 달라붙는다. 그러나 그것을 억지로 떼어 내서 다른 곳에 갖다 대면 처음만큼 잘 붙지 않는다. 성행위도 이와 같다. 상대를 바꿔가며 자꾸 뗐다 붙였다 하면 더 이상 누구에게도 달라붙지 않게 된다." 어느 유명 골퍼처럼 성 중독에 걸려서 열 명의 여자들과 더불어 음행을 하는 상태가 과연 행복인가? 행복을 위해서 정욕이 원하는 대로 하면 결국 마음이 공허해지고 정신이 황폐해져서 많은 연예인처럼 수면제나 마약이 없으면 잠을 이루지 못하게 된다. 쾌락을 즐기던 작가 오스카 와일드의 역설적인 말을 귀담아 듣자. "신들이 우리를 벌 주고 싶을 때는 우리 기도를 들어 주신다." 하나님이 진노하시면 우리가 원하는 것을 다 들어 주시는 것처럼 보인다. 하나님이 인간에게 주는 최악의 형벌은 바로 인간 자신의 우상 숭배적인 욕망을 이루게 내버려 두는 것이다. 기억하라. 내 욕심대로 이루어지지 않는 것이 은혜이다.

인간은 영적인 존재이기에 육체의 정욕을 따름으로 행복을 얻을 수 없으며 오직 하나님 안에서만이 참 행복을 얻는다. 하나님이 정하신 진리 안에서, 테두리 안에서 가장 큰 행복을 갖게 된다. 성은 결혼 안에서, 일부일처 안에서 가장 행복한 것이다. 주님의 말씀의 테두리 안에 있을 때, 하나님과 함께 하나님의 정원에서 살아갈 때 가장 큰 행복이 찾아온다.

내버려 둠은 진노를 쌓아두는 과정이다.

어느 집에 암퇘지, 수퇘지 두 마리가 있었다. 그런데 추석 보름 전쯤부터 주인이 수퇘지에게만 먹이를 많이 주었다. 그러자 암퇘지는 죽는다고 소리를 질러댔고 수퇘지는 아주 게걸스럽게 혼자 그 많은 먹이를 다 먹어치웠다. 그리고 수퇘지는 살이 뒤룩뒤룩 쪄서 돌아다녔다. 주인은 도대체 왜 그렇게 하였을까? 그 이유는 추석 전날에 가서야 밝혀졌다. 그 수퇘지는 그날 추석상에 올려졌다. 바로 이 날을 위해 그렇게 먹을 것을 많이 주어 살을 찌게 한 것이다. 왜 하나님이 악한 자들을 내버려 두실까? 심판 날을 위해서 쌓아두시는 것이다. "하나님의 의로우신 심판이 나타나는 그 날에 임할 진노를 네게 쌓는노라"(2:5).

하나님이 몰라서 놔두시는 것이 아니다. 하나님은 우리가 은밀한 중에 행하는 모든 것을 다 보고 계신다. 그리고 결국 "은밀한 것을 심판"(2:16)하실 것이다. 그러나 지금은 아시면서도 내버려 두신다. 그것을 폭로하시지 않고 살짝 덮어두신다. 그래서 사람들이 이런 우스갯소리를 한다. "10계명을 다 어겨도 들키지 말라는 11계명만 어기지 않으면 된다." 지금은 내버려 두시니까 들키지만 않으면 된다고 말한다. 법망을 용케 잘 피해서 살아가면 된다는 것이다. 하나님은 그런 자들이 불의를 마음껏 행하는 것을 그냥 놔두신다. 그리함으로 진노를 쌓아두시는 것이다. 그들의 죄악과 더불어 진노의 대접이 차기까지 기다리시는 것이다. 어느 날 그 대접이 차는 순간 진노가 쏟아 부어질 것이며 그날의 심판대 앞에서 모든 죄가 낱낱이 드러날 것이다.

어떤 이들은 자기 맘대로 살아도 잘되고 성공하니까 속으로 은근히 '하나님이 어디 있어? 내 주먹을 믿어. 왜 교회 가서 찔찔 짜냐? 그래서 잘 되는 게 뭐야?'라고 비꼰다. 그러나 그는 지금 착각하고 있는 것이다. 하나님이 지금 그 사람을 향해서 '너 두고 보자' 하시며 노려보고 계심을 모르는 것이다. 그는 하나님이 내버려 둔 사람, 제쳐둔 자식이며 도살의 날을 위해서 예비된 자이다. 그러니 제 맘대로 살아가는 사람들, 제 욕심을 차리며 잘되는 사람들을 부러워하지 말라.

3장

도덕적으로 선한 사람은
하나님이 봐주시지 않을까요?

롬 2:1~16

인간이 다른 존재들과 차원이 다른 것은 도덕적 의식이 있다는 점이다. 그리고 도덕적 의식이 특히 뛰어나 주변 사람들로부터 훌륭하다고 칭송받는 이들이 있다. 이러한 사람들은 앞 장에서 나오는 인간의 뻔뻔한 불경건과 짐승만도 못한 불의의 모습을 보면서 "맞아, 이런 자들은 모두 지옥에 집어넣어야 해. 하나님이 진노하시는 것이 마땅하지"라고 말할 것이다. 동시에 그들과 비교할 때에 자신은 그런 죄를 저지르지 않을 뿐 아니라 착한 사람이요 법 없이도 살 수 있는 사람이라고 자평하면서 나 같은 사람 때문에 이 세상이 밝아지고 있다고, 나를 만난 사람은 행운이라고 자찬할 것이다. 그들은 하나님은 적어도 도덕적으로 선하게 살아가는 자신 같은 사람에게는 진노하시지 않을 것이라는 생각을 한다. 그래서 그들은 반문한다. "나쁜 사람이 심판받는 것은 이해할 수 있다. 그런데 착한 사람들이 단지 예수를 믿지 않는다고 지옥에 보낸다는 것이 말이 되는가?" 과연 하나님은 그런 사람들에 대해서 어떻게 평가하실까?

성경은 이렇게 남의 죄악을 보면서 분노하고, 저런 놈은 지옥의 땔감이라고 흥분하는 그들을 향해서 "그러므로 남을 판단하는 사람아"(1절)라고 말한다. 뒷장에 보면 유대인들이 따로 등장하기에 본문의 이 사람들은 일반적으로 도덕적인 양심이 예민한 사람들, 야만인과 달리 도덕적 의식이 있는 일등 시민에 해당하는 사람들이라고 볼 수 있다. 악한 자들을 판단하고 정죄할 줄 아는 것을 보면 이들은 나름 건전한 윤리관과 가치관을 가지고 있어서 하나님의 율법이 요구하는 공의로움에 공감할 줄 아는 자들이다. 이런 사람들은 자기 정욕대로 사는 사람들에 비해서 비교적 건전한 사고를 가지고 있으며 시민의식과 윤리의식이 있고, 전통적인 가치관을 갖고 있다. 정의가 무엇인지를 예리하게 분별하고 다른 사람의 불의에 대해서 바르게 말하는 그들의 말만 들어보면 정말 이런 사람들이 천국 가지 않는다면 천국에는 누가 갈까 하는 생각이 든다. 그러나 하나님의 생각은 우리와 다르다. 우리는 어떤 사람의 말을 통해 그 사람이 좋은 사람일 것이라고 판단하지만, 하나님은 그 사람의 말만이 아니라 그 사람의 행동을 보고 판단하신다. 누군가 자신의 도덕의식을 자랑하고 불의에 대해 흥분한다고 할지라도 하나님이 궁금해하시는 것은 "그래서 너는 어떻게 사는데?" 이 한 가지뿐이다. 그러면 사람의 은밀한 것을 다 살펴보시는 하나님께서 소위 도덕적이고 양심적이라는 사람들에 대해서 어떻게 판단하실까?

소위 도덕적이라는 모습의 정체

판단하는 생각과 실제 삶의 모습은 다르다.
성경은 "판단하는 네가 같은 일을 행함이니라"(1절 하)라고 단언한다. 말로는 예리하게 다른 사람의 정직하지 못함을 비난하면서 정작 그가 사는 것을 보면 본인도 그들과 별 차이가 없다는 것이다. 우리는 어떤 사람이 도덕적인 판단력을 가졌다는 것과 그가 실제로 도덕적인 사람이라는 것은 전혀 다른 이야기란 사실을 알아야 한다. 어떤 사람이 양심 있는 말을 한다고 해서 그 사람이 실제로 그렇게 사는 것은 아니다. 강단에서 멋진 설교를 하는 목회자도 그가 자기 설교대로 그렇게 멋진 삶을 산다고 확신할 수 없다. 어떤 사람이 정직을 말하는 것과 그가 정직한 사람인 것은 다른 문제이다.

우리는 무엇인가를 깨닫고 알면, 마치 내가 그러한 사람이 된 것처럼 착각한다. 누군가 명철한 글을 쓰거나 사이다 같은 말을 하면 그가 그런 사람인 것처럼 찬사를 보낸다. 좋은 가르침을 듣고 마음에 감동이 되었다고 마치 자기 수양이 이루어진 줄 착각하고, 그것이 자신을 변화시켜줄 것으로 생각하여 좋은 가르침이나 교훈, 사상을 찾아 헤맨다. 인터넷을 보면 사람들이 블로그나 SNS에 얼마나 좋은 글들을 올려놓고 퍼 나르는지 모른다. 마음의 수양이 되는 스님들의 강연과 책에는 얼마나 열광을 하는지 모른다. 그런 책, 강연, 사상이 필요 없다는 말이 아니다. 다만 한계를 알아야 한다는 것이다. 그것들은 죄악된 인간의 뿌리 깊은 죄성을 없이하지 못하며, 불타오르는 정욕을 잠재우지 못한다. 도덕의식이나 예민한 양심, 율법의 가르침에 대한 지식, 정의가 무엇인지 아는 분별력이 그를 정의로운 사람으로 만들어준다면 구원자 예수님이 오실 필요가 없다. 믿음의 복음을 전할 필요가 없다. 그냥 열심히 윤리 교육과 도덕 교육을 시키고, 유대인처럼 어려서부터 율법 교육을 엄하게 하면 될 것이다. 하지만 하나님은 어떤 사람이 판단하는 것과 그 사람이 살아가는 모습은 별개라고 말씀하신다. 우리는 주변에서 입만 열면 정의롭고 좋은 이야기를 하는 사람이 뒤로는 이상하게 살다가 발각되는 일을 한두 번 본 것이 아니다. 이처럼 도덕적인 의식을 가졌다는 것과 그 안에 있는 정욕을 제어한다는 것은 별개의 이야기이다.

겉과 속이 다르다.

도덕적인 의식이 강해지고 남을 판단하는 능력이 커질수록 겉과 속이 다른 위선적인 사람이 되어갈 확률이 높다. 그래도 사람들에게는 다행히 들키지 않을 수 있겠지만, 하나님은 "사람들의 은밀한 것을 심판"(16절)하시는 분이시다. 이렇게 은밀한 것을 보시는 하나님의 입장에서 보면, 그들은 남들이 보는 곳에서는 반듯하게 살지만 사람들이 보지 않는 은밀한 장소에서는 똑같이 그릇되게 살아가는 사람인 것이다. 앞 장에서 살펴본 악인들의 경우에는 악한 면에서 겉과 속이 똑같다. 노골적으로 드러내놓고 악을 행하며 그것을 옳다고 말한다. 그런데 도덕적인 사람들은 양상이 다르다. 그들은 "그것이 틀렸다. 나쁘다"라고 말하면서 뒤로 돌아서서는 은밀하게 그 일을 행한다. 물론 죄에 대한 분별력과 판단력을 가졌다는 사실은 좋은 것이지만, 겉과 속이 다른 위선적인 사람이라는 측면에서는 노골적인 사람들보다 그것이 밝혀지는 날에 훨씬 더 부끄러움을 당하게 될 것이다.

내가 하면 로맨스, 남이 하면 불륜?(내로남불)

일반적으로 얌체 시누이는 얌체 올케를 못 봐준다. 얌체 짓이 무엇인지 자신은 알기 때문이다. 모임 중에 이기적인 행동을 하는 사람을 누가 지적하는가? 다른 사람들은 무심하게 지나가는데 나만 꼭 그것을 참지 못하여 쏴붙이고 있다면 바로 내가 그와 똑같이 이기적인 사람일 확률이 높다. 부자를 심히 욕하는 사람은 자신 안에 부하고 싶은 마음이 큰 사람일 가능성이 높다. 다른 사람이 권위적이라고 비난하는 사람은 자신이 매우 권위의식이 강한 사람인 경우가 많다. 마찬가지로 다른 사람들의 동기를 의심하고 판단하는 사람은 이미 자신 안에 잘못된 동기를 숨기고 있는 사람이다. 동성애자들은 예수님도 동성애자였을 것이라고 생각하며, 자신이 음행을 행하는 자들은 남들도 그럴 것이라고 판단한다. 그러기에 성경은 "남을 판단하는 것으로 네가 너를 정죄함이니 네가 같은 일을 행함이니라"(1절)고 말한다. 우리가 남을 판단하는 대부분의 문제가 우리 안에 고스란히 있다. 본질적으로 그와 내가 다른 사람이 아니다. 그는 행했고 나는 아직 행하지 않았을 뿐이다. 그는 들켰고 나는 아직 들키지 않았을 뿐이다. 떡 두 덩어리가 있는데 하나는 썩어서 파리 떼가 달라붙은 더러운 떡이고, 또 하나는 겉으로는 아무런 문제가 없어 보이는데 먹어보니 쉬어버린 떡과 같다. 못 먹기는 마찬가지인 것이다. 오십보백보(五十步百步)란 말이다. 양상은 달라 보여도 이처럼 본질은 같다. 이 본질을 알지 못하면, 우리는 결국 우리가 남을 정죄하고 판단하는 그 모든 것으로 그날에 심판받게 될 것이다. 이 땅에서도 간혹 바른말 잘하는 사람이 오히려 수모를 당하는 경우가 있다. 그의 바른말이 틀려서가 아니다. 그가 그 바른말을 먼저 자신에게 하지 않고 남에게만 열심히 했기 때문이다.

인간은 교만해서 남의 문제는 잘 보지만 자신의 문제는 보지 않으려 한다. 도덕과 율법을 남에게는 잘 적용시키면서 결단코 자신에게는 적용시키지 않는다. 다윗이 우리아의 아내 밧세바를 빼앗고 회개하지 않자 하나님이 나단 선지자를 보내서 이렇게 말한다. "왕이여,

어떤 동네에 부자와 가난한 사람이 있었는데 부자는 양도 염소도 많고 가난한 사람은 오직 양 한 마리밖에 없어서 이 사람은 그 양을 딸처럼 애지중지 키웠습니다. 그런데 어느 날 이 부자에게 손님이 오자 그 부자는 그 가난한 집 양을 빼앗아 잡아먹었습니다." 이 얼마나 기가 막히는가? 이 이야기에 다윗은 분노하면서 "그러한 놈은 당장 죽여야 한다!"고 소리쳤다. 그러자 이에 나단이 뭐라고 하는가? "당신이 바로 그 사람이라"(삼하 12:7). 이것은 다윗의 이야기만이 아니다. 바로 우리의 이야기이다. 남을 판단하는 일에는 빨라서 쉽게 흥분하고 그런 놈은 죽여야 한다고 말하며 분노한다. 그러나 그러한 판단으로 자기의 죄를 판단할 줄 모른다. 그가 가진 예리한 도덕적 의식은 남을 판단하는 도구이지 결코 자신을 돌아보는 도구가 아니기 때문이다.

 가끔 남의 마음을 꿰뚫어보는 은사를 가졌다고 자랑하는 분들이 있다. 나는 그것을 성령의 은사라고 보지 않는다. 언제나 성령은 남의 죄는 덮게 하시고 자신의 죄는 깨닫게 하신다. 성령은 덮어주는 은사를 주시지 꿰뚫어 파헤치는 은사를 주시지 않는다. 사실 남의 심령을 꿰뚫어보는 것은 굳이 은사를 받지 않아도 나름대로 다 가진 능력이 아닌가? 나 자신은 돌아보지 않고 남의 죄만 들추어 보게 하는 것의 원천에는 마귀가 있음을 알아야 한다. 자신에게는 적용하지 않고 항상 남에게 날선 칼날을 들이대는 것은 결코 유익한 것이 아니다. 그 판단과 비판으로 자신이 괜찮은 사람인 것처럼 보이려는 포장에 불과하고, 자기 의를 드러내려는 육신적인 시도일 뿐이다. 자신을 변화시키지 못하는 그 외침이 어떻게 남을 변화시킬 수 있겠는가?

우리는 우리를 분노케 하는 다른 사람을 통해서 먼저 우리의 모습을 돌아보아야 한다. 다른 사람들의 불의, 이기심, 무례함, 불통의 모습은 바로 나의 모습을 비춰 보라는 거울이다. 내가 유독 싫어하고 비난하고 판단하는 사람이 있는가? 그 사람과 내가 비슷한 사람일 확률이 높다. 다시 말하지만 잘난 체하는 사람을 못 봐주는 사람은 내면에 자신이 잘난 체하고 싶은 마음이 큰 사람이다. 내가 흥분하여 예리하고 날카롭게 목소리를 높이는 바로 그 판단, 그 지적이 바로 자신에게 먼저 향해야 할 문제임을 빨리 깨달아야 구원에 가까이 다가선다.

양심에 찔리면서도 결국은 자기 고집대로 산다.

하나님은 노골적으로 죄를 짓는 사람과 은밀하게 죄를 짓는 사람을 다른 방법으로 대하신다. 앞서 말한 대로 하나님께서는 우상을 숭배하며 노골적으로 정욕대로 사는 자들은 내버려 두신다. 그들은 진리를 거짓으로 바꾸어 양심에 화인을 맞은 것처럼 뻔뻔해졌다. 그래서 그 마음에서 하나님을 추방하고 양심이 마비되었기 때문에 어떻게 설득할 방법이 없고, 아무리 말해 봐야 듣지도 않는다. 우리는 말을 듣지 않는 사람에게 결국 이렇게 말하곤 한다. "내버려 둬! 쓴맛을 봐야 해." 하나님께서도 "너희들 욕심대로 해봐!"라고 하시면서 내버려 두신다. 그렇게 하심으로써 그들은 스스로 보응을 받게 된다. 하나님께서는 이처럼 내버려 두심을 통해서 오는 허무한 결과와 배신, 고통 속에서 그들이 스스로 잘못되었음을 깨닫고 하나님께로 돌아오기를 간절히 원하신다. 하나님은 악인도 회개하고 구원받기를 원하는 분이시다.

그러나 도덕적인 의식이 있는 사람들, 남을 판단하는 사람은 내버려 두시는 것이 아니다. 4절에 "혹 네가 하나님의 인자하심이 너를 인도하여 회개하게 하심을 알지 못하여 그의 인자하심과 용납하심과 길이 참으심이 풍성함을 멸시하느냐"라는 말씀처럼 그들을 향해서는 참고 기다리시는 것이다. 아직 희망을 품고 계신 것이다. 왜 그런가? 아직 그에게 도덕적인 양심이 살아 있기 때문이다. 무엇이 죄이고 잘못된 것인지를 판단하는 능력이 있기에 양심에 새겨진 율법을 통해서 그 양심의 거리낌으로 말미암아 주님께 돌아오길 기다리시는 것이다. 하나님이 우리에게 주신 도덕적인 의식, 예민한 양심은 바로 우리로 하나님을 알게 하는 '일반은총'이다. 이 양심이 계속해서 그들을 찔러 마음에 거리낌이 계속 일어나는 과정을 통해서 그들이 회개하도록 하나님께서 기다리시는 것이다.

그런데 이런 사람이 그 양심의 고발에도 불구하고 회개하고 돌아서지 않는다는 데 문제가 있다. 소위 착하다고 하는 사람들이 실상은 자존심과 고집이 엄청 센 경우가 많다. 겉으로 보면 참 순하고 겸손한 것 같은데 내면 깊은 곳에는 엄청난 교만과 고집이 자리 잡고 있다. 그래서 기다려 주시는 하나님의 인자하심을 이용한다. 성경은 "그의 인자하심과 용납하심과 길이 참으심이 풍성함을 멸시하느냐" (4절 하) 라고 하였다. 회개하지 않고 하나님의 기다리심을 오히려 이용하는 것은 결국 주님의 인자하심을 멸시하는 것이다.

어느 한 성도가 목사에게 남편 일로 상담을 했다. 교회의 여러 기관을 섬기며 열심을 내는 남편이 불륜을 저질렀다는 것이다. 교회도 오래 다니고 말씀도 잘 아는 남편이기에 아내는 자신이 눈물을 흘리며 애원하면 남편이 잘못을 인정하고 회개할 것으로 생각하였다. 그러나 남편의 반응은 가관이었다. "하나님이 나를 용서하시는데 왜 너는 용서하지 못해? 너는 교회에서 훈련도 받았는데 아직 그 정도밖에 안 돼?"라며 오히려 그 아내의 믿음을 탓하더라는 것이다.

그의 문제는 무엇인가? 그는 하나님의 인내와 용서하심을 악용하고 있는 것이다. 하나님이 지금 당장 불을 내려 심판하시지 않는 것은 회개할 기회를 주시는 것인데 그것을 멸시하고 이용해 먹고 있는 것이다. '어, 내가 이렇게 나쁜 일을 했는데도 내게 아무 일도 없네?'라고 생각하면서 '그래도 하나님이 나를 사랑하시나봐'라고 착각하는 것이다. 그러면서 고집을 부리고 회개하지 않는 것이다. 5절에 "다만 네 고집과 회개하지 아니한 마음을 따라 진노의 날 곧 하나님의 의로우신 심판이 나타나는 그 날에 임할 진노를 네게 쌓는도다"라고 하였다. 도덕적인 사람은 양심이 예민한 사람이니 분명 찔릴 것이다. 그러나 고집을 부리고 회개하지 않으니 진노가 예고되고 있다. 결국 그는 내면의 정욕을 그의 도덕적 의식, 체면, 양심으로 끊어낼 힘이 없는 것이다. 그래서 그 욕심, 그 정욕을 놓지 않는다. 그러므로 하나님이 참으시는 날들이 오히려 그에게 진노를 쌓는 기간이 된다. 회개하도록 주신 기회의 기간이 오히려 진노를 쌓는 날이 되고 어느 날 갑자기 하나님의 심판이 임하는 것이다.

그들을 향한 하나님의 심판

생각이 아닌 행위를 심판하신다.

하나님은 우리가 무슨 생각과 도덕의식을 가졌는가를 보시지 않고, 오직 우리가 행한 대로 심판하신다. 6절에 "하나님께서 각 사람에게 그 행한 대로 보응하시되"라고 하였다. 하나님은 그가 무슨 말을 했고 무슨 글을 썼으며 무슨 설교를 했고 무슨 의식과 견해를 가졌는가를 중요하게 여기지 않으신다. 트위터처럼 그를 따르는 팔로워가 얼마나 많은가에 따라 평가하지 않으시며 겉으로 보이는 외모로 사람을 판단하지 않으신다. "이는 하나님께서 외모로 사람을 취하지 아니하심이라"(11절). 하나님은 오직 그가 행한 대로 보응하신다. 이 사람이 어떻게 살았는가를 보시는 것이다. 은밀한 곳에서 행한 모든 삶을 보시고 판단하시기에 그가 어떤 주장을 하고 어떤 정의감과 비판의식을 가졌는가는 별로 중요한 고려의 대상이 아니다. 결국 그의 말과 의식은 근사하나 행동은 다르기에 그들도 똑같이 하나님의 진노 아래 있고 하나님의 심판을 피하기 어렵다. 1절 "네가 같은 일을 행함이니라"의 말씀에서 벗어나지 않는다.

타인을 판단하던 도덕의식이 그들 자신을 심판하는 기준이 된다.

법정에서 죄를 판단할 때에 그가 그것이 죄임을 알았는지의 여부는 참으로 중요하다. 죄에 대한 인식 여부에 따라 죄질의 차이가 크기 때문이다. 따라서 사람들은 일단 법정에 서게 되면 자신은 몰랐다고 잡아뗀다. 마찬가지로 사람들은 훗날에 하나님의 심판대 앞에 서게 될 때 이렇게 몰랐다고 잡아뗄 것이다. 정욕에 따라 자기 멋대로 살던 사람들은 자신은 하나님이 계신 줄 몰랐다고 잡아뗄 것이다. 그러나 그들의 천성이 하나님의 존재를 증거하고, 자연 만물이 하나님의 존재를 증거해 주었음을 그들은 핑계하지 못할 것이다. 남을 판단하는 사람들은 자신이 하나님의 법을 몰랐다고 항변할 것이다. 그들은 "하나님이 저에게 어떻게 살아야 한다고 율법을 가르쳐준 적이 없지 않습니까? 기준을 주시지도 않고 저를 심판하십니까?"라고 항변할 것이다. 그러나 그들의 항변도 통하지 않는 이유가 있다. 그것은 이미 그들이 남을 판단하는 그 판단이 그들의 심령 속에 하나님이 새겨준 율법을 알고 있음을 말해 주기 때문이다. 1절에서 "누구를 막론하고 네가 핑계하지 못할 것은 남을 판단하는 것으로 네가 너를 정죄함이니"라고 선언하고 있다.

사람들이 비록 하나님을 믿지 않아도, 그래서 율법을 알지 못해도 이미 하나님께서 양심에 율법을 새겨 주셨기 때문에 그들은 본성으로 율법의 일을 행한다. 그래서 자신의 양심이 스스로를 고발해서 찔리기도 하고, 양심이 나름대로의 변호를 하기도 한다. 그러므로 어떤 사람이 다른 사람을 보고 판단하고 있다면 이미 그 사람 안에는 하나님의 율법이 들어 있는 것이다. 따라서 14~15절은 "율법 없는 이방인이 본성으로 율법의 일을 행할 때에는 이 사람은 율법이 없어도 자기가 자기에게 율법이 되나니 이런 이들은 그 양심이 증거가 되어 그 생각들이 서로 혹은 고발하며 혹은 변명하여 그 마음에 새긴 율법의 행위를 나타내느니라"라고 말하고 있다.

프랜시스 쉐퍼는 각 사람에게는 그 사람의 목소리를 녹음하는 보이지 않는 하늘나라 녹음기가 다 있다고 표현했다. 그래서 하나님이 심판하시는 그날에 "저는 몰랐어요"라고 말하면 주님께서 우리가 남을 판단하는 것을 다 틀어서 들려줄 것이라고 말한다. "이것은 옳지 않아. 저런 인간은 사라져야 해. 저 사람은 너무나 이기적이야. 저 사람은 부정직해. 이것은 공평하지 않아. 저런 배신자 같으니라고. 저런 더러운 인간. 탐욕이 많구먼. 이웃을 배려할 줄 몰라. 말을 함부로 해. 약속을 했으면 지켜야지. 왜 편법을 쓰는 거야. 권리만 알고 의무는 모르는군. 저 부자는 복에는 책임이 있다는 사실을 망각한 사람이야……." 이렇게 판단하던 목소리를 틀어준다는 것이다. 그리고 우리의 이 모든 말로 하나님은 우리를 심판하실 것이다. 그때에 그 누구도 아무런 핑계나 항변을 하지 못할 것이다.

"무릇 율법 없이 범죄한 자는 또한 율법 없이 망하고 무릇 율법이 있고 범죄한 자는 율법으로 말미암아 심판을 받으리라 하나님 앞에서는 율법을 듣는 자가 의인이 아니요 오직 율법을 행하는 자라야 의롭다 하심을 얻으리니."(12~13절)

결국 인간은 마음에 새겨진 율법이든지 아니면 종교적으로 받은 율법이든지 간에 하나님의 율법을 기준으로 그것을 지켰는지 지키지 않았는지 최후의 심판을 받는다.

4장

종교적으로 깊은 깨달음을 가진
사람들은 다르겠죠?

롬 2:17~29

종교인들은 다를까?

많은 사람들이 종교를 가지는 이유는 나름 세상과는 다르게 살고자 하는 마음이 있기 때문이다. 정기적으로 종교 활동에 참여하는 사람은 그렇지 않은 사람보다 더 평화로워 보이기도 한다. 그들은 나름 자신들의 종교 활동이 구원의 길이라고 생각하는 듯하다. 실제로 깊은 깨달음을 가진 분들을 보면 뭔가 남달라 보이기도 한다. 도덕적인 양심을 가진 선한 사람들이 실패했다면 이제 우리는 과연 마지막 희망을 종교적 신앙심이 깊은 사람들에게서 찾을 수 있지 않을까?

> 종교 천재인 유대인들은 뭔가 다를 거야.

종교적 열심으로 따질 때 둘째가라면 서러울 대표 주자를 꼽는다면 단연 유대인을 예로 들 수 있다. 하나님은 유대인에게 모세를 통해서 직접 율법을 주셨기에 그들은 그 율법을 삶의 기초로 삼고 살아가는 시스템을 가지고 있다. 온 나라가 확고하게 종교 경전을 삶의 기초로 삼고 있는 민족이다. 이들은 자신들은 선택받은 민족으로서 하나님의 사랑을 독점하고 있다는 의식을 가지고 하나님을 자랑하는 자들이다. 그래서 17절에 "유대인이라 불리는 네가 율법을 의지하며 하나님을 자랑하며"라고 말씀한다. 그런데 그들은 단지 율법을 형식적으로 가지고 있는 것이 아니라 18절에 "율법의 교훈을 받아 하나님의 뜻을 알고 지극히 선한 것을 분간하며"라는 말씀처럼 율법의 내적인 의미와 교훈까지도 깨닫고 있다. 더 나아가 그들은 "율법에 있는 지식과 진리의 모본을 가진 자로서"(20절) 율법의 내용을 깨달았을 뿐 아니라 그 지식과 진리를 체계적으로 정리한 자들이다. 쉽게 말해서 교리적으로 아주 체계적인 지식을 습득하고 있는 것이다. 우리 식으로 말하면 성경에 대해서 제자훈련을 마쳤을 뿐 아니라 신학교까지 졸업한 정도의 실력을 가진 자라는 것이다. 그래서 그들은 남들은 맹인이고 어둠에 있는 어리석은 자요 어린아이이고, 자신들은 "맹인의 길을 인도하는 자요 어둠에 있는 자의 빛이요 … 어리석은 자의 교사요 어린아이의 선생"(19~20절)이라고 스스로 믿는 자들이다.

이 사람들은 앞에 말한 판단하는 사람들, 즉 양심에 새겨진 율법을 따라서 도덕적인 의식을 가지고 살아가는 사람들과 비교할 때 한 단계 높은 사람들이다. 왜냐하면 남을 판단하는 사람의 경우 그들의 양심에 율법이 새겨져 있기는 하지만 상대적으로 희미한 까닭이요 시대마다 정황마다 약간씩 왜곡될 수 있는 데 비해서, 유대인의 경우에는 그 원형이 되는 모본인 율법 자체를 소유하고 있기 때문이다. 하나님은 율법을 유대인에게 분명히 맡기셨으며 그러하기에 그들은 율법을 열심히 연구하여 하나님의 뜻과 선한 것을 분별할 수 있는 능력이 있다. 그리고 더 나아가 그들은 율법을 통달한 랍비 수준의 사람들이다. 그들은 일반 사람들보다 더 진리 가운데로 나아가며 하나님께 더 가까이 나아간 사람들이라고 할 수 있다. 정욕대로 살아가는 사람들에 비해서 도덕적인 의식이 있는 사람들도 참 대단해 보이지만, 유대인은 그들보다 양심의 의식이 종교적으로 더 심화된 사람들이다.

깊이 깨우친 스님들은 차원이 다르겠지?

유대인은 오늘날 우리 사회로 치면 마치 목사님이나 신부님, 스님 같이 늘 성경이나 불경을 읽으면서 진리가 무엇인지, 선한 것이 무엇인지를 열심히 연구하는 사람들에 비유할 수 있다. 일반 사람들보다 더 깊이 있는 진리를 깨우치고 있는 사람들 그래서 그 중생을 계도하는 사람들인 것이다. 아마도 이들에게 배우러 가는 사람들은 앞에 나온 도덕적인 의식이 있는 사람들일 수도 있다. 또한 양심이 선하고 예민한 사람들일 수도 있다. 그들을 앞에 두고 종교인들은 권위 있는 경전을 펼쳐 그 말씀들을 근거로 "욕심 부리지 마세요. 사랑하세요. 용서하세요" 등등의 교훈을 가르치며 욕심에 사로잡힌 어리석은 대중들을 깨우친다. 우리는 그렇게 오묘하게 가르치는 분들을 보면서 '아, 저분은 특별할 거야', '이러한 깨우침을 가진 저분은 남다를 거야!', '아마 도인일 거야!' 이렇게 생각하게 된다. 요즘 목사님들에게는 워낙 실망을 많이 해서 그런 생각을 잘 하지 않겠지만, 덕망 높은 스님들을 보면 뭔가 우리와는 다를 것이라고 생각한다. 마치 우리나라 조선시대 유생들을 만났을 때 사람들이 느끼는 반응과 같은 이치일 것이다. 그들은 어려서부터 사서삼경을 줄줄 외우고 공자, 맹자, 장자를 통달한다. 어리고 젊더라도 그 고상한 가르침을 줄줄이 이해하고 말하는 사람들을 볼 때에 '와, 역시 양반님들은 특별해. 어쩜 그렇게 깨우치는 말씀을 잘하실까? 우리와 종자가 달라'라고 평민들은 생각하였을 것이다. 그런데 유대인들은 더욱 그러하다. 어려서부터 율법을 미간에 붙이고 손목에 매어 늘 주야로 율법을 배우고 암송했다.

열네 살이 되면 성년식에서 모세오경을 줄줄 암송했다. 경건한 유대인들은 양 손목에 말씀을 담은 통을 달고 다니면서 항상 주야로 말씀을 줄줄 외웠다. 그러기에 사람들은 '이런 사람은 아마도 다를 거야!'라고 생각하게 된다. 분명 이들은 도덕적인 의식이 있는 사람보다는 한 차원 높은 사람들이다. 그러므로 남을 판단하는 도덕적 의식이 있는 사람은 실패해도 이렇게 종교적으로 진리에 전념하는 사람들만큼은 다를 것이라고 생각하게 된다.

종교 전문가들이 보여주는 반전 드라마

더 깊이 가르치지만 그렇게 살지는 못한다.

그러나 그 대단한 유대인들의 실상은 무엇인가? 그들은 남을 가르치는 자들이었지만 정작 자신들은 가르치지 않았다. 도둑질하지 말라고 가르치면서 자신들은 도둑질하고, 간음하지 말라고 가르치면서 정작 자신들은 간음을 한다. "그러면 다른 사람을 가르치는 네가 네 자신은 가르치지 아니하느냐 도둑질하지 말라 선포하는 네가 도둑질하느냐 간음하지 말라 말하는 네가 간음하느냐 우상을 가증히 여기는 네가 신전 물건을 도둑질하느냐"(21~22절). 그래서 그들이 섬기는 하나님이 그들로 인해 이방인 중에서 모독을 받으신다. 자기 종으로 선택한 자들이 엉망으로 사니까 결국 그 주인이신 하나님의 이름이 모욕당하는 것이다. "율법을 자랑하는 네가 율법을 범함으로 하나님을 욕되게 하느냐 기록된 바와 같이 하나님의 이름이 너희 때문에 이방인 중에서 모독을 받는도다"(23~24절).

가장 뛰어난 종교인인 유대인도 결국 실패했다는 말이다. 누구보다 더 명확한 율법을 받았고 그것에 심취해서 항상 율법만 연구하고 랍비와 제사장들을 중심으로 종교 국가를 만들어서 열심을 냈는데 하나님께 인정받는 데 실패했다. 그들이 그렇게 몰두한 그 율법, 남들을 열심히 가르치던 그 율법이 그들을 정욕과 죄에서 구해 주지 못한 것이다. 이처럼 하나님께 더 가까이 나아간 유대교가 실패했는데 그 어떤 종교가 성공할 수 있을까? 불교나 이슬람교, 힌두교는 성공할까? 도를 닦고 참선을 하고 요가를 하면 변화되어 의로워질까? 그 모든 수양도 그들을 정욕에서 구원해 주지 못한다. 성경은 대표 종교인인 유대인을 예로 들어 말하고 있다. "종교는 실패한다! 종교적인 열심이 그들 안의 죄와 정욕을 제어하지 못한다!" 아무리 하루 종일 말씀을 외우고 국가적으로 종교적인 시스템을 만든다 하더라도 그 종교가 인간을 착하게 만들거나 죄와 정욕을 제어하는 데 실패한다는 것이다.

화려하나 공허하도다.

교회에서 세례를 받거나 어떤 직분을 받으면 믿지 않는 사람들은 그 사람을 좀 다르게 본다. 마치 어떤 사람이 불교에 귀의하는 수계 의식이나 천주교에서 영세를 받고 세례명을 받으면 그 사람의 믿음이 특별할 것이라고 보는 것과 같다. 이처럼 유대인들이 내세우는 대표적인 의식이 할례였다. 유대인들은 이 할례를 받지 않은 사람과는 상종도 하지 않았다. 할례 받는 것을 하나님께 선택받은 백성으로서의 특별한 증표로 여겼다. 하지만 아무리 대단한 종교적인 증표를 간직하고 있다고 해도 그 사람이 율법대로 살지 않는다면 무슨 소용이 있는가? 세례를 받았다면서 믿지 않는 사람들과 똑같이 산다면, 그 세례가 무슨 의미가 있으며 직분을 받는 것이 무슨 의미가 있는가? 그래서 25절은 "네가 율법을 행하면 할례가 유익하나 만일 율법을 범하면 네 할례는 무할례가 되느니라"라고 말씀한다. 율법을 지키지 않으면 할례가 의미가 없다는 말이다. 할례를 받는 이 종교적인 의식은 마치 명품 브랜드와 같은 것이다. 어떤 가방에 그 브랜드를 찍는 것은 이 제품이 믿을 만한 좋은 제품이라고 인증하는 사인 같은 것이다. 할례는 이처럼 이 사람은 믿을 만한 경건한 하나님의 사람이라는 증표다. 그런데 그 증표의 효력은 어떻게 증명되는가? 그 브랜드의 효력이 어디에 있는가? 짝퉁 가방을 만들어서 거기에 명품 로고를 찍는다고 그것이 명품이 되지 않는다. 그 브랜드의 효력은 가방의 품질에 있다. 명문대 로고가 찍힌 티셔츠를 입고 다닌다고 그 학교 학생이 되는 것은 아니다. 이처럼 할례 받는다고 그 사람이 하나님의 백성이 되는 것이 아니라는 말이다. 종교적인 의식이 그렇게 마술적으로 우리를 바꾸지 못하는 것이다. 할례 같은 종교적인 의식은 사람을 바꾸어주지 못한다. 세례나 입교식도 마찬가지이다. 어떤 종교의 입문식, 귀의 의식을 행한다고 해서 그 사람이 획기적으로 달라지지 않으며 지속적으로 종교 생활을 한다고 눈에 띄게 달라지지도 않는다. 만약 그 삶이 달라지지 않고 있다면 그 모든 종교의식과 활동은 공허한 것이다. 우리가 먼저 하나님의 말씀대로 변화되어서 살지 못하면 우리의 종교적 형식의 의미는 그 빛을 바래버린다. 그들의 본질이 바뀌지 않으면 외면에 하는 할례는 무효요 아무 의미가 없다.

그러므로 정말 중요한 것은 종교적인 외적 형식이나 의식이 아니라 그 사람의 마음, 즉 내면이다. 교회를 다니고 있는가, 무슨 의식에 참여하였는가하는 것은 외면적인 것이다. 진정으로 중요한 것은 마음이 변화되었는가이다. "무릇 표면적 유대인이 유대인이 아니요 표면적 육신의 할례가 할례가 아니니라 오직 이면적 유대인이 유대인이며 할례는 마음에 할지니"(28~29절). 민족적인 혈통을 외면적으로 표시해 주는 할례를 받았는가가 중요한 것이 아니라 내면의 할례 즉 마음이 변화된 사람인가가 중요하다는 것이다. 종교적인 가르침과 의식이 사람을 바꾸지 못한다는 것이다.

오십보백보

누가복음에는 집을 나간 탕자인 둘째 아들과 몸은 집에 있지만 마음으로는 이미 집을 나가서 아버지와 거리가 멀어져 있는 형이 등장한다(눅 15장, 탕자의 비유). 아버지의 유산을 미리 달라 하여 집을 나가 자기 마음대로 사는 둘째 아들은 반권위적이고 전통적인 질서나 가치관에 얽매이길 싫어하는 인간상을 대변한다. "나에게 이게 옳다, 저게 옳다 간섭하지 마세요. 내 인생은 내가 선택해요"라고 말하는 사람들이다. 1장에서 살펴본 우상 숭배자들이 이와 같은 사람이라고 할 수 있다. 반면 몸은 집에 있지만 정작 마음은 아버지에게서 멀리 떨어진 형은 앞에서 살펴본 도덕적이고 종교적인 사람들과 같다. 집을 나가지 않았고, 외적으로는 아버지의 명령을 지키는 효자 같지만, 정작 동생을 기다리는 아버지의 마음을 모르고, 동생이 돌아온 것에 화를 내는 형의 마음이 아버지와 멀기는 동생과 별반 다를 것이 없다. 누더기 같은 도덕과 선행이라는 자기 의 때문에 아버지의 뜻과 마음에서 멀어진 형은 도덕적이고 종교적인 사람들의 한계를 잘 대변해 준다. 그들은 예수님께서 책망한 바리새인처럼 회칠한 무덤과 같이 겉과 속이 다른 자들이다. 도덕적인 의식이나 종교적인 깨우침으로 포장하지만 정작 거룩하고 순종하는 삶을 살지 못하는 그들은 하나님이 보실 때 위선자일 뿐인 것이다. 결국 성경은 제멋대로 살아가는 사람들만이 죄인이 아니라 도덕주의자든 종교인이든 상관없이 모두 다 죄인이라고 선언한다. 집 나간 동생뿐 아니라 집에 있는 형도 죄인이기는 마찬가지다. 그러므로 모든 사람은 다 죄인이다.

성경은 모든 사람이 다 실패했다고 선언한다.
모든 인류를 향한 성경의 선언이 무엇인지 들어보라.

"그러면 어떠하냐 우리는 나으냐 결코 아니라 유대인이나 헬라인이나 다 죄 아래에 있다고 우리가 이미 선언하였느니라 기록된 바 의인은 없나니 하나도 없으며 깨닫는 자도 없고 하나님을 찾는 자도 없고 다 치우쳐 함께 무익하게 되고 선을 행하는 자는 없나니 하나도 없도다"(3:9~12)

모든 인류는 다 실패했다. 의인은 단 한 명도 없다는 것이다. 여기에 예외는 없다. 노골적으로 "하나님이 어디 있어?"라며 등 돌리고 정욕대로 살아가는 인간이나, 도덕적이고 양심적인 윤리 의식을 가지고 다른 사람을 판단하며 위선적으로 살아가는 인간이나, 율법을 가지고 하나님을 자랑하며 살아가는 유대인이나, 어떤 면에서 거룩하게 보이는 사람들이나 모두 다 똑같이 죄와 정욕을 제어하는 데 실패했다는 것이다. 겉으로 볼 때는 대단해 보이는 사람도 은밀한 데서 그 삶을 들여다보면 다 죄인으로 판명난다고 성경은 선언한다. 가끔 우리 아이들이 친구들에게 이런 질문을 받는다고 한다. "야! 너희 아빠가 목사님이야? 너희 아빠는 어떠셔?" 아주 신기한 듯 물어보면 우리 아이들은 뭐라고 대답할까? "너희 아빠랑 똑같아!" 사람은 다 똑같다. 멀리서 보면 달라 보여도 가까이에서 보면 다 비슷하다.

헨리 모울리 주교가 이런 말을 했다. "창녀, 거짓말쟁이, 살인자들은 하나님의 영광에 미치지 못한다. 하지만 당신도 마찬가지이다. 그들은 제일 밑바닥에 서 있고 당신은 높은 꼭대기에 서 있을지 모르지만 당신이나 그들이나 별에 손이 닿지 않는 것은 마찬가지이다." 이것이 인류에 대한 성경의 선언이다. 로마서 3장 23절은 분명하게 단언한다. "모든 사람이 죄를 범하였으매 하나님의 영광에 이르지 못하더니". 그렇다. 모든 사람은 다 타락하였다.

긍정이라는 사탄의 속삭임

복음은 이처럼 타락의 선언으로부터 출발한다. 이 전적인 타락의 선언에 동의가 되지 않는다면 복음은 우리와 아무 상관이 없게 된다.

내 자신이 나의 흉악한 죄로 말미암아 하나님의 무서운 진노 아래 있다는 바로 그 선언에서부터 기독교의 복음은 시작되는 것이다.

그런 면에서 복음을 무용지물로 만드는 사탄의 가장 위험한 속삭임은 무엇일까? 이 절망적인 인간에게 긍정의 불을 지피는 것으로 네 스스로 하나님처럼 될 수 있다는 속삭임이다. 이것은 오래된 속삭임으로서 에덴동산에서 인류의 조상인 첫 사람 아담의 귀에 들려주던 것이다. 인간이 괜찮은 존재인 것처럼 가르치는 것, 인간의 이성과 의지가 손상되지 않아서 스스로 진리에 이를 수 있다고 가르치는 것은 다 우리를 파멸로 이끄는 사탄적인 가르침이다. 칼빈의 말에 귀를 기울이자. "그러므로 진실 이상의 것을 우리에게 주는 사람들은 우리를 파멸로 이끄는 사람들이다. 우리에게 자력으로 싸우라고 가르치는 것은 갈대로 우리를 높이 드는 것과 같아서 갈대가 꺾이면 우리는 떨어지고 만다. 허망한 사람들이 생각하고 지껄이는 것은 모두 연기와 같다. 우리 안에 있는 우리 자신의 것을 찾으라고 강요하고, 사람이 자기를 높이게 하는 것은 사탄의 음성이다." 어거스틴도 "아무도 자신을 훌륭하다고 생각하지 말라. 무엇 때문에 우리는 그렇게도 인간성의 능력을 중요시하는가? 그것은 상하고 부서지고 혼란하고 망하였다. 우리에게 필요한 것은 진실한 고백이지 그릇된 자기변호가 아니다"라고 말한다.

이제 자기 숭배를 그치라.

그러므로 우리는 우리의 도덕의식, 비판력, 정의감을 드러내며 내가 얼마나 괜찮은 사람인가를 자랑하지 말아야 한다. 오히려 그것이 진노의 길이요 주님께 나아가는 걸림돌이요 멸망의 길임을 명심하라. 성경 지식을 자랑하거나 깨달음, 열심, 헌신 등을 자랑하며 자기가 괜찮은 사람인 것처럼 착각하는 것보다 위험한 증상이 없다. 종교 생활이 자신의 은근한 의가 되어 남들과 비교하면서 '이만하면 하나님이 나를 좋아하실 거야'라는 공로의식에 젖어 사는 것이야말로 많은 사람들을 지옥으로 이끈 멸망의 대로이다. '나는 평생 법 없이도 살았어!' 하는 사람들, '나는 평생 많은 사람들을 진리로 가르친 선생이었어!'라고 말하는 사람들, 공로, 선행 등의 자기 의를 의지하며 살던 사람들, 이들 모두 눈감은 후에 그들의 은밀한 모든 행동을 심판하시는 하나님 앞에서 무서운 진노의 심판을 받게 될 것이다. 그리고 이 세상 사람들이 그렇게 칭송하던 그 행위들, 그래서 으쓱하던 자기 의가 그 영광스러운 하나님 앞에서 걸레 조각보다 못하다는 것을 깨닫게 될 것이다.

우리 힘으로는 결단코 우리 자신을 구원하지 못한다. 스스로 자신을 구원하기를 포기해야 산다. '나 같은 사람 있으면 나와 보라고 해'라고 속삭이는 뿌리 깊은 자기 의, 자기 숭배를 포기해야만 산다. 이렇게 내 안에 구원의 길이 없음을 깨닫는 자, 자기 파산을 선언하는 자, 자신이 죄인임을 고백하는 자에게 비로소 하나님이 예비하신 구원의 길이 보이기 시작한다. "나는 죄인입니다. 내 안에는 선한 것이 없습니다"라는 고백이 자신의 진정한 내면의 고백인 사람은 참으로 복이 있는 자이며 은혜를 입은 자이다.

왜 하나님은 인간에게
그대로 살지도 못할 율법을 양심에 새겨 주신 것일까? 성경의 대답은 명확하다.
하나님은 율법을 구원받는 지표로 주신 것이 아니라
의의 기준이 무엇인지를 보여주기 위해 주신 것이기 때문이다.

2부

믿음으로만 구원받는다

(롬 3:19~5:21)

5장

모두가 다 죄인이라면
도대체 누가 구원받나요?

롬 3:19~31

모든 사람이 다 죄인이라면 도대체 누가 천국에 가는가? 정욕대로 사는 사람들이야 당연히 가지 못하는 것이 이해가 되지만, 도덕적인 사람이나 종교적인 사람도 다 죄인이라면 도대체 어떻게 해야 구원을 받을 수 있단 말인가? 과연 인간이 구원받을 길이 있기는 한 것인가? 이것은 정말 중대한 질문이다. 이제 절망 가운데 있는 인간에게 하나님이 주신 구원의 길이 무엇인가를 살펴보자.

먼저 우리가 기억할 한 가지가 있다. 앞에서 살펴본 대로 모든 사람은 죄인이다. 도덕적 양심을 가진 사람이나 율법을 줄줄 외우고 그것을 깨달아 남을 가르치는 사람들조차도 죄인이다. 그들은 배우고, 알고, 깨달은 대로 살지 못하기 때문이다. 그러므로 인간은 무엇인가를 가르치거나 배움을 통해 구원받을 수 없다. 어느 누구도 가르침대로 살지 못하기 때문이다.

그러면 왜 하나님은 유대인에게 지키지도 못할 율법을 주신 것일까? 왜 하나님은 인간에게 그대로 살지도 못할 율법을 양심에 새겨 주신 것일까? 성경의 대답은 명확하다. 하나님은 율법을 구원받는 지표로 주신 것이 아니라 의의 기준이 무엇인지를 보여주기 위해 주신 것이기 때문이다. 즉 그것은 인간이 절대로 완전한 의에 도달할 수 없음을 알게 하시려고 주신 것이다. 율법은 그저 인간 스스로 잘났다고 하는 그 입을 막기 위한 것이다. 그래서 19절은 "우리가 알거니와 무릇 율법이 말하는 바는 율법 아래에 있는 자들에게 말하는 것이니 이는 모든 입을 막고 온 세상으로 하나님의 심판 아래에 있게 하려 함이라"라고 말씀한다. 율법은 인간이 죄인임을 깨닫게 하기 위한 점검표이지 구원받는 지침이 아니다. 율법을 지켜서 구원받을 수 있는 육체는 그 누구도 없다. "그러므로 율법의 행위로 그의 앞에 의롭다 하심을 얻을 육체가 없나니 율법으로는 죄를 깨달음이니라"(20절). 그러므로 인간들이 자기 행위로 구원받으려고 해서는 안 된다. 자기 행위로 선해지고 그것으로 인정받으려는 모든 시도는 헛된 시도요. 하늘의 별을 잡으려고 사다리를 놓는 것과 같은 것이다. 자기 행위를 붙드는 사람마다 열심히 올랐지만 그날에 '앗! 이 산이 아닌가?' 하게 된다.

어떤 분이 병원에서 간단한 진료를 받고 왔는데 병원에서 전화가 왔다. 간암 말기이니 빨리 입원하라는 것이다. 경황이 없어서 충격 받을 가족에게 말도 하지 못하고 대강 입원할 준비만 해서 병원으로 가는데 아이들 생각, 남편 생각 별별 생각이 다 나면서 눈물이 펑펑 흘러나왔다. 무엇보다 이제 죽을 생각을 하니까 '내가 죽으면 이제 어떻게 되지? 나는 죽어서 하나님 앞에 어떻게 서지?'라는 두려움이 몰려왔다. 그런데 이게 또 웬일인가? 절망 가운데 어떻게 갔는지도 생각이 나지 않을 정도로 정신없이 병원에 갔더니 간호사가 몹시 당황해하고 미안해하면서 다른 사람의 차트를 보고 잘못 연락을 드렸다며 죄송하다고 하더란다. 얼마나 다행인지! 갑자기 하늘이 열리면서 광명한 빛이 쏟아져 내리는 것만 같았다. 하지만 집으로 돌아오면서 곰곰이 생각했다. '아, 내가 너무 정신없이 사느라 죽을 준비를 못하고 있었구나.'

과연 우리는 죽을 준비를 어떻게 해야 할까? 이 질문은 우리 모두에게 필수적이다. 왜냐하면 우리는 언젠가 반드시 죽기 때문이다. 따라서 죽을 준비를 해야 한다. 그런데 '나는 그래도 남보다 착하게 살았어!'라는 생각으로 죽게 된다면 정말 큰일이다. 착하게 사는 것은 좋은 일이지만 구원의 길은 아니기 때문이다. 게다가 착하게 살면 천국 간다는 사람들의 가르침에 속으면 더 큰일 난다. 모든 인간이 죄인이고, 의인은 한 명도 없기 때문에 인간 중에는 구원의 길을 가르쳐줄 자가 없다. 자기도 구원하지 못하는 사람이 어떻게 다른 사람에게 구원의 길을 가르쳐 주겠는가? 다 거짓말이다. 그러니 내가 어떻게 살았는가 하는 내 행위를 가지고 안심하고 눈감으면 큰일 난다. 율법은 내가 지킨 많은 것보다 지키지 못한 한 가지로 우리를 정죄한다. 우리는 내가 잘한 것만 기억할지 모르나 우리의 삶을 녹음기와 영사기로 틀어본다면 부끄러워서 얼굴을 들지 못할 것이다. 내가 잘한 것보다 못한 것이 더 많고, 심지어 내가 알지 못하는 순간에 나에게 상처입은 사람들도 헤아릴 수 없이 많음을 알게 될 것이다. 죽음 앞에서 내가 살아온 삶이 그래도 선했다고 자위하는 것만큼 불안하고 위험한 것이 없다.

이신칭의의 복음

착한 사람도 다 죄인이라면 도대체 기독교가 말하는 구원의 방법은 무엇인가? 분명 아무도 천국에 들어갈 만큼 착하게 살 수는 없기에 구원의 길은 율법을 지킴으로 하나님 앞에 의롭다고 인정을 받는

길 말고 다른 길이어야 한다. 그런데 성경은 바로 그 구원의 길이 나타났다고 말한다. 21절 상반절에 "이제는 율법 외에 하나님의 한 의가 나타났으니"라고 말씀하는 것이다. 율법을 완벽하게 지킴으로 주어지는 의가 아니라 다른 방법으로 주어지는 하나님의 의가 나타났다는 말이다. 그리고 그 의는 갑자기 하늘에서 뚝 떨어진 이상한 것이 아니라 "율법과 선지자들에게 증거를 받은 것"이다(21절 하). 즉 구약성경의 지지를 받는 구원방법이라는 말이다. 그러면 구약성경이 지지하는 율법 외의 의란 무엇인가? 이것이야말로 천국에 들어갈 수 있는 의(의로움)인데, 오직 믿음으로 받는 믿음의 의이다. 예수 그리스도를 믿음으로 받는 의, 즉 이신칭의(以信稱義. 믿음으로 의롭다 여김을 받음)를 말한다. "곧 예수 그리스도를 믿음으로 말미암아 모든 믿는 자에게 미치는 하나님의 의니 차별이 없느니라"(22절).

    이것이 기독교가 말하는 구원의 방법이다. 이것은 매우 파격적인 선언이다. 왜냐하면 그 어떤 종교, 그 어떤 누구도 이러한 구원의 길을 말한 적이 없기 때문이다. 유대인조차 성경의 참 뜻을 오해하고 항상 율법을 제 힘으로 지키려고 애쓸 뿐이었고, 다른 모든 종교와 가르침은 전부 "착하게 살아야 한다! 너희의 행위와 공로로 천국에 갈 수 있다!"라고 가르쳐 주었다. 그래서 이 세상은 모두 정죄 아래 있었고 구원의 빛이 없는 암흑 세상이었다. 그런데 이제 성경이 그 어느 종교, 그 어떤 누구도 이야기하지 않은 의의 길, 누구도 알지 못했던 구원의 길을 보여 주었다. 이신칭의의 복음으로 말미암아 사망의 어둠의 길에 구원의 빛이 비추기 시작한 것이다.

첫 번째 오해, 엉망으로 살아도 믿기만 하면 구원받는다?

하지만 믿음으로 구원을 받는다는 이신칭의는 너무나 생소한 것이기에 사람들은 오해를 많이 한다. 이신칭의의 의미를 살펴보기 전에 먼저 한두 가지의 오해를 불식시키고 가자. 사람들의 흔한 오해 중 하나는 바로 이것이다. '믿기만 하면 구원받는다고 가르치니까 오늘날 기독교가 입으로만 믿습니다 하는 가벼운 종교가 된 것이 아닌가?' 사실 이러한 오해가 나올 법하다. 왜냐하면 의롭다고 칭하는 '칭의'(justification)는 법정적인 용어로 이는 도덕적으로 의롭다고 인정하는 것이 아니라 법적으로 '의롭다고 선포'하는 것이기 때문이다. 다시 말하면 그 사람이 실제로는 거룩하지 않고 율법을 지키지 않지만 그를 의롭다고 선포하는 것인 것이다. 분명 죄를 짓고 사는 불완전한 존재인데 의인이라고 '여겨주는 것'이 칭의인 것이다. 그러니 당연히 "기독교는 엉망으로 살아도 예수만 믿으면 구원받는다네"라는 말이 생길 만도 하다. 교회를 다니는 사람들 중에 실제로 엉망으로 살면서 "난 믿으니까 구원받았어! 죽기 전에 회개하면 돼! 엉망으로 살아도 의롭다 생각하고 살면 돼"라며 뻔뻔하게 구원받았다고 생각하는 사람들이 많은 것도 사실이다.

이러한 오해는 이신칭의의 의미를 살펴보면서 점점 풀리겠지만, 먼저 칼빈의 이야기를 주목할 필요가 있다. 칼빈은 "어느 누구도 중생함이 없이는 그리스도의 의를 입을 수 없다"고 하였다. 칭의는 중생과 떨어져 언급할 수 없다는 말이다. 칭의란 독립적으로 존재하는 교리가 아니라 구원의 여러 측면 중 한 부분이라는 사실을 이해해야 한다. 다이아몬드를 보면 그 보석의 여러 단면들이 있다. 그것들은 각자 반짝이며 아름다움을 더한다. 이쪽에서 바라보는 것과 다른 쪽에서 바라보는 것이 다르다. 이처럼 구원을 다이아몬드에 비유한다면, 이신칭의는 그 빛나는 여러 단면들 중의 하나이다. 구원에는 칭의 외에도 중생, 믿음, 성화 등 여러 중요한 단면들이 있다. 이것들을 종합적으로 이해할 때에 기독교의 이신칭의가 어떤 의미인지를 정확히 알게 된다.

그래서 성경은 이신칭의를 먼저 언급하고 그 후에 믿음으로 의롭다고 칭함받은 사람은 그리스도와 연합하여 새 생명을 얻은 사람이라고 말한다. 중생한 사람이라는 말이다. 그냥 마음에는 아무런 변화도 없이 입술로만 앵무새처럼 믿습니다 하면 의롭다 함을 받는 것이 아니라는 것이다. 그 믿음은 그의 옛사람이 죽고 새사람으로 태어나게 하는 중생의 믿음인 것이다. 뒤집어서 말하면 하나님은 거듭난 사람, 즉 예수님을 믿는 믿음으로 새 생명을 얻고 영광스럽게 변해갈 사람에게 칭의를 선포하시는 것이다. 새 생명은 자라난다. 중생이란 새롭게 태어나는 것으로 생명이 있으면 자라고 어른이 되듯이 거듭난 하나님의 생명은 자라나고 성화되어 결국 영광스럽게 된다. 그 생명을 가진 사람, 거듭난 사람에게 하나님은 그가 비록 부족해도 의롭다고 선언해 주신다. 이처럼 칭의는 중생과 함께 가는 것이다.

어떤 왕이 오랜 시간 동안 아들이 없었다. 그러다가 늘그막에 드디어 대를 이을 아들을 얻었다. 얼마나 기쁠까? 비록 아직 아들이 어리지만 늙은 왕은 그 뒤를 잇도록 하기 위해 세자 책봉을 먼저 한다.

그 아이는 현재 왕의 자질을 전혀 갖추지 못했다. 철도 없고 선악 간의 분간도 하지 못하는 한낱 어린아이에 불과하다. 그럼에도 그가 왕이 될 세자라고 선언하면 모든 신하와 백성이 그 앞에 머리를 숙인다. 왜 그럴까? 그 아이는 왕가의 핏줄을 받은 아이이고, 시간이 지나면서 점차 왕의 자질과 품위를 가지게 될 것이기 때문이다.

이와 같이 우리는 예수님을 믿을 때 중생하여 하나님의 아들이 되었다. 새 생명이니 아직은 어리고 작은 돌부리에도 넘어진다. 하지만 신자 안에 거하시는 성령의 능력으로 예수님에게까지 자라가는 것을 목표로 계속 성장하다가 마침내 그렇게 변모될 것이다. 그러므로 하나님은 아직은 죄를 이길 힘이 없고 경건하지 않지만 결국은 거룩하게 될 그리스도인을 향해서 의롭다, 거룩하다고 선언하시는 것이다. "너는 의롭다! 아무도 죄인이라 할 수 없다. 네가 아무리 연약해도 너는 내 아들이고 나의 장자이며 천국을 유업으로 받을 의인이다!"

누가 봐도 왕의 핏줄로 보이지 않는 어떤 거지 아이가 스스로 "나는 왕세자다. 나는 장차 왕이 될 사람이다"라고 주장한다고 해보자. 그런데 시간이 지나도 아무도 왕궁에서 그를 데리러 오지 않고, 왕자의 위용과 품성도 드러나지 않으며, 야비하고 속이고 치졸하게 매일 거지꼴을 하고 산다면, 그 아이의 말은 거짓이라고 의심받을 것이다. 마찬가지로 어떤 사람이 자신은 하나님의 자녀라고 주장하는데 아무리 시간이 지나도 전혀 내적으로 도덕적인 의로움이 나타나지 않으며 매일 죄 짓고 하나도 변화된 것이 없다면, 그 사람의 말은 신빙성이 떨어진다. 따라서 "당신 예수님만 믿으면 무슨 짓을 해도 구원받아!

죽기 전에 회개만 하면 돼"라고 가르치는 사람은 이신칭의를 제대로 모르는 것이다.

정리하면 칭의의 순간에 도덕적인 의로움, 즉 거룩함이 시작되는 것이다. 어떤 사람이 믿음으로 의롭다 함을 받았다면, 그 사람은 이미 중생한 사람이고, 내적으로 성화가 시작된 사람이며 결국 성령님의 도우심 속에서 율법의 요구를 이루는 성숙한 사람으로의 성장을 시작한 사람이라는 뜻이다. 로마서에서 이신칭의는 바로 이러한 위치 속에 존재하고 있음을 기억하라.

두 번째 오해, 믿기만 하면 된다는 기독교는 값싼 종교가 아닌가?

행위가 아니라 오직 믿음으로 의롭게 된다는 것은 우리가 하는 일은 하나도 없다는 것이다. 그래서 이신칭의는 "하나님의 은혜로 값 없이 의롭다 하심을 얻은 자"(24절 하)가 되는 것이다. 그러다보니 마치 이신칭의의 교리는 하나님이 공의롭지 않게 자기 마음대로 죄인을 의롭다고 해주는 것이라고 생각한다. 만약에 정말 하나님의 처사가 공의롭지 못하다면 그것은 하나님 스스로의 본성을 어기는 것이다. 하나님께서는 신명기 25장 1절에 "의인은 의롭다 하고 악인은 정죄할 것이며"라고 하셨고, 잠언 17장 15절에 "악인을 의롭다 하고 의인을 악하다 하는 이 두 사람은 다 여호와께 미움을 받느니라"라고 하셨다. 다른 사람에게는 이렇게 하지 말라고 하신 하나님이 악한 자를 의롭다고 하신다는 것이 타당한가? 이처럼 경건치 않은 자를 경건하다고 하는 것은 공의롭지 못한 처사가 아니냐는 이의 제기는 제법 타당해

보인다. 하지만 이신칭의는 하나님께서 창조주의 직위를 이용해서 죄 있는 자를 편법과 특혜로 사면해 주신 것이 아니다. 만약에 정당한 값의 지불 없이 죄인을 의롭다 하신 것이라면 그러한 오명을 받을 만할 것이다. 그러나 이신칭의는 그런 것이 아니다.

누군가가 우리를 너무나 사랑해서 비싼 값을 지불하여 특급 호텔을 패키지로 예약해 주었다면, 우리가 그 호텔에서 아무 값도 지불하지 않고 누리는 모든 것은 정당한 것이다. 우리가 누구에게 미안해할 필요도 없고 떳떳하지 못할 이유도 없다. 오히려 그것을 누리지 못하는 사람이 비정상일 것이다. 이처럼 이신칭의가 우리 입장에서는 아무런 한 일이 없이 오직 믿음으로 의롭다 함을 얻는 것이지만, 그것을 선언하시는 하나님의 입장에서는 아주 비싼 값을 치러 주신 것이다. 우리가 값을 지불하지 않는다고 해서 이신칭의의 교리가 값싼 교리라고 치부한다면 이는 무식의 소치가 아닐 수 없다. 우리더러 아무것도 하지 말고 믿으라고 하는 것은 값싸서 그런 것이 아니라 하나님이 우리가 치를 수 없는 엄청나게 비싼 값을 다 지불하셨기 때문이다. 그러므로 기독교는 그 어떤 종교보다 값비싼 종교다. 인간이 치를 수 없는 것을 하나님이 다 치르셨기 때문이다. 그러므로 기독교의 의는 바로 하나님이 값을 지불하시고 베풀어주신 의로서 엄청나게 값비싼 의요, 우리의 힘으로는 도저히 살 수 없는 의인 것이다. 그래서 자비로우신 하나님은 우리에게 그저 믿기만 하라고 하신 것이다. 그러면 하나님께서 치르신 값은 무엇인가?

이신칭의는 값비싼 진리

속량 : 우리 대신 죗값을 지불하셨다.

과거 시대에 빚을 지면 그 자신이나 가족이 노예로 팔려갔다. 빚을 갚으면 풀려날 수 있지만 갚을 돈이 없다면 평생 노예 생활을 해야 했다. 그가 풀려날 방법은 오직 하나뿐이다. 누군가 그 값을 대신 지불해 주는 것이다. 조선시대에 어느 가난한 가정에 한 처녀가 있었다. 가난하고 몸이 약했던 그 아버지는 많은 빚을 지고 그만 세상을 떠났다. 재산을 다 팔아도 갚을 수 없는 빚으로 인해 결국 처녀는 양반집의 종으로 팔려갔다. 그리고 딸을 빼앗긴 어머니는 슬픔을 이기지 못하고 자리에 누웠고 끼니를 해결하기도 어려운 지경에 이르렀다. 이 소식을 그 동네의 부유하고 덕망 높은 한 사람이 들었다. 불쌍한 마음이 든 그는 처녀가 노예로 일하는 집을 찾아가서 처녀의 부모를 대신하여 빚을 청산해 주고 노예 문서를 찢어버린 후 처녀를 어머니에게로 돌려보냈다. 그 선한 사람이 빚을 대신 갚아줌으로써 이 처녀는 자유인이 되었을 뿐 아니라 어머니를 돌볼 수 있게 되었다. 이처럼 우리가 우리 자신의 힘으로 어떤 빚을 갚을 수 없다면, 둘 중 하나의 길 밖에 없다. 평생 노예가 되든지 누군가 대신 갚아주든지 말이다.

우리가 이미 살펴본 것처럼 인간 중에 자기 힘으로 율법을 지켜서 의롭다 함을 받을 사람은 한 명도 없다. 우리가 율법을 지켜야 한다는 것은 하나님 앞에서 우리가 갚아야 할 빚과 같은 것이다. 대한민국 국민은 대한민국 법을 지켜야 한다. 그것은 의무다. 그런데 법을 어기면 그는 구속되어 감옥에 들어가 죄수가 되고 복역을 하게 된다. 이처럼 창조주 하나님께 지음받은 우리도 마땅히 지켜야 할 법이 있다. 그것은 율법이요, 하나님은 사람들의 양심에 그 법을 새겨주셨다고 이야기했다. 그런데 만약에 인간이 그 하나님의 율법을 지키지 않으면 그는 하나님의 진노 아래 거하게 된다. 그리하여 영원한 사망에 들어가게 된다. 결국 인간은 이 율법을 어김으로써 하나님께 빚을 진 것이다. 율법을 어긴 그 죄로 말미암아 사형 선고를 받고, 죄와 사탄의 노예가 되어서 살다가 영원한 사망인 지옥으로 떨어질 운명인 것이다. 그런데 인간이 스스로 율법을 지킬 수가 없다. 인간 중에 율법을 지켜서 의롭다고 인정받을 육체는 아무도 없다고 성경은 선언하였다. 그러므로 이렇게 죄 아래서 하나님께 버려져 사망 선고를 받은 인간을 구할 방법이 인간 자신 안에는 없다. 이제 방법은 한 가지뿐이다. 누군가 대신 갚아주는 것이다. 누군가 대신 율법의 명령대로 살지 못하여 하나님 앞에 지은 인간의 죗값을 갚아주는 것이다. 그렇게 된다면 하나님은 그 값을 지불받았으니 그 사람을 더 이상 정죄하지 않게 될 것이다. 성경이 말하는 구원의 길이 이것이다. 하나님께서 인간에게 보여주시는 구원의 길이 바로 인간이 스스로 지불할 수 없는 빚을 대신 갚아주는 것이다.

하나님은 당신의 아들 예수 그리스도를 이 땅에 사람으로 보내셨다. 그는 완전하여 모든 율법을 지키고 죄가 없는 분이셨다. 그러므로 예수님은 죄의 삯인 사망을 지불하실 이유가 없으셨다. 그런데 하나님은 우리 대신 그분을 십자가에 못 박아 죽이셨다. 이것은 곧 우리를 위해서 값을 지불하신 사건이었다. 우리가 죽어야 하는데 그 아들이 대신 죽음으로써 우리 대신 죗값을 지불하신 것이다. 그래서 예수님이 운명하실 때에 "다 이루었도다" 하신 말씀은 헬라어로 '테텔레스타이'로서 '다 지불했다'는 말이다. 하나님은 이렇게 예수 그리스도를 통해서 우리 대신 죗값을 지불해 주심으로써 우리를 해방하여 주시는 은혜를 베푸신 것이다. 이렇게 대신 값을 지불하여 노예를 해방하는 노예시장 용어가 바로 '속량'(贖良)이라는 단어이다. 예수님이 우리 대신 죽으심으로 우리 대신 값을 지불하여 우리를 속량해 주신 것이다. 그래서 24절에 "그리스도 예수 안에 있는 속량으로 말미암아 하나님의 은혜로 값없이 의롭다 하심을 얻은 자 되었느니라"라고 하였다. 하나님은 예수님의 십자가를 통하여 나의 죗값을 대신 치르시고 우리를 죄 아래서 해방하여 의롭다 하신 것이다.

그렇다면 도대체 이 속량의 대가(代價)는 누가 누구에게 지불한 것인가? 이 죄의 삯을 지불받아야 하는 분은 창조주요 통치자이신 하나님이시다. 그런데 그 삯을 지불하신 분도 바로 하나님이시다. 하나님께서 당신 자신에게 스스로 인간의 죗값을 대신 지불하신 것이다. 어차피 하나님 자신이 받으실 것인데 그냥 받은 것으로 하고 눈 한 번 찔끔 감아주시면 되지 왜 친히 당신의 아들을 죽이심으로써 스스로 자신에게 그 값을 지불케 하셨을까? 그 이유는 하나님이 공의로우시기 때문이다. 하나님은 공의롭고 거룩하셔서 절대로 죄를 용납하실 수 없다. 또한 스스로 율법을 거스를 수도 없으시다. 이렇게 본성상 거룩하시기 때문에 인간의 죗값으로 당신의 아들을 십자가에 못 박으심으로써 율법이 요구하는 죗값을 치르신 것이다. 예수 그리스도를 통해서 율법의 모든 요구를 다 이루시고, 그 값을 다 지불하셨기에 이제 예수 그리스도 안에서 우리는 영원히 정죄받지 않는 의로움을 얻은 것이다. 그리하여 예수 그리스도를 믿는 사람들에게 하나님은 그 믿음으로 말미암아 "너는 의인이다!"라고 선포하신 것이다. 이렇게 하나님의 속량으로 얻은 것, 그것이 바로 칭의이다. 거저 얻은 것이 아니라 공의로우신 하나님께서 정당한 값을 지불하시고 법적으로 하자 없이 우리를 의롭다고 선언하신 것이다.

화목제물 : 우리 대신 진노의 저주를 담당하셨다.

내가 피해를 입힌 누군가와 올바른 관계가 되려면, 단지 그에게 진 빚을 갚음으로만 되는 것이 아니다. 법적인 채무의 관계가 사라진다고 감정적인 신뢰가 저절로 회복되는 것은 아니다. 전처럼 신뢰가 회복되어 다시 관계가 좋아지려면 잘못으로 인해서 그에게 준 상처, 배신감, 분노를 해결하기 위해 많은 노력과 대가를 치러야 한다. 형사상 소송이 완결되었다고 민사상 소송까지 끝나는 것은 아닌 것이다.

이것은 우리와 하나님과의 관계에서도 마찬가지이다. 우리가 하나님께 지은 죄에 대하여 빚을 다 갚았다고 해서 하나님께서 우리를 다시 신뢰하고 받아들여 다시 그의 백성으로 삼고 다시 우리를 처음처럼 사랑해야 할 의무는 없다. 우리가 하나님께 등을 돌린 반역, 배은망덕, 하나님께 품었던 불만과 적개심 그리고 불경건과 불의로 말미암아 유발한 하나님의 진노는 단순히 값을 지불하는 차원의 성격을 넘어선다. 그러므로 우리가 하나님 앞에서 의롭다 함을 얻으려면, 그것은 단지 법정적인 값을 지불하는 차원을 뛰어넘어야 한다. 형사상 책임만 아니라 민사상 책임까지도 지불되어야 한다. 그런 면에서 예수님께서 지불하신 값은 단지 속량의 차원을 뛰어넘는다. 그래서 25절에 "이 예수를 하나님이 그의 피로써 믿음으로 말미암는 화목제물로 세우셨으니"의 말씀에서 보듯이 십자가의 죽음을 당하신 예수님을 하나님의 진노를 담당하는 화목제물로 말씀하신 것이다.

우리가 살펴본 것처럼 하나님께서는 하나님을 떠난 인간에게 진노하고 계신다. 하나님은 인간을 미워하시는 것이 아니라 죄를 미워하시지만, 인간이 죄를 품고 하나님께 거역하면 하나님은 그 죄를 품은 인간을 향해서 진노하실 수밖에 없다. 자녀를 사랑하는 부모라도 자녀가 부모에게 거역하고 불손하면 자녀에게 진노하는 것과 같다. 더 나아가서 자녀가 부모를 모욕하고 망하게 하려는 원수와 결탁하여 부모를 대적한다면 부모는 그 원수로 인해서 더욱 자녀에게 진노하며 적대감을 가지게 될 것이다. 이처럼 인간은 하나님께 등을 돌렸을 뿐 아니라 하나님의 원수인 마귀의 종이 되어 하나님을 대적하고 있기에 하나님은 인간에게 진노하시는 것이다. 지옥이 맹렬히 타오르는 불로 묘사되는 것은 하나님의 진노가 얼마나 맹렬한 것인가를 보여준다.

그러면 과연 이렇게 맹렬히 타오르는 하나님의 진노를 어떻게 해결할 것인가? 십자가에서 죽으신 예수님을 단지 속죄제물이라고 표현하지 않고 화목제물이라고 표현한 이유가 여기에 있다. 예수님은 하나님에게 적개심을 품은 인간을 향한 하나님의 진노를 풀어드리는 제물이 되신 것이다. 예수님이 우리가 받아야 할 진노의 잔을 대신 받으심으로써 우리의 저주를 담당하시고, 우리와 하나님 사이를 화목하게 해주신 것이다. 그런 면에서 십자가는 죄에 대해서 진노하시는 하나님의 진노의 저주가 퍼부어지는 사건이다. 전쟁터에서 포로로 잡혀온 적장에게 베푸는 최대의 호의는 단칼에 죽이는 것이다. 그러나 너무나 흉악하여 원한에 사무치면 결코 단칼에 죽이지 않는다. 그의 남은 목숨에 모든 원한, 모든 분노를 다 퍼부어 조롱하며 저주하여 처절하고 고통스럽게 죽인다. 그 분노로 인해서 역사상 흉측한 사형법들이 고안된 것이다.

그런데 인류 역사상 인간이 고안해 낸 가장 흉악한 처형의 방법이 바로 십자가이다. 십자가형은 네 가지 고통을 한데 모은 것인데 지독한 고통, 죽음의 지연, 공적인 전시, 극도의 굴욕이 바로 그것이다. 먼저 처형 전에 뼛조각이 붙은 채찍으로 채찍질을 한다. 그 이후에 십자가형에 처하는데 이 십자가형이 몸에 미치는 영향을 50년간 연구한 법 병리학자 프레드릭 주기베는 자원하는 사람을 십자가에 묶어 몸의 생리적인 반응을 관찰하고 그 결과를 다음과 같이 보고했다. "30분 내에 팔뚝이 저리고, 어깨가 빠지는 것 같고, 팔의 고통과 저림을 덜려고 본능적으로 다리로 몸을 치켜 올린다. 그러자 다리에 곧 쥐가 나고 마비되어 냉해지면서 끝내는 등이 활처럼 구부러졌다. 그마저도 금방 너무 힘들어 견딜 수 없게 되자 자세를 다시 바꾸었다. 이렇게 그들은 팔, 가슴, 등, 다리의 통증을 견디려고 끊임없이 몸을 움직여야 했다." 그렇게 하루 24시간 연달아 며칠을 매달려 있다고 상상해 보라. 게다가 팔과 발에 못을 박으면 작열통을 겪게 되는데 그 고통이 얼마나 심한지 불에 데거나 지지는 듯하여 바람에 살짝 닿기만 해도 번갯불처럼 팔을 타고 통증이 흐른다고 한다. 팔, 가슴, 다리의 통증을 덜려고 끊임없이 움직이니 못 박힌 자리의 신경 손상이 얼마나 더 악화되겠는가? 가장 고통스럽고 가장 끔찍한 저주의 형벌이 바로 십자가형인 것이다. 이러한 저주의 고통이 바로 죄 지은 인간이 하나님께 받아야 할 진노의 잔이었다. 그런데 예수님이 대신 그 잔을 받으시고 화목제물이 되신 것이다. 그럼으로써 하나님과 우리 사이의 적대감과 진노가 사라지고, 그 피로 말미암아 인간은 하나님과 화목을 누리고 화평하게 된 것이다.

그러나 앞에서도 이야기한 것처럼 하나님께서는 당신 스스로 당신에게 이 화목제물을 제공하셨다. 우리 대신에 당신의 아들에게 모든 진노를 퍼부으신 것이다. 하나님이 자신의 아들을 내어주신 것은 자신을 내어주신 것과 같다. 이렇게 하심으로써 하나님은 당신의 공의를 드러내셨고, 동시에 당신의 사랑을 나타내셨다. 십자가는 바로 하나님의 공의와 사랑이 나타난 가장 신비스러운 성소인 것이다. 이러한 십자가의 속량, 화목제물이라는 크고 큰 값을 생각한다면, 그 누구도 이신칭의의 선언을 바라보면서 하나님이 불의하시다는 말을 할 수 없다. 예수 그리스도의 십자가 처형을 통해 하나님은 자신의 의로우심을 나타내시고, 믿는 자도 의롭게 하신 것이다. "곧 이 때에 자기의 의로우심을 나타내사 자기도 의로우시며 또한 예수 믿는 자를 의롭다 하려 하심이라"(26절).

기쁘고도 당당하게 누려라

이렇게 엄청난 값이 지불된 것을 생각한다면, 믿는 사람을 의롭다 선언하시는 칭의의 선언 앞에서 미안해하는 것은 옳지 못한 태도다. 자녀가 부모님의 칠순을 감사하며 서로서로 어려운 살림에 돈을 모아서 크루즈 여행을 준비하였다. 호텔처럼 모든 것이 완비된 크루즈 안에서 부모는 모든 것을 다 거저누릴 수 있다. 자녀들이 이미 돈을 다 지불했기 때문이다. 그러나 그 부모가 거저 먹기가 미안해서 먹지 않고 굶는다면, 그리고 나름 밥값을 해야 한다고 하면서 식당에서 설거지를 하고 구석구석 찾아가며 청소를 하고 종노릇을 한다면, 그 부모가 양심적인 것일까? 그 부모는 자녀들의 희생을 헛되이 만드는 것이며, 부모를 향한 자녀의 호의와 감사를 무용지물로 만들어버리는 것이다. 마찬가지다. 내가 아무것도 하지 않고 여전히 경건하지도 않은데 단지 예수님을 믿기만 한 것으로 의롭다고 하시는 것은 사실 너무나 과분하다. 나는 자격이 없다. 나는 차마 의로운 사람처럼 살 수 없다. 그래서 늘 미안해하면서 종처럼 살고, 그리스도 안에서 예비된 은혜를 누리지 못한다면 어떠할까? 그는 양심적인 사람이 아니라 하나님의 대가를 헛되이 만드는 사람이다. 하나님의 마음을 속상하게 만드는 사람일 뿐이다. 우리는 그냥 누리면 된다. 우리를 사랑하셔서 엄청난 값을 지불하시고 "너는 의롭다. 아무도 너를 정죄할 수 없다. 너는 하나님의 자녀다!"라고 선언하시니 우리는 그것을 믿음으로 받아 감사히 누리면 된다. 그것이 하나님께서 이루신 역사를 찬양하며 그분께 영광을 올려드리는 것이다. 마귀의 정죄의 속삭임에 넘어가지 말아야한다. 그리고 믿음으로 당당히 "나는 의인이다. 나는 거룩하다. 나는 저주에서 해방된 복된 사람이다!"라고 선언하면서 살아가야 한다.

이신칭의의 분별식

선한 행위를 자랑하지 않는다.

하나님께서 우리 대신 값을 지불해주심으로 의롭다 하심을 얻은 사람은 그 의의 신분을 누리기는 하지만 그것을 얻은 것이 마치 자신의 어떠함에서 비롯된 것인 양 자랑할 수 없다. 그래서 27절 상반절에 "그런즉 자랑할 데가 어디냐 있을 수가 없느니라"라고 말씀한다. 자신의 선행과 의로움으로 구원을 받는다면, 아마 성인 같은 사람은 은근 속으로 뻐기며 으쓱할 것이다. 하지만 내가 의롭게 되어 하나님의 자녀가 된 것이 내 행위가 아니라 오직 믿음으로 된 것임을 아는 사람은 전혀 내세울 것이 없다. "무슨 법으로냐 행위로냐 아니라 오직 믿음의 법으로니라 그러므로 사람이 의롭다 하심을 얻는 것은 율법의 행위에 있지 않고 믿음으로 되는 줄 우리가 인정하노라"(27절 하~28절).

자랑하는가의 여부는 그가 이신칭의의 사람, 즉 믿음의 사람인지 종교적인 신심의 사람인지를 분별하는 시금석이다. 자기 의로 구원받고자 하는 종교인은 바리새인처럼 모든 경건과 봉사를 공로로 삼기에 자랑한다. 하지만 이신칭의의 믿음은 결코 인간의 공로에 대해 자랑할 여지를 주지 않는다. 오직 주의 은혜만을 감사하며, 주님이 하신 일만을 자랑할 것이다. 그런 면에서 그리스도인과 종교적인 사람들의 가장 큰 차이는 죄가 아니라 착한 행위에 대한 태도에 있다는 팀 켈러의 말에 동감한다. 그리스도인은 잘못된 동기에서 비롯된 착한 행위조차 회개하고, 그 모든 열매가 은혜로 비롯된 것을 알고 감사한다. 하지만 종교적인 사람은 그 착한 행위를 의존하여 하나님께 나가려 하고 그것을 자랑한다.

결국 믿음의 걸림돌이 무엇일까? 죄일까? 아니다. 오히려 선한 행위이다. 즉 선하다고 스스로 여기는 인간의 태도이다. 존 걸스터너의 말을 들어보자. "하나님께 가는 길은 넓디넓다. 죄인이 하나님께 가는 길을 아무것도 방해하지 못한다. 하나님이 불경건한 자를 의롭다 하셨기에 어떤 죄도 그를 물러서게 하지 못한다. 다만 이제 죄인의 선한 행위들만이 하나님과 죄인 사이를 가로막을 수 있다. 그를 그리스도께 나오지 못하게 막는 것은 하나님을 만족시킬 만한 선한 행위들을 자신이 했다는 자기기만 외에는 없다. 그들은 선행을 했다는 환상에 사로잡혀 하나님의 참된 은혜를 차갑게 거절한다."

자신을 의롭고 착하다고 생각하기에 주님이 나를 위해서 수고하시며 죽으실 필요가 없는 것이다. 자기 행위를 의지하기에 주님을 의지하지 않는 것이다. 그러므로 자기 행위를 의존하는 사람들은 얼마나 어리석은가? 과연 우리의 공로로 새사람이 될 수 있을까? 우리의 행실로 우리 안에 하나님이 부어주시는 그 놀라운 천국의 기쁨, 새 생명과 변화, 하나님의 자녀 됨과 하나님의 함께하심 그리고 성령의 능력과 그 놀라운 은혜를 우리가 만들 수 있을까? 어림도 없다. 조지 횟필드의 말에 귀를 기울이자. "우리의 훌륭한 의무들은 수없이 찬란한 죄들과 같다. 우리는 죄에 넌더리를 낼 뿐만 아니라 우리의 의와 모든 의무와 성과들까지도 메스꺼워야 한다. 마음 깊은 회심이 있어야 당신 마음에서 마지막으로 꺼내야 할 우상인 자기 의로부터 벗어날 수 있다."

우리의 착한 행실과 자기를 의지하는 그 모든 것은 바울의 표현을 빌려보자면 배설물과 같다. 오직 예수 그리스도를 믿는 믿음만이 거듭남과 성령의 내주와 하나님의 자녀 됨과 죄를 이김과 거룩하게 됨과 천국을 유업으로 얻는 역사를 이루어준다. 기독교 그 어디에도 자신의 어떠함을 자랑할 여지는 한 치도 없다. 이렇게 사람의 행위를 내세울 여지가 없으니 사람들을 그가 이룬 업적, 봉사, 학력, 수준으로 차별하고 줄 세울 여지도 없어진다. 도덕적인 사람이든 유대인이든 종교인이든 누구나 다 똑같이 믿음으로 구원받는 것이다. 이신칭의 안에서 하나님은 모든 사람의 하나님이 되신다. "하나님은 다만 유대인의 하나님이시냐 또한 이방인의 하나님은 아니시냐 진실로 이방인의 하나님도 되시느니라 할례자도 믿음으로 말미암아 또한 무할례자도 믿음으로 말미암아 의롭다 하실 하나님은 한 분이시니라"(29~30절). 이신칭의의 사람들은 자랑도 하지 않고 차별도 하지 않는다. 진정한 교회는 세상의 조건을 가지고 자랑하지도, 사람들을 차별하지도 않는다.

의인은 의로워지고 죄인은 더러워진다.

왜 하나님은 이렇게 우리에게 먼저 의롭다고 선언해 주시는 것일까? 건강한 삶은 자화상, 신분의식에서 시작된다. '나는 더럽다'라고 생각하는 사람은 더럽게 산다. '나는 초라해' 하는 사람은 초라하게 산다. 동일하게 '나는 의인이다' 하는 사람은 의롭게 산다. '나는 거룩해' 하는 사람은 성령 안에서 거룩하게 산다. 왜 하나님이 우리에게 먼저 너는 의롭다, 너는 거룩하다고 선언해 주시는 것일까? 바로 거기서부터 우리의 진정한 성화가 시작될 수 있기 때문이다. 이미 의롭기 때문에 의로워지는 것이고, 이미 거룩해졌기 때문에 성화되는 것이다. 우리의 속사람이 날마다 거룩해지는 그 시작이 이신칭의 선언이다. 우리가 이 선언을 믿고 날마다 자신의 신분을 선포하며 살아가는 데서 거룩함이 시작된다. 때로 죄를 짓고 넘어져도 자신이 누구인지 아는 사람은 곧바로 다시 일어난다. 하지만 자신이 죄인이라고 생각하는 사람은 죄에 넘어지면 '그래, 나는 별수 없는 인간이지' 하는 패배 의식 때문에 죄의 종이 된다. 그러므로 이신칭의는 결코 율법을 허물지 않는다. 오히려 율법을 세운다. 그래서 31절은 "그런즉 우리가 믿음으로 말미암아 율법을 파기하느냐 그럴 수 없느니라 도리어 율법을 굳게 세우느니라"라고 말씀한다.

또한 먼저 선언해 주심, 인정해 주심은 우리로 하여금 율법을 정죄가 아닌 사랑의 권면으로 듣게 한다. 나를 비난하고 정죄하는 사람이 내 앞에서 정직과 의로움을 말하면, 그것이 나를 정죄하는 소리처럼 아프게 들린다. 그런데 나를 사랑하고 나를 의롭게 여겨주는 사람이 내 앞에서 정직과 의로움을 말하면, 나는 그 사람이 말하는 정직에 공감하고 경의와 감탄을 표하며 그를 본받고 싶고 정직에 대한 용기를 얻게 된다. 마찬가지이다. 전에는 율법이 나를 정죄하는 것처럼 들렸다. 그러나 이제는 죗값을 치러 주신 그리스도의 공로를 힘입어서 의롭다 함을 받았기에 율법의 도덕성과 그 아름다움에 찬사를 보내게 된다. 물장구를 치며 물에서 나오지 않으려고 하는 아이처럼 진리에 빠져 기뻐하고 하나님의 법을 즐거워한다. 그 법을 바라보며 그 법의 원천이 되시는 하나님이 얼마나 아름다운지 그분을 사랑하게 되고 닮고 싶어진다. 그래서 이신칭의는 율법을 굳게 세운다. 이것이 기독교의 구원의 길이다.

6장

구약성경은 착하게 살아야
구원받는다고 말하지 않나요?

롬 4:1~25

구약시대의 이신칭의

구약시대에는 이신칭의가 없지 않았나요?

과연 이신칭의의 교리는 구약에서도 말씀하는 진리일까? 과연 구약의 하나님도 이신칭의의 하나님이실까? 이 질문은 참으로 중요하다. 성경은 구약과 신약으로 나뉘어 있고 이에 따라 하나님의 모습이 다르게 나타나는 것처럼 보인다. 언뜻 생각하면 이신칭의를 말하는 로마서는 예수님이 오신 이후의 신약시대를 배경으로 하는 것이고, 율법이 생생하게 강조되는 구약에서는 상황이 다르지 않은가 하는 생각이 든다. 그러나 구약의 하나님과 신약의 하나님이 같은 분이실진대, 만약 바울이 전하는 이신칭의의 내용이 구약의 하나님의 성품과 일치하지 않는다면 이신칭의의 복음은 온전하게 지지받지 못할 것이다.

더욱이 행위를 강조하는 유대인에게는 이신칭의의 복음이 더욱더 받아들이기 힘든 개념이었다. 그래서 바울이 복음을 전하여 세운 교회들마다 이 복음을 반대하고 변질시키는 유대 그리스도인들이 나왔다. 어떻게 행위 없이 믿음으로만 구원을 받는다는 것이냐 하며 바울이 가짜라고 공격하는 자들이 많았다. 이러한 공격은 초대교회 당시뿐 아니라 교회사 속에서 끊임없이 반복적으로 재현되었다. 로마 가톨릭이 변질된 핵심에는 이신칭의의 교리가 있고, 이에 대한 반동으로 종교개혁이 일어난 것이다. 로마 가톨릭은 복음과 믿음보다 전통과 형식, 인간의 행위를 더 위에 올려놓았다. 인간의 공로로 성자가 될 수 있다고 믿었다. 성 프랜시스 등 성자로 추앙되는 이들의 전기를 보면 수련하면서 100리 밖을 내다보고 몸이 공중부양하기도 하는, 마치 불교에서의 고승들 같은 이야기가 많이 나온다. 믿음의 교리를 떠나 공로와 행위의 교리로 복음이 변질된 것이다. 이러한 공로 그리고 교황과 사제의 신격화의 절정이 바로 면죄부였다. 그런데 이처럼 인간의 공로사상이 극에 달하였을 때 마찬가지로 자기 힘으로 의롭다 함을 받으려던 루터가 고통 속에서 복음을 발견하고 종교개혁이 일어난 것이다. 그리고 그 중심에 이신칭의 교리가 있다. 이 이신칭의 교리는 교회의 역사 가운데 반복적으로 사탄에 의해서 끊임없이 공격받는 구원의 교리이다.

그러므로 이신칭의의 복음을 무수한 공격으로부터 견고히 방어하기 위해서 우리가 던져야 할 중요한 질문이 있다. 이신칭의의 복음은 바울이 신약시대에 새롭게 고안해 낸 독창적인 사상인가 아니면 구약성경도 지지하고 가르치는 진리인가? 유대인들이 극렬하게 이신칭의의 복음을 반대한 이유는 그것이 구약성경과 대치되는 주장이기 때문일까? 과연 구약의 성도들은 어떻게 구원을 받았을까? 그들이 율법을 지키고 착하게 살아서 구원받았는가 아니면 믿음으로 구원을 받았는가? 그들이 믿은 하나님은 이신칭의의 하나님이신가 아니면 우리를 행위로 판단하시는 율법의 하나님이신가? 이처럼 이신칭의가 과연 구약에서도 지지를 받는 것인가 하는 질문은 여러 면에서 중요하다.

아브라함도 믿음으로 의롭다 함을 받았다.

성경은 이 세상의 위인전과는 사뭇 다르다. 대개 한 민족의 시조의 이야기를 보면 그는 신화적으로 그리고 초인적으로 미화된다. 하지만 이스라엘의 시조인 아브라함의 이야기는 우리가 기대하는 것과 참 다르다. 위급할 때 자신의 아내를 누이라고 속인다든가 후처를 취하여 이스마엘을 낳는다든가 하는 인간적인 약점들이 고스란히 기록되어 있다. 그 후손인 야곱은 말할 것도 없고, 이스라엘의 열두 족장이 된 야곱의 아들들의 이야기는 정말 조상이라고 하기에는 부끄러운 치부들이 가감 없이 드러난다. 결국 아브라함을 비롯한 이스라엘 조상들의 모습을 율법의 기준에 비추어보면, 과연 그들이 완전했다고 말하기는 어렵다. 그런데 하나님께서는 아브라함을 인정하셨다. 그러면 과연 아브라함의 행위가 완전해서였을까? 과연 아브라함의 삶이 그렇게 자랑할 만큼 완전했는가? 우리가 그의 일생을 볼 때에 흠이 보인다면 하나님이 보시기에는 얼마나 더하겠는가? 만약 아브라함이 하나님 앞에서 자랑할 것이 없다면, 그 역시 행위로 의롭다 함을 받은 것은 분명 아닐 것이다. 따라서 4장 1~2절은 "그런즉 육신으로 우리 조상인 아브라함이 무엇을 얻었다 하리요 만일 아브라함이 행위로써 의롭다 하심을 받았으면 자랑할 것이 있으려니와 하나님 앞에서는 없느니라"라고 말씀한다.

그러면 성경은 아브라함이 어떻게 인정받았다고 선언하는가? 그도 우리와 동일하게 믿음으로 의롭다 함을 받았다고 말씀한다. "성경이 무엇을 말하느냐 아브라함이 하나님을 믿으매 그것이 그에게 의로 여겨진 바 되었느니라"(3절). 구약성경이 이것을 분명히 증언하고 있다. 그러면 여기서 창세기로 돌아가 보자.

"아브람이 여호와를 믿으니 여호와께서 이를 그의 의로 여기시고" (창 15:6).

아브라함은 하나님을 믿었고 하나님은 그 믿음을 그의 의로 여기셨다고 분명하게 말씀한다. 여기에 '여긴다'라는 단어는 헬라어로 '로기조마이'인데 무려 열 번이나 반복된다. 의롭지 않은데 의로운 것처럼 여겨 주신다는 것이다. 그 사람 안에는 인정받을 만한 거룩함이 전혀 없는데도 불구하고 마치 있는 것처럼 간주하신다는 것이다. 죄인에게 새로운 지위, 의인의 신분을 부여한다는 것이다. 믿을 때에 아브라함을 그렇게 여겨 주신 것이다. 이처럼 아브라함은 행위가 아니라 믿음으로 의롭다 함을 받은 것이다.
　우리는 성경을 보면서 자꾸 그 사람의 행동을 보려고 한다. 그 사람에게 있는 어떤 대단한 것이 하나님의 복을 받게 했는지 찾으려고 한다. 하지만 성경은 그의 행동이 아니라 믿음을 보라고 한다. 그를 의롭게 만드시는 그 하나님을 의지한 믿음에 초점을 두라는 것이다.

아브라함의 하나님도 이신칭의의 하나님이시다.
　그러면 도대체 아브라함이 가졌던 믿음은 어떤 믿음이기에 하나님께서 그 믿음을 의로 여기셨을까? 우리의 생각은 아주 빠르게 '도대체 아브라함이 얼마나 대단한 순교적인 믿음, 헌신적인 믿음, 순종의 믿음을 가졌기에 이렇게 민족의 조상이 된 것일까?'로 달려간다. 우리는 믿음 하면 내가 얼마나 강력하게 굳세게 믿었는가를 생각한다. 그러나 성경이 믿음을 말할 때에는 내 의지, 내 열정, 내 용기를 기반으로 하는 믿음을 말하지 않는다. 성경이 말하는 믿음은 철저히 하나님의 성품과 그분이 예비하신 일에 근거를 둔다. 믿음의 강력함은 내 자신의 느낌이나 결단에 있는 것이 아니라 믿음의 대상의 신실함과 견고함에 있다.

어떤 사람이 다리를 건너고 있다. 그는 불안해하지 않고 성큼성큼 걷는다. 보기에도 느낌으로도 그 다리는 튼튼하다고 믿기 때문이다. 그러면 무엇이 그 안전을 보장해 주는 것인가? 다리가 무너지지 않을 것이라는 느낌과 각오에 의해서가 아닌 다리 자체의 튼튼함이 안전을 담보해 주는 것이다. 이처럼 내 결단과 느낌보다 중요한 것은 바로 내 믿음의 대상이다. 어떻게 믿었는가보다 무엇을 믿었는가가 더 중요한 것이다.

아브라함은 무엇을 믿었는가? 과연 아브라함이 믿은 하나님은 어떤 하나님이셨는가? 우리가 이것을 아는 것이 왜 중요한가? 믿음의 조상인 아브라함이 믿은 그 하나님을 믿어야지 엉뚱한 하나님을 믿는다면, 우리의 믿음이 아무리 헌신적이어도 그 믿음은 효력이 없기 때문이다. 그러므로 우리가 믿는 하나님은 어떤 분인가라는 질문이 언제나 더 중요하다.

아브라함이 믿은 하나님은 일하면 삯을 주는 분이 아니다. 순종하고 헌신하면 그에 따라서 마땅한 보수, 즉 복을 주시는 그런 하나님이 아니다. 그가 믿은 하나님은 일을 하지 않아도 삯을 주시는 은혜의 하나님이셨다. 4~5절에 "일하는 자에게는 그 삯이 은혜로 여겨지지 아니하고 보수로 여겨지거니와 일을 아니할지라도 경건하지 아니한 자를 의롭다 하시는 이를 믿는 자에게는 그의 믿음을 의로 여기시나니"의 말씀처럼 경건하지 않은 자를 의롭다고 여기시는 하나님이셨다. 아브라함은 자신이 부족하고 불성실하고 경건치 못한 사람임을 알고 있었다. 그러나 그는 그런 자신에게 놀라운 복을 약속하시고 그것을 이루어주실 하나님을 믿은 것이다. 하란에서 하나님이 아브라함에게 나타나 "내가 너로 큰 민족을 이루고 네 이름을 창대하게 하고 너를 통해서 열방이 복을 받게 하겠다"고 약속하실 때 아브라함은 그 말씀을 믿고 따라갔다. 그때 아브라함은 결코 경건한 사람이 아니었다. 아버지 데라와 함께 우상을 섬기던 사람이었다. 어느 날 또 하나님이 아브라함에게 나타나셔서 네 후손이 하늘의 별처럼 많아질 것이라고 하실 때에 아브라함은 그것을 믿었다. 그때 역시 아브라함은 완전하고 흠이 없는 사람이 아니었다. 이처럼 아브라함은 행위에 따라서 보상하는 율법적인 하나님을 믿은 것이 아니다. 아브라함은 일하지 않는 자, 경건하지 않은 자를 의롭다고 하신 하나님을 믿은 것이고, 하나님은 그 믿음을 의롭다고 여기신 것이다. 그러면 오늘날 아브라함의 하나님과 우리의 하나님이 다르실까? 아니다. 동일하다. 아브라함을 믿음으로 의롭다 여기신 하나님은 오늘 우리도 믿음으로 의롭다 여기시는 하나님이시다. 이 하나님이 바로 구약의 하나님이시다.

다윗의 하나님도 이신칭의의 하나님이시다.

다윗의 경우도 마찬가지이다. 다윗도 결코 완전한 사람이 아니었다. 그는 자기의 힘과 지위를 이용하여 부하의 아내를 빼앗아 간음죄를 저지르고, 그것을 덮으려고 살인을 교사한 죄를 저질렀다. 그러나 그러한 죄에도 불구하고 다윗은 죄를 자백하고 회개하면 용서하시고 덮어주시는 하나님을 믿었다. "일한 것이 없이 하나님께 의로 여기심을 받는 사람의 복에 대하여 다윗이 말한 바 불법이 사함을 받고 죄가 가리어짐을 받는 사람들은 복이 있고 주께서 그 죄를 인정하지 아니하실 사람은 복이 있도다 함과 같으니라"(6~8절). 다윗은 행위대로 심판하시는 하나님이 아니라 용서의 하나님을 믿었고, 그 믿음대로 하나님은 다윗의 죄를 가려주시고 마치 그 죄를 짓지 않은 것처럼 그를 성군의 반열에 올려놓으셨다. 그것이 다윗의 행위로 된 것인가? 아니다. 죄를 덮어주시는 하나님을 믿은 믿음으로 된 것이다. 다윗은 죄인을 의롭다고 하시는 하나님을 믿은 것이다. 그리고 그 믿음으로 의롭다 여김을 받은 것이다. 아브라함의 하나님도 다윗의 하나님도 이신칭의의 하나님이셨다. 로마서에서 바울이 주장하는 이신칭의는 구약과 동떨어진 이상한 사상이 아니다. 이는 오히려 눈이 가려져 하나님을 오해했던 유대인들을 바로잡아주는 진리이다. 이 복음에 나타난 하나님이 바로 신구약성경의 하나님이시다.

아브라함을 향한 칭의의 합리적인 근거는 무엇인가?

하나님은 공의로우시기 때문에 그분께서 이렇게 경건치 않은 자를 의롭다고 하고 죄를 가려주시려면 그 합리적인 근거가 있어야 한다. 하나님의 공의로우심은 하나님 스스로 범할 수 없는 자신의 성품이다. 하나님의 공의는 언제나 죄를 지나치시거나 가볍게 여기시지 않기 때문이다. 공의로우신 하나님은 경건하지 않은 아브라함을 기분 내키는 대로 의롭다고 하실 수 없는 것이다.

그러면 하나님이 아브라함에게 그렇게 하실 수 있는 법적인 근거가 무엇인가? 그 열쇠는 바로 '자손'이란 단어에 있다. 아브라함이 믿음으로 의롭다 함을 받을 때에 어떤 말씀을 믿은 것인가? 창세기 15장 5절을 보라. "그를 이끌고 밖으로 나가 이르시되 하늘을 우러러 뭇별을 셀 수 있나 보라 또 그에게 이르시되 네 자손이 이와 같으리라." 여기에서 '네 자손'은 단수이다. '네 자손들'이라는 복수 형태가 아니라 '네 자손'이라고 단수 형태로 말한 것이다. 그것은 바로 그 자손이 그리스도를 가리키기 때문이다. "이 약속들은 아브라함과 그 자손에게 말씀하신 것인데 여럿을 가리켜 그 자손들이라 하지 아니하시고 오직 한 사람을 가리켜 네 자손이라 하셨으니 곧 그리스도라"(갈 3:16) 하나님께서 아브라함에게 "네 자손이 이와 같으리라"고 약속을 주실 때에 이미 그 안에 아브라함의 자손으로 그리스도가 오실 것을 약속하신 것이다. 하나님은 이미 아브라함의 경건치 못함을 위해서 당신의 아들을 보내어 대신 죽게 하심으로 그를 위해서 속량하실 것을 예비하신 것이다. 그러므로 하나님의 약속 안에는 그리스도께서 장차 치르실 대속의 죗값이 포함되어 있었다. 따라서 "아브라함이 여호와를 믿으니"라고 할 때에는 바로 이 약속을 하시는 여호와를 믿은 것이요, 그 약속 안에는 그리스도를 통해서 죄인을 의롭다 하시는 하나님이 계시는 것이다. 그러므로 이미 창세기 15장 6절은 이신칭의의 내용을 정확하게 담고 있었던 것이다. 그래서 성경은 아브라함이 믿으니 이를 그의 의로 여기셨다고 말씀한다. "아브람이 여호와를 믿으니 여호와께서 이를 그의 의로 여기시고"(창 15:6). 아브라함의 믿음은 자손 안에 포함된 그리스도를 믿는 믿음이요, 그분은 바로 아브라함을 위해서 죄의 값을 지불하시고 화목제물이 되실 분이셨다. 아브라함은 바로 그 자손과 믿음을 통해서 의롭게 된 것이다.

믿음의 본질

그래도 믿음만으로는 부족하니까 율법을 주신 것이 아닐까?

구약에 나타나는 칭의에 대하여 이렇게 아브라함을 예로 드는 것보다 강력한 증거는 없다. 하지만 행위와 공로를 주장하는 인간의 습성은 그리 쉽게 가라앉지 않는다. 유대인들은 아브라함도 할례를 받았고, 아브라함의 후손을 통해서 율법이 왔기에 결국 우리가 믿는다고 해도 할례를 받고 율법을 지켜야 의롭게 된다고 주장한다. 특별히 이 주장은 매우 강력해서 바울이 이신칭의의 복음을 전파하여 교회를 개척하면, 꼭 복음을 변질시키는 자들이 그 뒤를 따라와서 믿는 것만으로는 안 되고 할례도 받고 율법도 지킴으로써 구원을 완성해야 한다고 주장했다. 그러면서 유대에 있는 예수님의 제자들인 사도들도 다 할례를 받고 율법을 지킨다고 주장하였다. 그리고 이렇게 할례를 예로 들어 율법으로 믿음을 완성해야 한다는 주장은 당시에 꽤나 설득력이 있었다.

오늘날에도 이와 비슷한 신학사상을 주장하는 사람들이 많다. 그런데 이러한 주장들이 결국 교묘하게 우리를 그리스도를 믿는 믿음에서 멀어지게 하고, 자신의 행위에 초점을 두게 한다는 데 그 위험성이 있다. 뒤에 7장에서 살펴보겠지만, 오늘 우리가 가장 배격해야 할 사상은 바로 우리가 믿음으로 구원을 받았지만, 거듭난 우리가 이제 율법으로 돌아가서 율법을 사랑하고 묵상하고 지킴으로써 의롭게 되어야 한다는 사상이다. 결국 이것 역시 우리를 그리스도에게서 떼어놓으려는 교묘한 가르침이다. 그리하여 우리로 실패하게 하려는 것이다.

본질이 전통보다 먼저다.
먼저 할례를 받아야 한다는 주장을 생각해보자. 아브라함은 분명히 할례를 받았다. 그러나 아브라함이 의롭다 함을 받은 것은 할례를 받기 전이었다. 아브라함이 믿음으로 의롭다 함을 받은 것은 그의 나이 75세 때요, 할례는 99세에 받았기 때문이다. 9~10절을 보라. "그런즉 이 복이 할례자에게냐 혹은 무할례자에게도냐 무릇 우리가 말하기를 아브라함에게는 그 믿음이 의로 여겨졌다 하노라 그런즉 그것이 어떻게 여겨졌느냐 할례 시냐 무할례 시냐 할례 시가 아니요 무할례 시니라". 그러면 할례는 무엇인가? 11절 상반절을 보면 "그가 할례의 표를 받은 것은 무할례시에 믿음으로 된 의를 인친 것이니"라고 하였다. 즉 그가 무할례 시에 받았던 믿음에 대해서 하나님이 그를 의로운 백성으로 확인해 주셨다는 말이다. 오늘 우리가 세례를 받는 것도 그렇다. 세례를 받음으로써 구원받는 것이 아니다. 세례는 그 이전에 우리가 믿음으로 받은 의에 대해서 인치는 것이다. 확인해 주는 의식이라는 말이다. 이처럼 할례는 세례처럼 하나의 종교적인 의식에 불과하다. 여기서 더 중요한 것은 그가 믿음으로 의롭다 함을 정말로 받았는가 하는 것이다. 즉 믿음이 중요한 것이지 할례가 아닌 것이다. 오히려 아브라함이 무할례 시에 믿음으로 의롭다 함을 받은 이유는 무할례자로서 믿는 자의 조상이 되어 유대인 외에도 할례를 받지 않은 모든 이방 사람들의 믿음의 조상이 되기 위함이었다. 그래서 11절 하반절에 "이는 무할례자로서 믿는 모든 자의 조상이 되어 그들도 의로 여기심을 얻게 하려 하심이라"라고 말씀하고 있다. 그러므로 아브라함이 할례를 받았는가 받지 않았는가가 중요한 것이 아니라 아브라함의 믿음의 자취를 따르는가 따르지 않는가가 중요하다. 12절에서도 "또한 할례자의 조상이 되었나니 곧 할례 받을 자에게뿐 아니라 우리 조상 아브라함이 무할례 시에 가졌던 믿음의 자취를 따르는 자들에게도 그러하니라"라고 말씀한다. 할례는 유대인들의 종교적인 의식으로서 그들의 문화적인 관습이다. 그 형식은 진정한 것의 그림자로서 고정불변한 것이 아니다. 정말 중요한 것은 그것이 가리키는 본질과 생명을 전수하는 것이다. 즉 믿음의 자취를 따르는 것이 중요하지 할례를 받는 것이 중요한 것이 아니다. 오늘 우리가 진리, 본질보다 교회의 관습, 전통을 더 소중히 여긴다면 우리도 동일한 실수를 범할 수 있다. 결코 복음의 진리보다 교회의 전통이나 형식을 우위에 두면 안 된다.

믿음이 율법보다 먼저다.

두 번째는 율법을 지켜야 의롭게 된다는 주장에 대해서 살펴보자. 하나님이 아브라함에게 그리고 그에게서 나올 후손에게 이 세상의 상속자가 되리라고 하신 언약은 율법이 오기 전이다. 율법은 그 이후 430년 후에 모세를 통해서 주어진다. 그러므로 아브라함은 율법이 없을 때 의롭다 함을 받았으니 그것은 율법이 아니라 믿음으로 말미암은 것이다. 13절에서도 "아브라함이나 그 후손에게 세상의 상속자가 되리라고 하신 언약은 율법으로 말미암은 것이 아니요 오직 믿음의 의로 말미암은 것이니라"라고 말씀하고 있다.

이와 같이 하나님께서 율법이 오기 430년 전에 믿음으로 아브라함을 의롭다 하시고 그 믿음으로 그를 상속자로 삼으셨는데, 유대인들의 주장처럼 율법 아래서 그 율법에 순종하는 자를 상속자로 삼는다면, 아브라함의 믿음은 헛것이 되고 아브라함에게 하신 약속은 파기되는 것과 같다. 이 말은 약속이 파기될 수 없다는 의미를 내포한 것이다. 이미 갈라디아서에서 바울은 이 부분에 대해서 훨씬 상세하게 설명하였기에 여기서는 이렇게 간략하게 그럴 수 없음을 기록하는 것이다. 갈라디아서에서 바울은 늦게 온 율법이 아브라함과 먼저 한 약속을 폐할 수 없다고 말한다. 마치 누군가 유언을 하고 죽으면, 후손들이 뒤에 그 유언을 제 맘대로 바꿀 수 없는 것과 같다. 이처럼 아브라함과 하나님 사이의 언약을 뒤늦게 나타난 율법이 파기할 수 없는 것이다.

약속의 우선순위

이러한 약속의 우선순위가 성경에 나타날 때마다 도덕과 율법의 관점에서 보면 잘 납득이 되지 않는다. 야곱의 예가 바로 그렇다. 도덕의 눈으로 보면 그는 형과 아버지를 속인 사기꾼이다. 그의 잘못을 십계명에 비추어 보면 다섯 개의 계명을 어긴다. 야곱은 속임을 통해서 장자가 되는데도 성경은 별로 이 부분을 언급하지 않는다. 왜 그럴까? 비록 야곱의 행동이 옳은 것은 아니지만, 믿음의 눈으로 보면 그에게는 자신을 향한 하나님의 약속을 믿는 믿음이 있었던 것이다. 이 믿음이 율법, 윤리적인 잣대보다 우선이다. 비슷한 예가 창세기 38장에 나오는 유다의 며느리 다말 사건이다. 유다의 아들이 자식 없이 죽자 유다는 며느리 다말에게 후일에 유다의 아들 셀라가 장성하면 다말에게 주어서 자식을 얻게 하겠다고 약속한다. 그런데 셀라가 장성하여도 그를 주지 않자 다말이 창녀로 분장하여 증표를 받고 시아버지를 꾀어 동침하고 수태한다. 다말이 임신했다는 것을 안 유다는 그를 화형시키려고 하나 다말은 유다에게서 받은 증표를 보여 주었고 유다는 이렇게 말한다. "그는 나보다 옳도다"(창 38:26). 윤리적으로는 패륜이지만 약속의 입장에서 보면 옳다는 것이다. 성경은 윤리보다 이 약속을 더 우위에 둔다. 그 다말에게서 결국 그리스도가 나오지 않았는가. 이 그리스도 안에서 그들이 덮어지고 있음을 우리는 볼 수 있다. 야곱도 태어날 때에 분명히 하나님으로부터 약속을 받은 자였다. 그러나 이삭은 그것을 무시했다. 야곱이 염소의 고기와 가죽으로 분장한 것은 그리스도의 십자가의 구속을 상징하는 것으로서 속임 이전에 그리스도의 약속을 의지하는 상징이다. 결과적으로 그러한 야곱이 의롭다 함을 받는 것이다. 에서의 인간적인 조건, 이삭의 육신의 정, 윤리적이며 율법적인 그 어떤 정당성보다 더 우위에 있는 것이 바로 하나님의 약속이요, 그 약속을 붙들고 그리스도를 의지하는 야곱이 의롭다 함을 얻은 것이다. 이것이 바로 약속이 우위임을 말해 준다. 약속이 윤리나 율법보다 훨씬 위에 있다. 이 약속을 율법이 파기하지 못하는 것이다.

율법은 죄를 깨닫게 할 뿐이다.

갈라디아서 3장 24절은 "이같이 율법이 우리를 그리스도께로 인도하는 초등교사가 되어 우리로 하여금 믿음으로 말미암아 의롭다 함을 얻게 하려 함이라"라고 말씀한다. 즉 율법은 죄를 깨닫게 하여 그들로 하나님의 진노 아래 있는 것을 깨닫고 믿음을 선택하도록 돕는 역할을 하는 것이다. 결국 우리가 율법 아래로 들어가면, 우리는 하나님의 진노의 대상이 될 뿐이며 결코 상속자가 되지 못한다. 로마서 4장 14~15절에서도 "만일 율법에 속한 자들이 상속자이면 믿음은 헛것이 되고 약속은 파기되었느니라 율법은 진노를 이루게 하나니"

라고 말씀하고 있다. 상속자가 되는 것은 믿음으로 말미암은 것이다.

여기서 한 가지 더 생각할 것은 아브라함의 시대에는 아직 율법이 주어지지 않았다는 사실이다. 법이 제정되지 않으면 누군가 범죄를 해도 그를 정죄하여 처벌할 수 없다. 그래서 우리나라에서도 신종 범죄가 나타날 때마다 그들을 처벌할 법 규정을 새로 만든다. 그런데 15절 하반절에 "율법이 없는 곳에는 범법도 없느니라"라는 말씀처럼 아브라함 시대에는 율법이 없었기에 원칙적으로 하면 그 시대에는 범법함이 없었던 것이다. 하나님께서는 아브라함을 믿음으로 의롭다 여기실 때에 그를 범죄자라고 선언할 율법이 없었다는 이야기이다. 이것은 후일에 그리스도로 말미암아 율법이 파해질 것을 상징해준다. 즉 그리스도 안에서 율법이 파해진 오늘의 시대와 그 시대를 연결 짓는 것이다. 오늘날 그리스도 안에서 율법의 정죄가 파해지고, 우리는 그리스도로 말미암아 의롭다 함을 받는 이 시대를 아브라함의 시대가 예고해 주고 있다는 말이다. 결국 아브라함의 후손을 통해서 율법이 왔으므로 우리도 율법을 지켜서 구원을 완성해야 한다는 것은 말도 안 되는 이야기다. 오히려 율법으로 돌아가면 우리는 성경의 언약 밖으로 나가게 된다. 아브라함을 통해서 그 후손에게 주신 약속은 믿음 안에 있는 것이지 율법과 행위 안에 있는 것이 아니다. 율법과 행위 안에는 오직 진노하심만이 있다. 우리는 그럴싸한 윤리적 지침과 율법적인 매력으로 자꾸 우리를 그리스도를 믿는 믿음에서 떼어놓는 사설을 경계해야 한다. 아름답고 고상해 보이는 그 사상 속에는 진노만이 있다. 약속은 그리스도 안에만, 오직 믿음 안에만 있다. 상속자가 되는 것은 오직 믿음으로 되는 것이다. "그러므로 상속자가 되는 그것이 은혜에 속하기 위하여 믿음으로 되나니 이는 그 약속을 그 모든 후손에게 굳게 하려 하심이라"(16절).

결론적으로 이신칭의의 복음은 아브라함 때에 이미 보여주신 길이요, 구약성경이 지지하고 있는 성경의 진리이다.

참 믿음의 DNA

그러면 과연 우리를 의롭다고 칭하는 믿음은 어떤 것인가? 믿음의 조상인 아브라함을 통해서 우리는 그 믿음의 성격을 볼 수 있다. 그의 믿음은 의롭다 함을 받는 믿음에 대해서 증거해 주는 하나의 모델이다. 그의 믿음을 통해서 칭의에 이르는 참 믿음이 무엇인가를 살펴보며 우리의 믿음을 점검해볼 수 있다. 특별히 아브라함의 믿음의 하이라이트는 바로 그의 나이 99세 때의 일이다. 그때 아브라함은 늙어서 죽은 몸처럼 되었고, 사라는 생리가 끝나서 이미 출산이 불가능한 몸이 되었을 때이다. 그런데 바로 그때 하나님이 아브라함에게 "내가 너를 많은 민족의 조상이 되게 하겠다"라고 말씀하셨다. 이 말씀이 이루어지려면 아브라함이 사라를 통해서 아들을 낳아야 한다. 그리고 그러한 일이 이 두 사람 사이에서 일어나려면 하나님은 죽은 것 같은 그들의 몸을 살리실 수 있는 분이어야 하며, 무에서 유를 창조하시는 하나님이셔야 한다. 그런데 아브라함은 바로 그때에 그러한 하나님을 믿었다. 부활의 하나님이요 창조의 하나님을 믿은 것이다.

"기록된 바 내가 너를 많은 민족의 조상으로 세웠다 하심과 같으니 그가 믿은바 하나님은 죽은 자를 살리시며 없는 것을 있는 것으로 부르시는 이시니라"(17절).

이성적으로 도저히 바랄 수 없는 상황에서 아브라함은 바라고 믿은 것이다. 그리고 이 믿음을 통해서 믿음의 조상이 된 것이다. "아브라함이 바랄 수 없는 중에 바라고 믿었으니 이는 네 후손이 이같으리라 하신 말씀대로 많은 민족의 조상이 되게 하려 하심이라"(18절). 여기서 바랄 수 없는 중이란 바로 자기 몸이 죽은 것처럼 늙어버렸고 사라의 생리도 끝나서 그 태가 죽은 것같이 되어버린 상황이다. 19절에 보면 "그가 백 세나 되어 자기 몸이 죽은 것 같고 사라의 태가 죽은 것 같음을 알고도"라고 하였다. 그는 그러한 상황을 알고 있었다. 99세 노인이 90세 아내를 보면서 왜 모르겠는가? 그런데 그런 상황에서 그의 믿음이 구체적으로 어떠하였는가?

첫째, 약해지지 않았다(19절 하). 둘째, 믿음이 없어 약속을 의심하지 않았다(20절). 셋째, 믿음으로 견고하여져서 하나님께 영광을 돌렸다(20절 하). 넷째, 약속하신 것을 능히 이루실 줄 확신하였다(21절). 바로 이 믿음으로 아브라함은 의롭다 하심을 받은 것이다(22절). 창세기 15장에서 그가 의롭다 함을 받은 그 믿음의 정체가 그가 99세 때에 나타난 것이다. 아브라함이 보여준 참 믿음의 DNA는 다음과 같다.

죽은 자를 부활시키시는 하나님을 믿음

첫째로 아브라함은 죽은 자를 부활시키시는 하나님을 믿었다. 그런데 23~24절에 "그에게 의로 여겨졌다 기록된 것은 아브라함만 위한 것이 아니요 의로 여기심을 받을 우리도 위함이니 곧 예수 우리 주를 죽은 자 가운데서 살리신 이를 믿는 자니라"라고 하였다. 즉 아브라함의 믿음은 오늘날 우리의 믿음을 위해서 기록된 것이요, 우리는 동일하게 예수님이 우리를 위해서 죽으시고 부활하신 것을 믿는 것이다. 우리를 의롭게 하는 믿음은 바로 예수님의 죽으심과 부활을 믿는 믿음이다. 왜냐하면 25절에 "예수는 우리가 범죄한 것 때문에 내줌이 되고 또한 우리를 의롭다 하시기 위하여 살아나셨"기 때문이다. 그러므로 우리가 믿음으로 의롭게 되려면 반드시 우리를 위해서 하나님의 아들이 십자가에서 죽으시고 부활하셔야 한다. 그리고 그것을 실제로 믿는 사람만이 믿음으로 의롭다 함을 받는 것이다. 그런데 우리는 정말 놀랍게도 이 믿음을 가지고 구원을 받았다. 우리 역시 아브라함과 동일한 믿음의 유전자를 가진 것이다. 하나님은 우리에게 이러한 믿음을 선물로 주셨다. 우리가 아브라함과 동일하게 부활을 믿는다는 이 사실 자체가 우리가 아브라함의 믿음의 후손이요 그가 우리의 믿음의 조상인 증거이다.

믿음은 선한 열매를 잉태한다.

둘째로, 하나님이 우리에게 주신 이 믿음은 아브라함의 믿음처럼 강력한 것이요, 삶으로 열매 맺는 믿음이라는 것이다. 그의 믿음은 그저 입술로 앵무새처럼 고백하는 믿음이 아니었다. 말로만 믿고 삶은 따르지 않는 믿음이 아니었다. 그의 믿음은 불가능하고 절망적인 상황에서도 약해지지 않고, 의심하지 않고, 도리어 견고해져서 하나님을 찬양하며 확신하는 믿음이었다. 그래서 바랄 수 없는 상황에서 바라고 믿은 것이다. 그의 믿음은 삶 전체를 던지는 믿음이며 삶으로 나타나는 믿음이다. 야고보의 말대로 하면 그저 생각 속에 있는 믿음이 아니라 행함을 동반하는 믿음이다. 그래서 아브라함은 하나님께서 이삭을 번제로 드리라고 할 때 하나님이 죽은 자를 살리실 줄을 믿고 그 아들을 실제로 드린다. 이렇게 아브라함의 믿음은 행함이 따르는 순종의 믿음이었으며 그 믿음이 순종의 열매를 낳았다. 그리고 우리는 이 믿음의 유전자를 가진 것이다. 이는 입술로만 고백하고 전혀 삶도 없고, 열매도 없고, 행함과 순종, 변화도 없는 믿음이 아니다.

그러면 아브라함은 단숨에 여기에 이르렀는가? 아니다. 믿음이 어린 아브라함은 넘어지기도 하였다. 그러나 결국 여기에까지 자란 것이다. 모리아 정상에 오르기까지 자란 것이다. 우리에게 바로 이러한 아브라함의 믿음의 유전자가 주어졌다. 우리를 의롭게 하는 그 믿음은 바로 하나님이 아브라함에게 주신 믿음과 동일한 믿음이며 아브라함의 것과 동일하게 강력한 믿음이다. 그래서 우리는 이 믿음으로 구원받을 뿐 아니라 세상을 이길 수 있는 것이다. 우리가 불가능한 상황에서도 살아 계신 하나님을 신뢰할 수 있는 이유는 이미 그리스도를 믿는 믿음 안에서 부활의 하나님, 창조의 하나님을 믿는 믿음의 유전자를 받았기 때문이다. 우리의 기질이나 우리의 담력 때문이 아니다. 이것은 바로 우리가 구원받는 그 믿음을 선물로 받을 때에 그 안에 이미 주어진 유전자인 것이다. 그래서 예수를 믿는 자는 구약에 나타나는 온갖 능력을 행하시는 하나님을 단지 설화 정도로 이해하는 것이 아니라 실제적인 나의 하나님으로 신뢰하는 것이다. 우리가 예수님을 믿음으로 실제로 부활하신 주님이 나와 함께 하심을 경험할 때 더욱더 하나님은 살아 계신 분이시며, 단지 구약시대만이 아니라 오늘 내 삶 속에 실재하는 분이심을 신뢰하게 되는 것이다. 그리하여 이러한 믿음의 유전자로 인해서 우리는 이 세상을 믿음으로 이겨낼 수 있다. 우리가 천지를 창조하시고 죽은 자를 살리시는 하나님을 믿는데 무엇이 두렵겠는가? 이러한 믿음은 죄, 육신, 세상, 마귀와의 싸움을 이기는 능력이다.

이신칭의의 믿음은 신앙의 바른 출발점이다. 이제 그 믿음이 참된 것이라면 필연적으로 부활과 창조의 하나님에 대한 온전한 신뢰로 이어지게 된다. 그리고 우리의 삶이 모든 죄, 육신, 마귀, 세상을 이겨내고, 성령으로 말미암아 율법을 성취하고, 장차 하늘 유업을 얻는 하나님의 아들로 드러나게 하는 그 믿음에 이르게 되는 것이다. 그러므로 이신칭의의 믿음은 결코 그 선언 자체로 끝날 수 없다. 종착점이 아니라 출발점이므로 계속 거룩함으로 나아가는 것이다. 이신칭의가 강력한 이유는 능력의 그리스도를 믿는 믿음 위에 서 있기 때문이다. 그러므로 칭의의 믿음을 가졌다면 바로 그 믿음은 죄와 세상을 이기는 성화의 열매를 반드시 맺게 하는 것이요, 이 열매야말로 우리의 참 믿음의 증표인 것이다.

7장

더 이상 하나님이 무섭지 않다고요?
롬 5:1~11

이신칭의의 축복

하나님은 이신칭의의 하나님이다. 우리가 행한 대로 삯을 주시고, 행한 대로 보응하시는 분이 아니다. 행한 것이 아무것도 없는데 보수를 주시고, 삯을 주시고, 복을 주시는 이신칭의의 하나님이시다. 야곱의 하나님도 야곱이 간사하고, 범죄하였지만 그의 이름을 이스라엘로 바꿔주시고 이스라엘의 시조로 만들어 가신다. 이처럼 하나님은 우리가 여전히 악하고 불완전하며 부족한데도 그리스도 안에서 자녀로 여겨주시고, 의인으로 인정해 주시며, 거룩한 자로 선언해 주시고, 성도라 말씀해 주시며, 상속자로 삼아주시는 분이시다. 그 하나님은 우리가 믿을 때에 그러한 하나님에 대해 우리 머리 속에 지식적으로만 각인시키는 분이 아니다. 이신칭의의 하나님은 우리가 믿을 때 우리에게 경험되시는 분이시다. 믿음이 참이라면, 그래서 이신칭의의 선언이 정말 우리에게 선포된 것이라면, 우리는 하나님이 달라지는 것을 경험하게 된다. 나를 바라보시는 하나님의 얼굴이 달라진다. 분위기가 달라지고, 대우가 달라진다.

하나님이 무섭지 않다.

첫째, 믿음으로 의롭다 함을 받으면 하나님이 무섭게 느껴지지 않는다. 더 이상 하나님이 두려운 대상이 아니다. 이미 살펴본 바대로 하나님은 죄인 된 인간들에게 진노하는 분이시다. 거룩한 하나님은 우리 인간들에게 화가 나셨다. 이 땅의 관영한 죄악을 바라보시며 날마다 분노하고 계신다. 하나님을 마음에 두기를 싫어하고, 하나님에 대해서 적의를 품고 있으며, 반역하고 있는 죄악된 인간들에게 진노하고 계신다. 그래서 인간은 하나님과 불화한 상태에 있다. 우리가 회사의 사장님과 불화의 상태에 있다고 해보자. 아무리 일이 잘된다 하더라도 얼마나 불안하겠는가? 이처럼 하나님과 불화한 인간은 조금만 행실이 부족하면 큰 벌을 받을 것 같고, 무슨 일이 생기면 내 죄 때문이라는 탄식을 하게 된다. 내가 조금만 잘못하면 '우리 아기 아프게 할지도 몰라' '우리 아이 대학에서 떨어뜨릴지도 몰라' 하는 두려움으로 교회를 다니고 하나님을 섬기는 분도 있다. 이렇게 하나님이 무섭고 부담스럽다면 그는 아직 예수님을 믿음으로 의롭다 함을 받은 사람이 아닐 수 있다. 예수님이 우리를 위해서 모든 죗값을 치르심으로 빚을 탕감해 주시고, 화목제물이 되셔서 모든 진노를 담당하셨기에 그 예수님 안에서 하나님은 더 이상 우리를 죄인으로 바라보지 않으신다. 예수님의 피로 우리를 덮어주시고 우리를 의인으로 인정해 주신다. 그래서 이제 더 이상 우리에게 진노하지 않으신다. 1절에 "그러므로 우리가 믿음으로 의롭다 하심을 받았으니 우리 주 예수 그리스도로 말미암아 하나님과 화평을 누리자"라고 한 것처럼 예수님께서 화목제물이 되심으로 인해 우리는 하나님과 화평을 누리게 된다. 이것이 이신칭의의 사람들이 누리는 경험이다. 이신칭의의 하나님은 우리에게 화내는 하나님이 아니라 우리와 화목한 하나님이시다.

루터는 청소년 시절부터 교회에서 성가대 활동을 하는 등 굉장히 신앙생활을 열심히 하고 경건심이 남달랐다. 또한 대학에서 법률을 공부하는 유능한 학생이었다. 그러나 그 마음속에는 하나님에 대한 두려움이 있었다. 폭풍우 속에서 천둥번개가 치던 어느 날, 함께 길을 걷던 루터의 친구가 번개로 인해 그 자리에서 사망하게 되었다. 루터는 바로 그 자리에 엎드려 하나님께 빌고, 자신을 살려주시면 수도사가 되겠다고 서원을 하였다. 그리하여 스물두 살에 은둔 수도원의 수도사가 된 그는 거기서 오랜 기간 동안 금식하며, 며칠씩 잠도 자지 않고, 살을 에는 듯한 추위 속에서도 얇은 옷만 입고 모포도 쓰지 않은 채 자기 몸을 채찍으로 때리면서 기도하는 수행을 했다. 온 마음을 다해서 하나님을 사랑하기 위해 금욕과 고행을 하면서 세상과 가족, 자기 자신을 버리고자 하였다. 루터는 이 엄격한 수도원 규율을 거의 완벽하게 이해하여 매우 빨리 정식 사제가 되었지만, 그의 마음은 늘 죄책감에 시달렸다. 그래서 그는 죄를 사함받기 위해 작은 죄까지 가슴 아파하며 끊임없이 고해성사를 드렸다. 하지만 그러면 그럴수록 전심으로 하나님을 사랑할 수 없고 하나님의 의를 만족시킬 수도 없는 자신의 수준을 깨달았고, 이를 해결할 방법을 찾지 못해서 절망하였다.

그러던 어느 날 이런 루터를 보며 안타까워한 수도원장이 루터에게 신학을 공부하도록 권면하였다. 그리하여 이를 계기로 그는 고행과 금욕에서부터 성경으로 관심을 돌리게 되었다. 그가 얼마나 신학 공부를 열심히 했는지 29세에 신학박사가 되고 비텐베르크 대학의 성경신학 교수가 된다. 그리고 거기서 시편, 갈라디아서, 히브리서, 로마서를 강의하는데, 특별히 로마서를 강의하는 중에 루터는 그렇게도 고민하던 구원의 길을 발견하게 된다. 루터의 고민은 아무리 자신이 노력해도 하나님의 의에 도달할 수 없다는 것이었고, 하나님의 의는 결국 죄인과 불의한 자를 벌하시는 의라는 것이다. 이 문제를 해결하려고 신학 공부를 하면서 신학박사들의 책을 읽었지만 그들 모두 죄인을 향해서 진노하시는 의만을 가르쳤다. 따라서 로마서를 강의하면서 복음에는 하나님의 의가 나타났다는 말씀을 볼 때마다 그는 마음이 무거웠다. 그는 이렇게 생각했다. '하나님은 율법으로 인간을 압박하는 것도 모자라 이제는 복음을 통해서조차 하나님의 의로 우리를 압박하는가?' 루터는 의로우신 하나님, 벌하시는 하나님이 너무나 무서워서 하나님을 사랑할 수 없었고, 오히려 불쾌하고 혐오스러워 은밀히 하나님을 모독하기까지 하면서 투덜거렸다. 도무지 만족시킬 수 없는 하나님에 대해서 질린 것이다. 그러면서도 마음에 있는 불안함과 두려움은 떠나지 않았고 하나님을 향한 분노가 가득하였다. 이렇게 로마서와 씨름하던 중 그는 복음에 나타난 하나님의 의가 바로 하나님이 그리스도의 대속을 통해서 인간을 위해 마련해 주신 의요, 인간은 복음을 통해서 믿음으로 그 의를 수여받음을 깨닫게 되었다. 즉 인간이 자신의 고행이나 노력이 아니라 믿음으로 의롭게 됨을 깨달은 것이다.

너무나 오랜 세월 동안 자기 힘으로 주님을 믿으려고 노력하면서 이에 눌려 있었기 때문에 이 복음을 깨달았을 때 루터가 받은 충격과 감격, 흥분은 이루 말할 수가 없었다. 그는 오랜 시간 동안 그를 짓누르던 거대한 바위덩어리가 떨어져 나가고, 다시 태어난 것 같았으며, 모든 닫힌 천국의 문이 활짝 열렸고, 그는 드디어 낙원으로 들어섰다고 고백한다. 그때부터 루터의 인생이 완전히 바뀐 것이다. 이 신칭의의 복음을 깨닫고 드디어 루터는 하나님과 화평을 누리는 경험을 하게 된 것이다. 이처럼 이신칭의의 교리를 깨달을 때에 비로소 우리는 하나님과 화평하게 된다. 항상 무섭고 늘 요구하고 언제나 "이 놈!" 할 것 같은 하나님과 화평을 누리게 된다.

한 사회학자는 "오늘날 사회의 가장 큰 문제는 아버지의 부재에서 비롯된다"고 하였다. 미국 캘리포니아에서 학습지진아를 위한 프로그램을 진행하였다. 그런데 이 프로그램에 참석한 483명 중 아버지가 제대로 있는 학생은 한 사람도 없었다. 교도소 사역전문가에 의하면 교도소 수감자들 중에서 자기의 아버지를 미워하지 않는 사람을 단 한 명도 보지 못했다고 한다. 자녀에게 아버지와의 관계가 이렇게 절대적이다. 이처럼 인류에게 가장 중요한 분이 하나님 아버지시다. 그래서 인류의 가장 큰 문제는 바로 하나님 아버지의 부재에서 비롯된다. 하나님의 진노 아래에 있음으로 인하여 하나님과의 관계가 단절된 것이 모든 불행의 원인이다. 그런데 이신칭의에 의해서 어떤 일이 일어나는가? 하나님 아버지와의 관계가 회복된다. 화평의 관계에 들어가게 되고, 그분을 아버지라고 부르게 된다.

하나님 앞에서 당당해진다.
둘째, 믿음으로 의롭다 함을 받으면 하나님 앞에서 당당해진다. 미국 대통령은 자기가 좋아하는 나라의 정상이 방문하면 특별히 별장에 초대한다. 영국 여왕은 자기가 좋아하는 손님은 버킹엄 궁에서 만찬을 베푼다. 우리도 사이좋은 사람은 집이나 즐거운 파티에 초대하지만, 싫어하는 사람은 초대명단에서 지운다. 성경의 시대에도 동일하다. 좋아하는 사람은 가까이하지만 싫어하는 사람은 멀리한다. 부정한 자들로 여겨졌던 이방인들은 아예 성전에 들어갈 수 없었고, 유대인조차도 지성소에는 접근이 금지되었으며, 대제사장만 일 년에 한 차례 들어갈 뿐이었다. 하나님께서 율법의 제사로 어느 정도 유대인에게 문을 여시기는 했지만, 그분의 호의의 문을 활짝 여신 것은 아니었다. 그러나 예수님이 십자가에서 죽으실 때에 지성소 휘장이 위에서 아래로 찢어졌고, 이제 누구든지 예수님을 믿는 사람은 하나님의 가장 비밀한 내실까지 초대를 받게 되었다. 이것은 곧 우리가 예수님 안에서 하나님의 호의와 은혜의 대상이 되었음을 의미한다. 2절 상반절에 "또한 그로 말미암아 우리가 믿음으로 서 있는 이 은혜에 들어감을 얻었으며"라는 말씀과 같이 이신칭의의 사람들은 지금 하나님이 은혜와 호의를 베푸시는 자리에 들어와 있는 것이다. 우리는 이제 하나님의 로열패밀리의 멤버가 되었고, 그들만이 누리는 모든 특혜와 관심과 사랑의 대상이 된 것이다.

"그가 너로 인하여 기쁨을 이기지 못하시며 너를 잠잠히 사랑하시며 즐거이 부르며 기뻐하시리라"(습 3:17)

이것이 바로 이신칭의의 사람들이 들어간 자리이다. 하지만 오랫동안 하나님을 두려워하며 자신의 행위와 공로로 그분에게 나아가길 힘써 왔던 우리는 이 감당할 수 없는 은혜의 자리가 낯설기만 하다. 종과 노예 신분에 익숙한 우리에게 하나님의 호의와 은혜가 실감이 나지 않으며 우리의 신분에 맞게 사고하는 것이 어색하다. 그래서 자꾸 공로로 나아가려 하고, 다시 행위로 돌아가 자신을 판단하며 나는 쓸모없다고 스스로를 자책한다. 스스로 자격이 없다고 하면서 자꾸 종의 자리로 가려고 한다. 복이 찾아오면 번지수를 잘못 찾아온 것 같고, 내 진정한 모습에 실망하여 하나님이 모든 은혜를 철회하실 것만 같다. 하지만 우리는 이 은혜의 자리에 있음을 기억하고 그것을 누려야 한다. 우리를 행위로 판단하고 정죄하며 쓸모없다고 하는 내면의 소리는 모두 마귀가 주는 거짓된 음성이다.

나는 20세 때 주님을 만났다. 그때 나는 나를 만나주신 주님으로 인해서 얼마나 가슴이 뜨거웠는지 모른다. 그래서 신학교에 가서 주님께 인생을 드리기로 작정하였다. 주변의 반대 속에서 신학교를 간 나는 학비 마련은 물론 장성한 아들로서의 역할도 해야 한다는 중압감에 과외를 하고, 전도사 사역을 하며, 장학금을 타기 위해 새벽 세 시까지 공부하였다. 그러다가 폐결핵에 걸렸고 몸이 약한 상태에서 그 독한 약을 복용하다 보니 여러 합병증과 극심한 불면증이 찾아왔다. 끝도 없는 구덩이로 빠져들어가고 있는 것만 같았고, 그렇게 젊은 날의 긴 세월을 고통 속에서 보냈다. 당시 신학교 졸업사진을 보면 내 모습은 뼈만 앙상하다.

그런데 그때 나는 이러한 내 자신을 용납하지 못했다. 내 모습에 너무나 화가 났다. 나의 내면에서 '전도사가 어떻게 이런 병이 걸리냐! 하나님이 사랑하는 자에게 잠을 주신다고 했는데 전도사가 어떻게 불면증에 걸려서 잠을 못 자냐!'라고 스스로를 비난했다. 몸이 약해 아무것도 못하는 내 자신을 보면서 '너 같은 사람이 무슨 하나님의 종이야? 너 같은 사람을 하나님이 사랑하시겠어? 넌 하나님께 사랑 받을 자격이 없어!'라고 정죄하였다. 하나님은 분명 나를 긍휼히 여기시고, 있는 모습 그대로 나를 받으시며 사랑하시는데 누가 이렇게 나를 비난하는 것일까? 이렇게 비난하는 내면의 목소리는 내 속에 있는 종교였다. 행위를 의지하는 종교, 즉 공로, 경험, 내 열심, 내 의를 의지하는 종교였다. 분명 은혜로 주님 앞에 나왔고 감격했는데, 그 은혜의 주님에게서 떠나 나의 행위를 붙잡고 있었다.

그렇게 고통 받던 어느 날 나는 로마서를 묵상하게 되었다. 그 말씀 중에 오직 의인은 믿음으로 말미암아 산다는 말씀이 마음 깊이 다가왔고, 이때부터 나는 로마서가 말하는 믿음의 복음을 탐구하기 시작했다. 그러면서 이신칭의의 복음이 깊이 다가왔다. 하나님이 나와 화목하고, 내게 은혜를 베푸시는 것이 내 열심 때문이 아니라 당신의 아들 그리스도가 나를 위해서 모든 값을 다 치르셨기 때문이라는 사실을 깨달았다. 나를 위해서 십자가에서 죽으신 주님은 나에게 "내가 너의 죄를 대신 졌다. 너의 질병도, 너의 무력함도 짊어졌다. 그러므로 너는 내 안에서 거룩하고 의로우며 건강하다. 너는 나의 사랑받는 존재요, 복 받은 존재이다"라고 말씀하셨다. 내가 복음을 얼마나 지식적으로만 이해하고 있었는가를 깨달았다. 그리하여 나는 이 복음에 내 삶을 걸었고 하나님이 나를 여겨 주심같이 나도 자신을 그렇게 여겨 주기 시작했다. 내 감정이나 상황이 어떠하든지 주님의 눈으로 나를 바라보는 연습을 하기로 했다. 내 자신을 보고 초라할 때마다, 내 몸이 아플 때마다, 내가 부족해 보일 때마다 그리스도 안에서 하나님이 나를 바라보시는 그 시선으로 나를 보며 감사하고 기뻐하기로 결정하였다. 그렇게 믿음으로 연습하면서 나는 점점 내 열심에서, 내 공로에서, 내 경험에서 벗어나 온전히 그리스도가 나를 위해서 행하신 것을 믿음으로 붙들게 되었다. 그렇게 이신칭의는 내 마음에 각인되었고, 그것은 나를 정죄와 초라함과 질병에서 자유케 하였다. 진리가 나를 자유케 하는 것을 경험하였다.

그 이후로 달라진 중요한 점은 나의 기도가 담대해졌다는 것이다. 전에는 한 것이 별로 없다고 느끼면 기도에 힘이 나지 않았다. 무엇을 구하려고 하면 '나 같은 것이 무슨 자격이 있나. 봉사도 게을리 하고 헌금도 많이 못하면서 벼룩도 낯짝이 있지 뭘 달라고 하나?' 하는 생각에 힘을 잃었다. 하지만 지금은 내가 그분의 은혜의 내실에 있음을 믿고 우리 아이들이 나에게 해준 것이 없음에도 뻔뻔하게 구하듯 나도 주님께 구한다.

그날을 바라보며 즐거워한다.

이 땅에서 하나님과 화평을 누리며, 그분의 은혜와 호의 속에서 살아가는 사람들에게는 장차 그 하나님을 만날 소망이 생긴다. 지금처럼 인터넷이나 전화가 없던 과거에는 주로 편지로 소통하였다. 남녀 간에도 편지로 주고받은 펜팔이 중요한 연애의 방식이었다. 서로의 생각과 마음을 나누고, 서로의 사진을 교환하며 호감을 주고받은 남녀가 기다리고 고대하는 순간이 뭘까? 바로 서로의 얼굴을 마주 보고 함께 만나는 바로 그날이다. 그 순간을 상상하면서 행복에 젖어 있는 모습을 떠올려보라. 이처럼 이 땅에서 하나님 아버지와 화평의 교제를 나누며 그분의 은혜 속에서 살아가는 성도들은 이 땅을 떠나서 그분을 마주 대할 그날을 고대하며 "하나님의 영광을 바라고 즐거워"한다(2절 하).

나에게 이러한 습관이 처음 생긴 것은 스무 살 때였다. 나는 모태신앙이지만, 예수님을 믿는 은혜를 입은 것은 스무 살 때의 일이다. 당시에 나는 아주 작은 개척교회를 다녔다. 아침 일찍 와서 오전 9시부터 시작되는 주일학교 교사로 섬기고, 연이어 성가대원으로 섬기며 주일 예배를 드리고 나면 교회에서 준비해주는 점심식사를 한다. 그리고 잠시 쉬었다가 오후 주일학교 예배를 위해서 북을 들고 온 동네를 돌아다니며 찬양을 한다. 그리고 따라붙은 아이들을 데리고 예배당으로 들어와서 주일학교 오후예배를 드린다. 그러고 나면 어른들 저녁예배를 위한 성가대 연습시간이 다가온다. 성가 연습을 하고 저녁예배를 드리려고 성가대석에 앉아 있으면, 예배당 창문으로 노을이 물들어가는 저녁 하늘이 보인다. 그 붉게 물든 하늘을 바라보고 있노라면 눈에서 눈물이 주르륵 흐른다. 영광스러운 주님이 곧 오시리라는 그 기대감 속에서 눈물이 흐른다. 나를 사랑하시는 주님이 나를 맞이하러 오시는 그날, 그 영광스러운 주님의 얼굴을 대하고 바라볼 그 순간을 생각하면 눈에서 눈물이 흘러내린다. 이것이 바로 하나님의 영광을 바라고 즐거워하는 것이다. 예수를 믿고 의롭다 함을 받은 사람만이 바라보는 영광이요 즐거움인 것이다.

환난 속에서도 즐거워한다.

운동선수가 경기를 위해서 강도 높은 훈련을 할 때에 정말 지옥 같은 고통을 맛본다고 한다. 하지만 그 고통 때문에 슬퍼하고 낙심에 빠지지 않는다. 그 고난이 자신에게 큰 유익을 주는 것을 알기 때문이다. 이처럼 그리스도인은 이 땅에서 하나님과 화평하며 은혜를 경험하면서 살지만, 육체로 사는 동안 우리에게는 많은 환난이 있다. 하지만 이 환난은 우리를 망하게 하거나 넘어뜨리려는 소모적인 고난이 아니다. 그것은 이신칭의의 사람들에게는 아주 특별한 유익을 준다. 즉 환난이 하나님을 만날 그날을 준비시켜 주는 역할을 한다. 일반은총의 역사 속에서도 하나님은 고난을 통해 이 땅에서 쓸 사람들을 준비시키신다. 맹자도 다음과 같은 말을 하였다. "하늘이 장차 한 사람에게 큰 사명을 주려 할 때는 반드시 먼저 그의 마음과 뜻을 흔들어 고통스럽게 하고, 그 힘줄과 뼈를 굶주리게 하여 궁핍하게 만들어 그가 하고자 하는 일을 흔들고 어지럽게 하나니 그것은 타고난 작고 못난 성품을 인내로써 담금질을 하여 하늘의 사명을 능히 감당할 만하도록 그 기국과 역량을 키워주기 위함이다."

그런데 하나님은 여기서 한걸음 더 나아가서 이신칭의의 사람들을 고난을 통해 하늘의 백성으로 준비시키신다. 그리하여 우리로 하여금 환난 속에서 인내를 배우게 하시고 인내를 통해서 우리의 인격을 연단하신다. 점점 하나님을 닮아가도록 우리 안에 있는 불순물들을 제거하시고 우리의 성품을 빚어 가시는 것이다. 이 고난이 우리로 하여금 하나님을 닮아가게 하기에 우리는 고난 속에서 낙망하지 않고 오히려 하나님을 만날 소망을 더 확실하게 가지게 된다. 그래서 오히려 환난 속에서 즐거워하게 된다. "다만 이뿐 아니라 우리가 환난 중에도 즐거워하나니 이는 환난은 인내를, 인내는 연단을, 연단은 소망을 이루는 줄 앎이로다"(3~4절).

우리가 천국에 들어갈 자질이 뭘까? 그것은 천국의 주인이신 하나님을 닮는 것이다. 자녀는 그 아버지를 닮듯이 천국에 들어갈 자들은 점점 하나님 아버지를 닮아간다. 그렇기에 신자는 바로 이 고난으로 말미암은 인내 속에서 이 세상의 껍데기가 벗겨지고 점점 하나님을 닮은 인격으로 변화되어 간다. 아무나 그런 것이 아니다. 어떤 사람들은 고난 속에서 폐인이 되고 더 악해지고 계속 절망하다가 생을 마감한다. 하지만 신자는 인생의 고난 속에서 더 아름다워진다. 점점 하나님을 닮은 성품으로 변화된다. 그가 바로 천국의 자녀임이 드러나는 것이다. 그래서 신자는 고난 속에서 절망하는 것이 아니라 점점 더 소망이 확고해지고 천국의 영광의 소망을 바라보면서 즐거워하게 되는 것이다.

그러므로 예수를 열심히 믿는 가운데 고난이 왔다면, 우리는 즐거워해야 한다. 이 고난을 통해서 하나님이 나의 인격을 빚어주시기 때문이다. 그동안 큰 어려움 없이 내가 원하는 대로 살아왔기에 갖추지 못한 인내심을 배우게 하시고, 그 인내 속에서 세속적인 욕심을 버리게 하신다. 또 이 세상의 헛된 즐거움에 중독된 내 자신과, 하나님이 아니라 돈을 우상으로 삼고 살아가는 내 모습을 보게 하시며 다시 하나님만 의지하는 믿음의 사람으로 빚어 가신다. 내 마음 깊이 숨어 있는 죄들을 회개하게 하신다. 그렇게 환난을 통해서 하나님은 우리를 당신의 사람으로 빚어 가신다. 그러므로 환난을 당하는 것이야말로 우리가 선택받은 하나님의 자녀라는 뜻이다. 예수를 믿었는데도 모든 것이 잘되어 예수 믿기 전의 고집, 거만함, 쾌락적인 삶의 태도, 욕심 등을 전혀 버릴 줄 모른다면 그 사람은 택함 받은 사람이 아닐 수 있다. 그래서 우리는 고난이 올 때 즐거워해야 한다. 그것이 결코 나를 망하게 하지 않고, 오히려 나를 하나님의 사람으로 빚어지는 유익을 주기 때문이다.

어느 대기업의 회장인 아버지가 아들을 말단 사원으로 고용하여 공장에서 힘든 일을 하게 했다. 이는 그에게 경영수업을 시켜 후계자로 양성하기 위함이었다. 아버지는 정말 아들을 사랑해서 그 일을 시키는데, 아들은 자신에게 이렇게 힘든 일을 시키는 아버지가 섭섭했고, 급기야는 아버지가 나를 미워하는가보다 하는 원망의 마음을 가지게 되었다. 아버지는 아들의 유익을 위한 큰 계획을 가지고 있었지만, 아버지를 의심하고 낙심한 아들은 그 과정을 끝내지 못하고 중도에 포기하고 말았다.

이러한 일들이 오늘 우리에게도 일어날 수 있다. 하나님은 당신의 자녀들을 천국의 자녀로 세우기 위해서 이 땅에서의 환난을 면제해 주시는 것이 아니라 오히려 그 환난을 통해서 커다란 유익을 계획하신다. 그런데 문제는 우리가 이 환난 속에서 하나님을 의심하고 원망할 수 있다는 사실이다. 우리가 연약한 인간이기 때문이다. 그래서 하나님께서는 우리가 고난 속에서 혹시라도 좌절하여 이 과정을 끝까지 견디지 못할까봐 우리를 격려해 주신다. 그것은 우리 신자의 마음속에 성령님을 보내주셔서 고난 속에 있는 우리의 마음에 하나님의 사랑을 부어주시는 것이다. 이를 통해 비록 우리가 고난 속에 있지만, 여전히 하나님이 우리를 얼마나 사랑하시는가를 느끼게 하신다. 그 사랑 안에서 우리의 소망이 헛된 것이 아님을 확신하면서 이 고난의 과정을 인내할 수 있도록 격려해 주시는 것이다. "소망이 우리를 부끄럽게 하지 아니함은 우리에게 주신 성령으로 말미암아 하나님의 사랑이 우리 마음에 부은바 됨이니"(5절).

    그래서 이신칭의의 신자들은 고난이 온다고 해서 하나님을 원망하지 않는다. 그들은 고난 속에서 하나님의 사랑을 더 깊이 느끼고 힘을 얻는다. 목회자로서 깊은 고난 속에 있는 성도들을 위로하러 갔다가 오히려 위로받는 경험을 하곤 한다. 고난 속에서 하나님의 사랑으로 이미 위로를 경험하고 있는 그분을 통해 하나님의 위로가 나에게까지 흘러넘치는 것이다. 물론 신자도 잠시 낙심할 수 있다. 하지만 결국 그 넘어진 곳에, 캄캄한 곳에 주님이 찾아가신다. 그래서 큰 위로와 사랑으로 그를 붙잡아 주신다.

구원이 흔들리지 않는다.

이 사랑은 결코 잠시의 위로로 끝나는 감정적인 경험이 아니다. 왜냐하면 성령이 부어주시는 이 사랑은 값싼 동정에서 끌어올린 것이 아니기 때문이다. 그것은 어디서 길어 올린 사랑일까?

첫째로 이 사랑은 예수님의 십자가의 죽음에서 길어 올린 사랑이다. 십자가에서 예수님이 보여주신 사랑은 의인이나 선인 같은 그 사랑을 받을 만한 자격이 있는 자를 위해서 죽으신 사랑이 아니다. 6~7절은 "우리가 아직 연약할 때에 기약대로 그리스도께서 경건하지 않은 자를 위하여 죽으셨도다 의인을 위하여 죽는 자가 쉽지 않고 선인을 위하여 용감히 죽는 자가 혹 있거니와"라고 말씀하고 있다. 즉 그 사랑은 우리가 여전히 죄인이었을 때에 죄인인 나를 위해서 죽으신 사랑이다. 그러므로 그 사랑은 나의 행동에 따라 쉽게 변하는 사랑이 아니다. 내가 비록 실수하고 연약하여 어려움이 오고 사기를 당하고 고난을 당한다 해도 "봐라, 좀 당해봐라!" 하시는 사랑이 아니다. 죄인 된 나를 위해서 자신의 목숨을 버리시는 그렇게도 깊은 사랑인 것이다. 그래서 8절에 "우리가 아직 죄인 되었을 때에 그리스도께서 우리를 위하여 죽으심으로 하나님께서 우리에 대한 자기의 사랑을 확증하셨느니라"라고 말씀한다. 주님의 그 사랑은 그럴듯한 말 한마디를 던지고 뒤돌아서서 "내 그럴 줄 알았지" 하며 뒷담화하는 사랑이 아니다. 눈물 한 방울 흘려주고 금방 잊어버리고 마는 그런 감상적인 사랑도 아니다. 그 사랑은 우리가 전혀 선한 것이 없는 죄인이었을 때, 손가락질 받아 마땅할 때 주신 사랑이요, 그때에 자신의 목숨을 버리셔서 우리를 구원하시는 사랑이다.

둘째로 이 사랑은 현재도 변함없는 사랑이다. 우리는 모두 예수님을 믿고 하나님의 자녀가 되었다. 비록 지금도 여전히 죄를 짓고 넘어지지만 그래도 우리는 예수님을 믿기 전보다는 조금씩 나아지고 있다. 그렇지 않다면 그는 구원받은 사람이 아닐 것이다. 만일 하나님이 우리가 지금보다 더 흉악하고 형편없을 때에 우리를 죽기까지 사랑하셨다면, 더 나아진 지금은 우리를 어떻게 생각하실까? 예전에는 그렇게 사랑하셨던 하나님께서 지금은 조그만 실수를 해도 실망하시며 등을 돌리실까? 우리의 사랑의 의심이 바로 이것이다. 전에는 모를 때니까 하나님이 나를 사랑하셨지만, 이제는 구원받고 다 아는데도 죄를 지었기에 나를 용서하지 않으실 것이라고 생각한다. 하지만 이것은 전적으로 우리의 착각이고 오해이다. 고아를 입양한 양부모는 아이에게 목욕도 시키고, 아침 일찍 깨워 학교도 보내고, 예절 교육도 시킬 것이다. 때로는 아이가 잘못하면 매를 들어 징계하기도 할 것이다. 하지만 이 모든 것은 사랑이지 미움이 아니다. 주변에 아이를 입양하여 기르는 부모의 이야기를 들어보면, 아이를 기르고 그 아이를 위해서 애쓰는 시간이 지날수록 그 사랑은 더 커진다고 한다. 아이와 함께 울고 웃고 한 그 시간들로 인해서 이제 부모는 그 마음으로 아이를 낳았고 그 사랑은 육체로 낳은 아이보다 더 크면 컸지 결코 더 작지 않다고 한다. 물론 그래도 인간 양부모는 자신의 한계로 인해 때로는 실망할 수도 있으리라. 하지만 우리 하나님은 결코 그렇지 않으시다. 하나님은 이미 화목하여 자녀로 지내는 우리를 더욱 사랑하신다. 우리는 결코 이러한 하나님의 사랑을 의심해서는 안 된다. 9~10절에 보면 "그러면 이제 우리가 그의 피로 말미암아 의롭다 하심을 받았으니 더욱 그로 말미암아 진노하심에서 구원을 받을 것이니 곧 우리가 원수 되었을 때에 그의 아들의 죽으심으로 말미암아 하나님과 화목하게 되었은즉 화목하게 된 자로서는 더욱 그의 살아나심으로 말미암아 구원을 받을 것이니라"라고 말씀하고 있다. 여기에서 '더욱' 이라는 말이 두 번 반복된다. 더욱 구원하신다고 하신다. 즉 과거에 우리가 아직 죄인 되었을 때에 아들을 주심으로 우리를 구원하셨다면, 이제 그 피로 의롭다 함을 받았고 지금은 그 죽으신 예수님이 부활하셔서 우리와 함께 하고 있으니 더욱 구원하실 것이라는 말이다. 더욱 구원하신다는 말은 결코 버리지 않으신다는 의미이다. 그 사랑이 결코 변하지 않는다는 의미이다.

그래서 이신칭의의 사람들은 11절에 "그뿐 아니라 이제 우리로 화목하게 하신 우리 주 예수 그리스도로 말미암아 하나님 안에서 또한 즐거워하느니라"라는 말씀처럼 그 어떤 상황에서도 즐거워한다. 즐거움과 기쁨, 이것이 바로 구원받은 사람들의 특징이다. '자기 의'의 종교는 노력, 희생, 애씀은 있는데 즐거움이 없다. 하지만 이신칭의의 기독교는 즐거움과 기쁨이 그 특징이다. 그래서 고난 속에서도 찬송이 흘러넘친다.

나는 젊은 날에 참 열정적이고 헌신적인 지도자들을 만났다. 그분들과 함께 기도하고 전도하며 뜨거운 그리스도의 사랑과 능력을 경험하였고, 내 목숨을 주님께 드리고자 하는 마음이 불탔다. 지금도 생각하면 참 감사한 분들이다. 하지만 내가 나중에 몸이 아파서 열심을 낼 수 없을 때에 나의 이러한 열정과 감격은 식어버리고, 오히려 내가 전날에 열정을 내었던 것이 나를 판단하는 도구가 되어 나를 정죄하였다. 헌신과 열정을 기반으로 하였던 내 신앙생활에서 뭐가 문제였을까를 이제 와서 돌아보면 바로 복음에 대한 깊이 있는 이해의 부족이었다. 이신칭의의 복음을 머리로는 알았지만, 그것을 내 삶 깊이 적용하지 못했던 것이다. 이후 로마서의 복음을 이해하게 되면서 내가 젊을 때에 이 복음을 알았더라면 얼마나 좋았을까 하는 아쉬움을 갖게 된다. 사랑의교회에 부임한 이후 복음이 충만한 공동체의 복을 경험하였다. 내가 만나는 젊은이 리더들과 평신도 지도자들이 복음을 정확하게 깨닫고 그리스도 안에서 풍성함을 누리는 것을 보면서 좋은 복음의 교사를 만나는 것이 얼마나 큰 복인가를 다시금 절실히 깨달았다. 열심히 기도하고, 봉사하고, 전도하고, 순교하는 마음으로 주님 오실 날을 기다리며 헌신하는 것도 중요하지만, 복음을 깊이 깨달을 때에 우리는 더 올바르게 흔들리지 않고 주님을 닮아가게 된다.

8장

어떻게 한 분의 죽음이 많은 사람을 구원할 수 있나요?

롬 5:12~21

이신칭의의 원리

대표자의 원리를 이해하라.

어떻게 예수 그리스도 한 분의 죽으심이 모든 사람의 구원이 될 수 있는가? 이것을 이해하려면 대표자의 원리를 이해해야 한다. 과거 조선시대에는 부모가 양반이면 그 자녀도 양반이다. 부모가 천민이면 자녀도 천민이다. 가정의 대표인 아버지의 신분과 그가 한 일들이 고스란히 자녀들에게 영향을 미친다. 또 한 나라의 대통령의 결정이 모든 국민에게 영향을 미친다. 분명 우리가 아버지에게도, 대통령의 정책 결정에도 동의하지 않았지만 그들이 우리의 대표자이기에 그들의 행동은 나에게 영향을 미치게 된다. 이처럼 이 세상은 대표의 원리 아래에 있다. 그리고 이와 마찬가지로 우리가 동일한 행동을 하지 않았음에도 그가 한 행동이 우리에게 영향을 미친 사람 중의 하나가 바로 아담이다. 인류의 첫 시조인 아담은 하나님께 불순종하는 죄를 지었고, 그에게 사망이 임했다. 그리고 그 이후에 태어나는 사람들은 아담과 동일한 죄를 짓지 않았음에도 불구하고 다 죽는다. 왜 그럴까? 아담이 죄를 지을 때에 모든 사람이 죄를 지은 것이요, 그 결과 사망이 모든 사람에게 이르렀기 때문이다. 12절에 보면 "그러므로 한 사람으로 말미암아 죄가 세상에 들어오고 죄로 말미암아 사망이 들어왔나니 이와 같이 모든 사람이 죄를 지었으므로 사망이 모든 사람에게 이르렀느니라"라고 말씀하고 있다. 인류의 대표자 아담의 범죄가 우리 모두의 범죄가 된 것이요, 아담에게 내려진 사형 선고가 우리를 향한 선고가 된 것이다.

앞서 말한 것처럼 율법이 없으면 죄를 죄로 여기지 않는다. 즉 어떤 사람이 죄를 지어도 그것을 죄라고 규정하는 법이 없으면 그 사람을 처벌할 수 없다. "죄가 율법 있기 전에도 세상에 있었으나 율법이 없었을 때에는 죄를 죄로 여기지 아니하였느니라"(13절). 아담은 분명 선악을 알게 하는 나무를 먹으면 죽는다는 명백한 법을 받았고, 그것을 어겼으므로 사망 선고를 받은 것이다. 하지만 그 이후에 태어나는 사람들에게는 이미 말한 것처럼 율법이 주어지지 않았다. 희미하게나마 양심에 하나님의 법이 새겨졌지만, 결코 그렇게 하면 반드시 죽으리라는 분명한 율법을 주시지는 않은 것이다. 이처럼 아담과는 달리 명백한 율법을 수여받기 전에 살았던 수많은 인류는 도대체 왜 아담과 동일한 사망의 값을 치렀는가? 14절에 "그러나 아담으로부터 모세까지 아담의 범죄와 같은 죄를 짓지 아니한 자들까지도 사망이 왕 노릇 하였나니"라고 말씀하고 있는데, 왜 아담과 같은 죄를 짓지 않은 자들도 죽어야 했는가?

더 쉽게 질문하면 이렇다. 거의 죄를 지을 기회가 없는 어린 아기들은 왜 때때로 영아기에 사망하는가? 어떤 아기는 왜 태어나자마자 죽고 심지어 태중에서부터 죽는가? 그들은 아예 죄를 지을 기회조차 없었는데도 말이다. 그 이유는 바로 인류의 대표인 아담이 범죄할 때에 그들도 함께 범죄하였기 때문이다. 먹으면 반드시 죽으리라고 하신 주님의 경고대로 아담이 사형 선고를 받을 때에 함께 사형 선고를 받았기 때문이다. 일제시대에 대한민국의 후손으로 태어나면 모두가 일제의 식민통치 아래 살아야 했던 것처럼, 아담의 후손으로 태어나는 모든 사람은 죄인으로 그리고 죽어야 하는 운명으로 태어나는 것이다. 이것이 바로 이 세상에 작동되고 있는 대표의 원리이며, 하나님은 아담을 인류의 대표로 창조하셨다. 그래서 에덴동산에서 하나님은 아담을 인류의 대표로서 대하셨다. 따라서 선악과를 통해서 맺으신 행위언약은 인간의 대표인 아담과의 언약이고, 그것을 아담이 어긴 것은 바로 인간의 대표로서 그가 어긴 것이며, 그에게 내려진 선언은 우리 모두에 대한 선언이 되는 것이다. 우리가 에덴동산에 있었다면 우리는 과연 선악과를 먹지 않았을까? 아니다. 아담은 모든 인간의 대표로서 같은 상황에서 우리가 행했을 그대로를 행하도록 완벽하게 창조되었기 때문이다. 그는 우리의 대표다. 그래서 그가 사탄에게 무릎 꿇었을 때에 우리는 모두 사탄의 지배 아래 놓이게 된 것이다. 우리는 이러한 대표의 원리 아래에 살고 있음을 인정하지 않을 수 없다.

반면 예수 그리스도는 누구신가? 성경은 첫 번째 아담을 장차 오실 자인 두 번째 아담의 모형이라고 말한다. 14절 하반절에 "…아담은 오실 자의 모형이라"고 했다. 즉 아담은 예수 그리스도가 어떠한 분이신가를 잘 보여주는 모델이다. 하나님께서 아담을 대표로 세우셨듯이 예수님을 또한 인류의 대표로 세웠다는 것이다. 첫 번째 대표인 아담의 잘못으로 죄에 빠진 모든 인류를 구원하시기 위해서 하나님은 예수님을 제2의 대표로, 제2의 아담으로 보내주신 것이다. 그래서 아담의 행동이 오늘날 모든 인류에게 영향을 미치듯이 예수님 한 분의 행동이 모든 인류에게 영향을 미친다.

그리스도는 생명의 대표자이시다.

하지만 이 둘을 통해서 우리에게 주시는 것은 전혀 다르다. 아담의 범죄는 많은 사람을 정죄하는 심판에 이르게 하였지만, 예수님을 통해서 베푸시는 은사는 오히려 많은 사람들을 의롭다 하심에 이르게한다. 15~16절을 보라. "그러나 이 은사는 그 범죄와 같지 아니하니 곧 한 사람의 범죄를 인하여 많은 사람이 죽었은즉 더욱 하나님의 은혜와 또한 한 사람 예수 그리스도의 은혜로 말미암은 선물은 많은 사람에게 넘쳤느니라 또 이 선물은 범죄한 한 사람으로 말미암은 것과 같지 아니하니 심판은 한 사람으로 말미암아 정죄에 이르렀으나 은사는 많은 범죄로 말미암아 의롭다 하심에 이름이니라".

아담의 영향은 육체로 태어나는 모든 인류에게 미치는 것이고, 예수님의 영향은 우리가 그분을 믿음으로 영적으로 출생할 때에 전수된다. 그래서 17절은 "한 사람의 범죄로 말미암아 사망이 그 한 사람을 통하여 왕 노릇 하였은즉 더욱 은혜와 의의 선물을 넘치게 받는 자들은 한 분 예수 그리스도를 통하여 생명 안에서 왕 노릇 하리로다"라고 말씀한다. 즉 아담의 범죄는 이 세상에서 사망이 왕 노릇 하게 하였고, 예수님은 그를 믿는 사람들에게 생명이 왕 노릇하게 하셨다.

예수님은 아담과는 다르게 평생을 순종하셨다. 그 순종함으로 완벽하게 율법을 이루셨다. 그리고 자신의 죄 없는 생명을 인간을 위한 대속물로 내어 주셨다. 그리고 부활하셔서 생명을 얻으셨다. 이렇게 예수님이 하나님 앞에서 행하신 모든 행동은 바로 우리의 대표로서 행하신 것이다. 우리의 대표로서 율법이 요구하는 모든 것을 이루신 것이고 우리의 대표로서 우리 위해 죽으시고 죗값을 치른 것이며, 우리의 대표로서 부활하시어 생명을 얻으신 것이다. 그러므로 대표이신 예수님이 행하신 모든 일은 이제 그분을 믿는 모든 사람에게 영향을 미친다. 그분이 행한 것이 다 우리가 행한 것이고 그분이 얻은 것이 다 우리의 것이 된다는 것이다. 예수님이 율법을 다 지키신 것이 우리의 의가 된다. 예수님이 모든 죗값을 치르셨기에 우리는 무죄의 선언을 받는다. 예수님이 얻으신 생명이 곧 우리의 생명이 된다. 바울도 18절에서 "그런즉 한 범죄로 많은 사람이 정죄에 이른 것같이 한 의로운 행위로 말미암아 많은 사람이 의롭다 하심을 받아 생명에 이르렀느니라"라고 설명한다.

최초로 남극 탐험에 성공한 사람은 노르웨이인 아문센이었다. 그런데 아문센과 같은 시기에 남극 탐험에 도전했다가 실패한 사람이 있는데 바로 스콧이란 영국 사람이다. 이 둘은 남극 탐험에 앞서 준비가 달랐다. 아문센은 최적의 장비에 관심이 많아서 수개월 동안 에스키모인에 대해 연구한 끝에 그들의 개 썰매와 털옷이 가장 좋다는 것을 확신하고 그것을 준비하였다. 이뿐 아니었다. 최소한 세 번 이상 신발을 손보게 하는 등 철저한 준비에 전념했고, 남극의 베이스 캠프는 목재를 사용해 조립식으로 만들어 외풍이 들지 않게 했으며, 식량은 나중을 위해 여유롭게 비축했고, 저장고의 깃발은 색을 달리하여 눈이 덮여도 쉽게 알아볼 수 있도록 했다. 또 대원들의 사기 진작을 위해서 정기휴일을 정했고, 매일 도달해야 하는 거리를 정확하게 측정해 대원들의 체력 안배에도 신경을 썼다. 이러한 아문센의 치밀함이 결국 1911년 12월 14일 남극에 도달해 노르웨이 깃발을 꽂게 만들었다.

반면 스콧은 남극으로 가는 여정을 사진에 담고 싶어 했다. 그의 관심은 남극 탐험에 대한 기념물을 남기는 데 있었다. 하지만 사진사를 데려갈 수 없었기에 스스로 사진 기술을 익히는 데 시간을 보냈다. 그는 에스키모인 옷 대신에 극지방의 찬바람을 스코틀랜드산 양모로 막으려 했고 고향에서 입는 옷가지를 가져왔다. 결국 대원들은 첫날부터 고스란히 추위에 떨어야 했다. 이뿐만이 아니라 이동 수단으로 개 썰매가 아닌 시베리아산 말과 세 대의 모터 썰매를 의지했는데, 말은 강추위를 견디지 못해 차례로 죽어갔으며, 모터 썰매 역시 영하 50도의 기온을 견디지 못해 고장이 나서 결국 버려야 했다. 또 남극으로 갈 인원을 출발 직전에 한 명 더 늘리는 바람에 식량이 모자라기도 했고, 돌아오는 길을 위해서 꽂아둔 식량 저장고 표시가 보이지 않아 한참을 걸려 찾아냈지만 식량의 보존 상태는 엉망이었다. 연료도 부족했고, 이동 수단의 부실로 남극을 연구한다고 자료로 채취한 광물 16킬로를 대원들이 직접 지고 가게야 했다. 이런 무모한 도전 끝에 결국 스콧과 대원들은 한 명도 살아 돌아오지 못하고 1912년 1월 구조대에 의해서 시체로 발견되었다. 그리고 그 옆에는 꼼꼼히 쓰여진 일기만이 남아 있었다.

아문센은 남극 탐험에 성공했을 뿐 아니라 자신에게 속한 모든 사람을 살렸다. 그러나 스콧은 자신은 물론 자신에게 속한 전원을 사망으로 이끌었다. 한 사람의 리더가 그에게 속한 사람들의 운명을 결정했다. 이것은 단순한 문제가 아니고 생과 사가 갈린 일이 되었다. 이처럼 아담은 모든 인류를 사망으로 이끌었고, 예수 그리스도는 주님께 나오는 자들을 생명으로 이끌어주신 것이다. 19절에 "한 사람이 순종하지 아니함으로 많은 사람이 죄인 된 것같이 한 사람이 순종하심으로 많은 사람이 의인이 되리라" 하였고 21절에 "이는 죄가 사망 안에서 왕 노릇 한 것같이 은혜도 또한 의로 말미암아 왕 노릇하여 우리 주 예수 그리스도로 말미암아 영생에 이르게 하려 함이라"라고 하였다. 이것이 이신칭의의 축복이다. 한 분 예수 그리스도의 죽음으로 우리 모두가 의롭다 함을 얻게 된 것이다.

이신칭의의 복음의 정리

로마서 1장에서부터 3장까지의 말씀은 우상을 숭배하며 제 정욕대로 살아가는 자나 도덕주의자 또는 종교주의자처럼 양심적으로 혹은 율법적으로 민감한 사람들조차도 사실은 그들이 말하는 대로 행하지 못하는 자들이며 그들의 실상은 전부 죄악이기에 모두가 다 죄인이라고 선언하였다. 어떤 누구도 자신의 선함, 도덕, 자신의 힘을 가지고 하나님의 심판을 면할 수는 없으며, 행위로는 누구든지 율법을 지키지 못하기에 구원을 얻지 못한다. 그래서 하나님은 율법 외의 한 길을 주셨고 그것은 바로 예수 그리스도를 믿음으로 의롭다 함을 얻는 길이다. 그리스도께서 우리의 죗값을 치러주시고 화목제물이 되셔서 이제 우리가 믿기만 하면 의롭게 되는 것이다. 이렇게 믿음으로 의롭게 되는 길은 구약의 아브라함을 통해서 볼 수 있다. 그가 믿은 하나님은 경건치 않은 자를 의롭다 하시는 분이다. 아브라함의 하나님은 약속하신 그 자손 즉 그리스도 안에서 아브라함의 모든 경건치 않음을 덮어주시고 그를 의롭다 하시는 하나님이셨다. 그것은 다윗도 마찬가지이다. 성경이 말하는 하나님은 이와 같이 이신칭의의 하나님이요, 우리가 구원받는 길은 바로 오직 믿음이다. 이렇게 믿음으로 의롭다 하심을 받은 자는 하나님과 화평을 누리게 되며 더 이상 하나님이 무섭지 않다. 그리고 이제 은혜 안으로 들어가며 기도의 하늘 문이 열린다. 하나님을 은혜의 하나님으로 고백하며 즐거워하고 하늘의 기쁨을 얻는다. 고난 중에서조차 즐거워한다. 왜냐하면 의롭다 하심을 얻은 자들은 고난 속에서 그리스도의 형상으로 변해가고 연단되기 때문이다. 그러므로 하늘소망으로 즐거워하게 되며 구원의 확신을 가지게 되는 것이다. 이것이 바로 이신칭의의 사람들의 삶이다. 그러면 어떻게 그리스도 한 분이 모든 사람의 대속자가 되는 것일까? 아담처럼 예수님은 인류의 대표자로 세움을 받으셨다. 그러므로 우리가 출생할 때에 아담과 연합하여 그가 한 모든 행동이 우리의 행동이 되는 것처럼, 예수를 믿을 때 우리는 우리의 대표자인 예수와 연합하게 되어 예수님이 하신 모든 것은 곧 우리가 하는 것이 된다. 그러므로 누구든지 예수 그리스도를 믿으면 대표자이신 예수님이 행하신 순종과 그 십자가로 말미암아 의롭다 하심을 얻는 것이다.

거듭났어도 우리에게는 예수 그리스도가 필요하다.
율법에서 우리를 자유케 하신 이유는 그리스도에게로 가게 하기 위한 것이다.
그래서 우리는 율법에게로 돌아갈 것이 아니라 예수 그리스도에게로 시집가야 한다.
그래야만 열매를 맺는다.

3부

믿음으로만 열매를 맺는다

(롬 6:1~8:16)

9장

믿기만 하면
내 맘대로 살아도 된다는 건가요?

롬 6:1~23

여기까지 이신칭의의 복음을 듣다 보면 한 가지 질문이 떠오른다. 그것은 바로 '믿기만 하면 내 맘대로 살아도 구원받는다는 말인가?' 라는 의문이다. 복음은 우리의 행위가 아니라 오직 그리스도께서 행하신 일을 믿음으로 구원받는다는 소식이다. 우리는 행위나 도덕이 아닌 전적인 은혜로 말미암아 오직 믿음으로 의롭게 된다. 이러한 이신칭의의 은혜에 대해서 성경은 "죄가 더한 곳에 은혜가 더욱 넘쳤나니"(롬 5:20 하)라고 말한다. 좀도둑이 용서받는 것보다 살인범이 용서받는 것에 더 은혜가 넘친다. 죄가 클수록 은혜는 더욱 크고 깊은 것이다. 그래서 주님 앞에 나아와 큰 죄를 용서받은 사람일수록 주님을 더 사랑하고 더 헌신한다(눅 7:47). 예수를 따르던 많은 사람들이 이러한 큰 은혜를 받은 사람들이었다. 그러다보니 더 큰 죄를 지으면 하나님의 은혜가 더 풍성해지지 않겠느냐는 역설의 반문이 떠오르게 된다. 실제로 초대교회에 이러한 논리로 자신의 죄를 변명하며 정욕대로 살아가려는 사람들이 있었던 것 같다. 이에 대해 바울은 6장 1절에서 "그런즉 우리가 무슨 말을 하리요 은혜를 더하게 하려고 죄에 거하겠느냐"라고 말한다.

이신칭의의 복음은 실제로 우리에게 죄에 대해서 쉽게 생각할 수 있는 여지를 주는 것처럼 보인다. 지금까지의 논리로는 '죄를 지어도 다 용서하신다고 했으니 이번 한 번만 더 죄를 짓자. 괜찮을 거야' 하는 유혹이 슬그머니 들어올 때 대처하기 어렵다. 처음 은혜 받을 때에는 감격해서 회개하고 주를 위해서 살겠다고 하지만, 은혜가 떨어지고 죄의 유혹에 맞닥뜨리면 이러한 속삭임이 다가온다. 부흥회가 끝나고 점점 성령 충만이 식어지면 '그래, 어떤 죄를 지어도 용서해 주신다고 했으니 눈 한 번 딱 감고 저지른 후에 회개하면 되지 뭐'라는 생각에 굴복하기 쉽다. 그러고는 교회에 와서 '주여, 용서해 주옵소서!'라고 고백하고 자신은 용서받았다며 가볍게 털고 일어나길 반복한다. 다른 사람에게 심각한 상처와 피해를 주고도 아무런 사과나 책임 없이 그저 하나님께 자백하고는 '나는 용서받았습니다'라는 확신에 차 있는 경우도 많다.

    이창동 감독의 〈밀양〉(2007년)이라는 영화를 보면, 아이를 유괴하여 살인한 살인범이 잡혔다. 그래서 아이를 잃은 어머니가 감옥에 수감된 그 살인범을 면회하러 갔는데, 제대로 사과 한 번 하지 않은 살인범이 자신은 감옥에서 예수를 믿고 예수님으로부터 용서받았다고 하는 것이 아닌가. 죄 사함 받았다고 하면서 그 얼굴이 달덩이처럼 훤하다. 과연 이신칭의의 복음이 그런 것일까? 자신이 지은 죄의 책임을 이렇게 가볍게 털어버리게 만드는 교리일까? 그래서 무슨 죄를 지어도 용서해 주니까 우리로 하여금 쉽게 죄를 짓도록 만드는 교리일까? 과연 믿기만 하면 내 맘대로 살아도 되는 것인가라는 질문에 대해 성경은 무엇이라고 대답하는가?

내 맘대로 살 수 없는 이유

믿을 때 죄의 지배에서 벗어났기 때문이다.
    성경은 당연히 그럴 수 없다고 대답한다. 그 이유는 우리가 죄에 대해서 죽었기 때문이다. 2절을 보라. "그럴 수 없느니라 죄에 대하여 죽은 우리가 어찌 그 가운데 더 살리요". 죄에 대해서 죽었다는 것은 더 이상 죄에 대해서 죽은 시체처럼 어떤 반응도 할 수 없는 그런 존재가 되었다는 말이 아니다. 예수를 믿으면 죄가 나를 쿡쿡 찔러도 죄에 반응하지 않는 시체 같은 사람이 되었다는 말이 아니다. 예수님을 믿는 순간 우리가 죄에 대해 시체처럼 무덤덤해질 수만 있다면 얼마나 좋을까. 하지만 그렇지 않다.

죄에 대해서 죽었다는 것은 죄의 지배 아래서 죽었다는 말이다. 이것은 먼저 우리가 죄의 지배 아래 있음을 전제한다. 이미 앞에서 죄가 왕 노릇 한다고 언급한 것처럼 우리는 죄의 통치 아래 있었음을 기억해야 한다. 5장 21절 상반절에 "이는 죄가 사망 안에서 왕 노릇 한 것같이"의 말씀처럼 사람들은 죄를 왕으로 모시고 죄의 백성으로서 그 통치 아래 살고 있는 것이다. 이것은 자기 정욕대로 사는 사람이나 도덕적으로 사는 사람이나 율법적인 종교인이나 예외가 없다. 겉모습이 어떠하든 실제로는 죄의 권세 아래에서 죄가 왕이 되어 그 통치 안에서 살아간다. 그러므로 아무리 그럴듯한 사상을 가지고 깨달음을 이야기한다고 해도 실제적인 삶에서는 죄를 지을 수밖에 없는 것이 인간이다. 죄가 왕인 것이다. 그런데 죄에 대해서 죽었다는 말은 바로 그러한 죄의 지배 아래에서 벗어났다는 것이다.

당신이 아주 못된 사장 밑에서 일하고 있다고 생각해보자. 월급도 짜게 주면서 일만 많이 시키고 못살게 괴롭힌다. 그러던 어느 날 더 좋은 회사에서 스카우트 제의가 들어와 다니던 회사에 사표를 내고 그 회사로 이직을 했다. 그런데 다음 날 이전 회사의 사장이 전화를 해서 이래라 저래라 일을 시킨다면 당신은 그 말을 들을 필요가 없다. 이제 더 이상 그 회사 직원이 아니기 때문이다. 마찬가지로 이전의 우리는 '죄' 회사의 직원이었다. 그런데 이제 은혜가 왕 노릇 하는 '은혜' 회사에 입사한 것이다. 그러므로 더 이상 죄 사장이 유혹하고 설득하고 혹은 고함을 쳐도 그의 말을 들을 필요가 없는 존재가 된 것이다. 이러한 일이 예수님을 믿을 때에 일어난 것이다. 그러면 도대체 우리가 믿을 때에 무슨 일이 일어났기에 죄의 지배 아래서 벗어나게 된 것일까?

믿을 때 그리스도와 연합했기 때문이다.

믿을 때 우리가 그리스도와 연합하는 신비스러운 일이 일어났다. 우리는 예수님을 믿을 때에 물세례를 받는다. 이 물세례는 우리가 이미 성령으로 세례를 받았다는 증표이다. 물세례를 받는 것은 우리가 예수님을 믿을 때 우리 안에 내주하시는 성령으로 말미암아 일어난 일을 상징적으로 표현해주는 것이다. 그렇다면 성령님은 우리 안에서 무슨 일을 하실까? 바로 우리를 그리스도의 십자가와 연합시켜 주신다.

일차적으로 그리스도의 죽으심과 연합시켜 주신다. 3절에 보면 "무릇 그리스도 예수와 합하여 세례를 받은 우리는 그의 죽으심과 합하여 세례를 받은 줄을 알지 못하느냐"라고 말씀하고 있다. 성령님은 우리가 예수님을 믿을 때에 우리를 이천 년 전 골고다 언덕으로 데려가신다. 그래서 예수님이 십자가에 못 박히실 때에 우리도 그분과 연합하여 우리를 함께 못 박으신다. 우리가 믿을 때에 그리스도의 죽음과의 연합이 실제적으로 일어나는 것이다. 단지 십자가에서 죽는 것만이 아니라 그분과 함께 무덤에 장사된 것이다. 그래서 4절은 "그러므로 우리가 그의 죽으심과 합하여 세례를 받음으로 그와 함께 장사되었나니"라고 말씀한다. 오늘날 장사를 지내려면 의사의 사망진단서가 있어야 한다. 그가 확실히 죽었다는 증명이 필요한 것이다. 이처럼 우리가 믿을 때에 그리스도의 죽으심과 연합해서 확실하게 죽는 일이 일어난 것이다.

그 다음에 성령님은 우리를 그리스도의 부활에 연합시켜 주신다. 그래서 성령님은 그리스도를 죽은 자 가운데서 살리신 것처럼 그분과 함께 우리를 살리셔서 새로운 생명을 주신다. "이는 아버지의 영광으로 말미암아 그리스도를 죽은 자 가운데서 살리심과 같이 우리도 또한 새 생명 가운데서 행하게 하려 함이라"(4절). 성령님은 우리를 그리스도와 함께 십자가에 못 박아 장사지내시고, 동시에 우리를 그분과 함께 부활시키신다. 일차적으로는 그분의 부활과 연합하여 우리가 영적으로 새 생명을 얻었으나 장차 그리스도의 부활과 같은 모양으로 우리도 육체적으로 부활하는 일에도 연합하게 된다. "만일 우리가 그의 죽으심과 같은 모양으로 연합한 자가 되었으면 또한 그의 부활과 같은 모양으로 연합한 자도 되리라"(5절). 즉 우리는 성령 안에서 그리스도의 죽으심과 연합하여 함께 죽은 것이고, 그분의 부활과 연합하여 함께 살리심을 받은 것이다. 이러한 그리스도와의 연합이 실제로 우리가 믿을 때에 일어난다. 우리로 의롭다 칭함받게 하는 그 믿음은 바로 우리를 그리스도와 연합시키는 믿음인 것이다. 이러한 그리스도와의 연합이 왜 중요한가? 이 연합이 가져온 우리의 존재와 신분을 기억할 때에 이신칭의의 교리가 죄를 짓게 만든다는 논리가 얼마나 말도 안 되는 주장인가를 알게 된다.

그리스도의 죽으심과 연합하여 옛사람이 죽었기 때문이다.
그분의 죽으심과 연합하여 우리가 죽었다고 말하는데 과연 우리의 무엇이 죽은 것일까? 지금 우리는 이렇게 멀쩡히 살아 있는데 도대체 우리 안의 무엇이 죽은 것인가? 6절에 "우리가 알거니와 우리의 옛사람이 예수와 함께 십자가에 못 박힌 것은"이라고 하였다. 바로 우리의 옛사람이 못 박혀 죽은 것이다. 옛사람은 누구를 말하는 것일까? 하나님을 싫어하고 내 맘대로 살겠다는 '죄된 자아'를 말한다. 앞서 우리는 인간이 하나님께 등을 돌리고 자신이 주인이라고 선언하여 제 정욕대로 살아감으로 불경건과 불의의 죄악에 빠져 죄의 종이 된 것을 살펴보았다. 이처럼 옛사람은 내 맘대로 살겠다고 하나님을 떠나서 결국 죄의 노예로 살아가는 자아이다. 그러므로 옛사람은 정욕의 노예요, 죄의 노예요, 사탄의 노예인 존재이다. 인간은 스스로 자신이 우주의 중심이라고 선포하고 내 인생은 내 것이라고 주장하지만, 결과적으로 그는 정욕과 세상과 죄와 사탄의 노예로 전락되어 버렸다는 것이 성경의 선언이다.

"그때에 너희는 그 가운데서 행하여 이 세상 풍조를 따르고 공중의 권세 잡은 자를 따랐으니 곧 지금 불순종의 아들들 가운데서 역사하는 영이라 전에는 우리도 다 그 가운데서 우리 육체의 욕심을 따라 지내며 육체와 마음의 원하는 것을 하여 다른 이들과 같이 본질상 진노의 자녀이었더니"(엡 2:2~3)

그런데 우리가 예수님을 믿을 때에 내 맘대로 살겠다는 이 옛사람이 십자가에 못 박혀 죽은 것이다. 우리가 그를 옛사람이라고 하는 것은 바로 고인(故人)이라는 의미다. 지금은 이미 죽은 옛사람이기에 우리의 죄된 자아를 옛사람이라고 칭하는 것이다. 그 자아가 십자가에서 죽었기 때문이다.

옛사람이 죽음으로 죄의 몸이 죽었기 때문이다.

이렇게 정욕대로 살면서 죄의 지배 아래 있던 옛사람이 죽으면 우리 안에 어떤 일이 일어나는 것일까? 이에 대해 6절은 "우리가 알거니와 우리의 옛사람이 예수와 함께 십자가에 못 박힌 것은 죄의 몸이 죽어 다시는 우리가 죄에게 종 노릇 하지 아니하려 함이니"라고 말씀한다. 죄의 몸이 죽어서 우리는 죄에게 종 노릇 하지 않게 되었다. 여기서 죄의 몸은 죄에 종 노릇 하는 몸이다. 죄의 종인 우리의 옛사람이 이 몸의 주인이 되어 죄를 위해 쓰임받던 몸 곧 죄의 몸이 된 것이다. 우리의 몸 자체는 악한 것이 아니다. 이 몸은 그 몸을 사용하는 주인이 악하면 악한 몸이 되고 선하면 선한 몸이 된다.

「알라딘의 요술램프」를 보면 램프 주인이 램프를 비빌 때 거인 지니가 나와서 "주인님, 무엇을 도와드릴까요?"라고 말한다. 이때 그 램프의 주인이 악당이면 주인이 시키는 대로 해야 하는 지니는 악당 거인이 되고, 램프의 주인이 선하면 지니는 선한 거인이 된다. 우리의 몸이 이와 같다. 그러므로 악당 지니를 없애려면 그 램프의 주인을 바꿔야 한다. 램프의 악한 주인이 죽고 선한 주인이 그것을 소유하면 악당 지니는 죽고 선한 지니는 살아나는 것이다. 그러면 우리는 어떻게 악당 지니처럼 죄를 짓는 죄의 몸을 죽일까? 그것은 바로 이 몸의 주인인 죄된 자아, 곧 죄의 노예인 옛사람을 죽이면 된다. 그러면 결과적으로 죄의 몸이 죽게 되는 것이다. 더 이상 우리의 몸은 옛사람의 명령을 따를 필요가 없다. 지니가 선한 주인의 명령을 따르듯이 이제 우리의 몸은 새 주인의 명령만 따르면 되는 것이다. 하나님은 우리의 옛사람을 십자가에 못 박음으로써 죄의 몸을 죽이셨다. 이것을 죄의 입장에서 보면 자신을 따르던 백성인 옛사람이 죽은 것이다.

예를 들어서 감옥에는 죄수들을 감시하고 노동을 시키는 간수가 있다. 간수는 매일 죄수들의 점호를 부르고 그들을 통제한다. 그런데 어느 날 한 죄수가 사형집행을 받아 세상을 떠나게 되었다. 그렇다면 그 다음 날부터 간수는 더 이상 그의 이름을 점호시간에 부르지 않을 것이다. 이렇게 죽은 죄수가 간수에게서 자유로워지듯이 죄의 노예였던 우리의 옛사람이 십자가에서 죽었으므로 우리는 죄의 지배에서 벗어나는 것이다. 그래서 7절에 "이는 죽은 자가 죄에서 벗어나 의롭다 하심을 얻었음이라"라고 말씀한다. 우리는 이처럼 옛사람이 죽음으로 죄의 지배에서 벗어난 사람들이다. 그리고 새 생명을 얻음으로 의롭다 하심을 받은 존재인 것이다. 그러므로 이제 죄가 우리를 명령할 수 없고 지배할 수 없다. 죄의 노예인 옛사람은 죽었고, 우리는 더 이상 죄의 통제에 따르지 않으며, 새 주인을 모시게 되었기 때문이다. 그러므로 당연히 주인이 바뀐 우리의 몸은 이제 죄의 소유가 아닌 것이다. 이제 죄를 짓던 몸은 죽은 것이다. 그러므로 이 몸을 변화시키는 것은 우리의 옛사람이 아니라 새 사람이 장성해가는 데 달린 것이지 이 몸을 죄된 것으로 간주하여 고행하고 금욕함으로 되는 것이 아니다.

사막의 수도자들의 이야기를 보라. 이집트의 기둥 성자로 불리는 시므온 스틸리테스는 30년 동안 18미터 높이의 기둥 위에서 살았다. 떨어지지 않기 위해서 기둥에 자신을 묶었는데, 밧줄이 그의 살을 파고들어 그 주위가 썩어 악취가 나고 구더기가 우글거렸다. 시므온은 상처 부위에서 떨어진 구더기들을 주워 상처 위에 다시 놓으며 "하나님께서 네게 주신 것을 먹으라"고 벌레들에게 말했다고 한다. 이런 행위들은 잘못된 것이다. 만일 우리의 옛사람을 벗어버리는 것이 이 육체를 벗는 것이라면 차라리 빨리 생명을 끊는 것이 낫지 않겠는가. 우리로 하여금 죄를 짓게 하는 것은 옛사람의 습성이지 몸 자체가 아니다. 금욕과 고행으로 경건이 완성되는 것이 아니다.

그리스도의 부활과 연합하여 새 생명을 얻었기 때문이다.

이미 살펴본 것처럼 우리는 그리스도의 죽으심과 연합함으로 옛사람이 죽지만 거기에서 끝나지 않는다. 우리는 동시에 그분의 살아나심과 연합하여 새 생명을 얻어 몸으로 부활하신 그리스도처럼 마침내 부활할 것이다. 그리하여 부활하셔서 지금도 살아 계시는 그리스도처럼 우리도 죽지 않고 영원히 살게 될 것이다. 물론 이미 새 생명을 얻었지만 우리는 장차 부활하여 영생을 누리게 될 것이다. "만일 우리가 그리스도와 함께 죽었으면 또한 그와 함께 살 줄을 믿노니 이는 그리스도께서 죽은 자 가운데서 살아나셨으매 다시 죽지 아니하시고 사망이 다시 그를 주장하지 못할 줄을 앎이로라"(8~9절).

우리는 부활하신 그리스도와 연합하여 이미 새 생명을 얻었다. 이 생명은 부활하신 예수님의 생명처럼 다시 죽지 않고 영원히 사는 생명이다. 부활하신 그리스도는 다시 죽지 않으셨다. 살아났지만 다시 죽은 나사로와는 차원이 다르다. 그리스도는 부활하셔서 지금까지 살아 계신다. 사망이 주관치 못하는 영원한 생명을 얻으셨다. 이 생명을 사망이 다시 주관하지 않는다는 것은 결코 죄에 오염되거나 죄에 의해서 정죄받지 않는다는 것이다. 이 생명은 의로운 생명, 거룩한 생명이요 완전하고도 영광스러운 생명이라는 것이다. 이것이 그리스도의 부활과 연합하여 우리가 얻은 새 생명의 특징이다. 이 생명을 우리가 소유하게 되었다. 이 생명은 장차 우리의 몸이 부활하여 영원히 살아갈 생명이다.

그러므로 우리는 그리스도의 죽음, 부활과 연합하여 새로운 존재가 되었다. 죽으심과 연합하여 옛사람은 죽고, 다시 사심과 연합하여 새사람이 된 것이다. 즉 중생한 것이며 새로운 창조가 일어난 것이다. 신의 성품에 참여하여 결국 그리스도처럼 될 생명을 받은 것이다. 그래서 이 땅에서 점점 거룩하게 성장해가는 생명을 얻은 것이다. 바로 이것이 이신칭의의 이면이다. 이렇게 새로운 존재가 되었는데, 그 사람이 우리의 몸을 과거처럼 죄의 몸으로 사용하는 것이 가능할까? 머리로만 원리를 이해하고 이 귀한 진리를 악용하는 사람은 사실 이 생명의 변화를 경험하지 못한 사람이다. 하나님의 거룩한 생명으로 날마다 살아가는 사람은 죄를 미워하고 거룩을 사모한다. 돼지는 아무리 깨끗이 씻겨도 더러운 곳에 다시 눕고 개는 토한 것을 다시 먹는다. 이처럼 잠시 교화되거나 잠시 각성한 사람은 결국 다시 자신의 원래의 모습으로 되돌아간다. 하지만 믿음의 사람은 새로운 존재로 변화되었다. 새로운 총명과 새로운 성향의 사람으로 바뀐 것이다. 전에는 죄 짓는 것이 좋았지만, 이제는 그것을 싫어한다. 하나님이 좋아하시는 것을 좋아하고 하나님이 싫어하시는 것을 싫어한다. 거룩을 사모하고 진리를 사모한다. 이렇게 존재론적으로 변화되어 새사람이 된 것이다. 그런데 이러한 사람이 하나님이 우리를 용서하시는 은혜를 베풀었다고 그것을 육체의 기회로 삼아서 죄를 지으려고 하겠는가? 존재론적으로 불가능하다. 논리적으로도 말이 안 된다.

그리스도의 부활과 연합하여 새로운 소속이 되었기 때문이다.
예수님은 부활하셔서 하나님께로 가셨다. 하나님이 통치하시는 그분의 나라로 가신 것이다. 그러므로 예수님의 죽으심은 죄의 통치에서 벗어나는 죽으심이요, 그분이 부활하셔서 살아 계시는 것은 지금 하나님의 통치 아래서 살아 계신 것이다. 바울도 10절에서 "그가 죽으심은 죄에 대하여 단번에 죽으심이요 그가 살아 계심은 하나님께 대하여 살아 계심이니"라고 말하고 있다. 그러면 그분과 연합한 우리의 소속은 어디인가? 이제 우리 역시 더 이상 죄의 지배 아래 있지 않고 하나님의 지배 아래 있는 것이다. 이것은 우리에게 두 가지 의미를 알려준다.

첫째는 우리가 새로운 소속에 속해 있다는 사실이다. 즉 하나님이 통치하시는 나라의 소속이 되었다는 뜻이다. 에베소서 2장 5~6절에 보면 "허물로 죽은 우리를 그리스도와 함께 살리셨고 또 함께 일으키사 그리스도 예수 안에서 함께 하늘에 앉히시니"라고 말씀하고 있다. 우리는 하늘의 시민권을 가진 것이다.

〈쇼생크 탈출〉이란 영화를 감동적으로 본 적이 있다. 쇼생크는 사형 장기수를 감금한 악명 높은 교도소이다. 억울한 살인 누명을 쓰고 감옥에 들어온 주인공 앤디는 작은 망치 하나로 비밀리에 굴을 파기 시작한다. 그리고 감옥 소장을 도우면서 자기의 새로운 이름과 통장, 돈을 준비한다. 아주 오랜 시간 노력한 끝에 감옥 밖으로 향하는 터널을 만드는 데 성공한 그는 결국 쇼생크 감옥을 탈출하여 자신이 만들어놓은 새로운 이름과 존재로 탈바꿈하고, 소장이 비리를 저질러 모아놓은 돈을 다 찾아가지고 멀리 사라져서 새로운 삶을 출발한다. 큰 틀로 볼 때 바로 이러한 영화 같은 일이 우리에게 일어난 것이다. 우리가 살아가는 세상은 바로 쇼생크 감옥과 같은 곳이다. 종신형 사형수들의 감옥이어서 아무도 벗어날 수 없다. 그런데 예수님이 쇼생크의 감옥 같은 이 세상에 오셔서 십자가의 죽음과 부활로 터널을 뚫어놓으신 것이다. 죄가 지배하여 사형 선고를 받고 복역하는 세상에서 영원한 생명의 나라인 하나님의 나라로 터널을 뚫어놓으신 것이다. 그 터널이 바로 예수 그리스도이시다. 그분이 곧 길이요 진리요 생명이시다.

바로 그 주님과 우리가 연합되자 위치 이동, 소속의 변화가 일어났다. 바울은 "그가 우리를 흑암의 권세에서 건져내사 그의 사랑의 아들의 나라로 옮기셨으니"(골 1:13)라고 말한다. 즉 우리의 소속이 죄 나라에서 하나님 나라로 옮겨졌고 이 땅에 살지만 하늘나라 시민권자가 된 것이다(빌 3:20). 이것을 아는 것이 정말 중요하다. 그래야 우리가 우리의 소속에 맞게 살아갈 수 있기 때문이다.

군대를 제대한 남자들에게 벌어지는 다음과 같은 경험을 나도 갖고 있다. 군에서 제대한 이후에 한동안 다시 입대하는 꿈을 자주 꾸는 것이다. 다시 입대한 내 자신을 바라보면서 꿈속에서 너무나 황망해하며 다시 군 상사들의 지시 아래서 고생하는 내 처지를 한탄스러워하던 생각이 난다. 비록 꿈이지만 만약 내 자신이 제대한 사실을 모르고 내 소속이 바뀐 것을 모르면, 정말 다시 군인이 된 줄 알고 이렇게 황당해하는 일이 일어나게 된다. 이처럼 그리스도 안에서 우리의 소속이 바뀐 것을 모르면 우리는 바보같이 죄의 종 노릇을 하며 살게 된다. 따라서 우리에게 일어난 영적 변화를 우리는 분명히 알아야 한다.

둘째로 이것은 소속만이 아니라 우리의 주인이 바뀌었음을 알려준다. 우리는 더 이상 죄의 종이 아니고 하나님의 종인 것이다. 여기서 우리가 십자가의 중요한 의미를 이해해야 한다. 우리는 예수님의 십자가를 두 가지 측면에서 바라보아야 한다. 첫째로 그리스도의 십자가는 나를 위해서 죽으신 십자가이다. 이것은 내가 믿어야 하는 십자가다. 나를 위해서 십자가에 달리신 그리스도는 나의 구세주이시며 그 피를 믿음으로 우리는 의롭다 함을 얻었다. 그러나 둘째로 그리스도의 십자가는 또한 내가 죽은 십자가이다. 즉 내 인생은 내 것이라고 주장하는 나의 옛사람이 죽은 십자가이다. 그러므로 십자가에서 나의 소유권이 못 박힌 것이다. 이제 나는 죽고 내 안에 주님이 사시는 존재가 되었다. 더 이상 나의 주인은 내가 아니고 그리스도이시며 하나님이시다. 그러므로 이제 나는 하나님의 종인 것이다. 예수를 믿고 신학교에 가면 하나님의 종이 되는 것이 아니라 누구든지 믿는 순간 하나님의 종이 되는 것이다. 구원받는 참 믿음은 그리스도가 나의 구세주이시며 동시에 나의 주인이심을 인정하는 믿음이다. 그분이 나를 위해서 돌아가신 구세주이신 것은 믿는데, 나의 주인이심을 믿지 못하고 내가 종임을 인정하지 못한다면 그 믿음은 구원받는 믿음이 아니다. 그리스도인은 누구인가? 하나님의 소유가 된 사람이다. 이제는 내가 사는 것이 아니요 내 안에 그리스도가 사시는 사람이다. 그리스도의 부활과 연합하여 하나님께 대하여 살아난 하나님의 종이다. 나를 위해서 사는 사람이 아니라 주를 위해서 사는 사람이다. 이것이 우리의 신분인 것이다.

이처럼 그리스도와의 연합을 통해서 우리에게는 '신분의 변화'와 '소속의 변화'라는 두 가지 사건이 일어났다. 새 생명을 얻어 하나님의 자녀라는 새로운 존재가 되었고, 하나님 나라의 새로운 소속으로 새로운 주인을 섬기는 하나님의 종이 된 것이다.

아주 오래전에 상영된 줄리아 로버츠의 주연작 〈적과의 동침〉이란 영화가 있다. 줄리아 로버츠는 부자에다 미남인 남자와 결혼을 하였다. 하지만 그 남자는 극도의 결벽증이 있어 먼지 하나 없어야 하고 흐트러진 것이 없어야 한다. 게다가 그는 의처증까지 있어서 아내를 의심하여 일거수일투족을 감시하고 구타하기를 일삼는다. 그런 남편과의 삶은 하루하루가 지옥이고 숨이 막힌다. 그래서 여인은 남편에게서 벗어나기 위한 묘책을 세우고 남편 몰래 매일 수영을 배우러 다닌다. 급기야 선수급의 수영 실력을 갖추게 된 그녀는 풍랑이 이는 어느 날 밤에 남편과 요트를 타고 바다에 나가 실족한 것처럼 미끄러져 실종된다. 남편은 결국 아내가 익사한 것으로 결론 내리고 장례까지 치른다. 그리고 이 여인은 낯선 지방에서 이름을 바꾸고 사랑하는 사람을 만나 새로운 생활을 시작한다. 이 여인은 남편의 입장에서 보면 죽었다. 그리하여 그 남편에게서 벗어난 것이다. 그리고 그녀는 결국 살아나서 새로운 존재로 새로운 곳에서의 삶을 얻은 것이다.

이 이야기는 우리에게 일어난 일을 아주 정확하게 설명해준다. 그리스도 안에서 이처럼 우리는 새로운 존재가 되어 신분과 소속이 바뀌었다. 새로운 사람으로서 이제 새로운 주인을 만난 것이다. 죄라는 폭군으로부터 벗어났고 은혜로운 하나님의 종이 된 것이다.

존재에 맞게 여기며 살기

이렇게 존재와 소속이 바뀐 우리가 이제 할 일은 무엇인가? 우리의 존재에 맞게 사는 것이다. 우리의 존재를 알고 그것을 주장하며 살면 되는 것이다. 11절에 "이와 같이 너희도 너희 자신을 죄에 대하여는 죽은 자요 그리스도 예수 안에서 하나님께 대하여는 살아 있는 자로 여길지어다"라고 말씀하고 있듯이 나 자신을 하나님 나라의 존재로 여기며 살아야 하는 것이다. 이신칭의는 '여기는 것'이다. 하나님께서 그렇게 여겨주시니 믿음으로 여기는 것이다. 하나님께서 그렇게 간주해서 인정해 주시니 믿음으로 스스로를 그렇게 여기며 사는 것이다. 이처럼 믿음이란 이미 그리스도 안에서 나에게 일어난 일을 아는 것이다. 그리고 그렇게 여기고 사는 것이다. 새로운 능력과 체험을 구하는 것이 아니라 이미 얻은 복이 무엇인지 알고 그것을 누리는 것이다.

100여 년 전 남북전쟁으로 미국의 노예제도가 폐지되었다. 그러나 실제로 오랫동안 노예제도의 그늘 아래서 살아온 늙은 노예들은 그들에게 주어진 새로운 지위를 이해하기가 퍽 힘들었다. 그들은 노예제도가 폐지되었다는 소식은 들었지만 실감이 나지 않았다. 어느 날 옛 주인이 가까이 오는 것을 보고는 부들부들 떨기 시작했고 팔려가지나 않을까 두려워했다. 그들은 자유인이요 더 이상 노예가 아니고, 법이 바뀌어 신분과 지위가 완전히 달라졌지만 그것을 인식하는 데는 오랜 시간이 걸렸다. 우리도 마찬가지다. 우리가 죄의 지배에서 벗어났음에도 실제로 죄가 우리 삶에 가까이 와서 손짓할 때에 우리는 두려워하며 벌벌 떤다. 분명 법적으로 벗어났는데 느낌은 여전히 죄의 노예이다. 이는 우리 안에 옛사람의 오랜 습성이 남아 있기 때문이다. 그때에 굴복하면 법적으로는 자유인인데 실제는 다시 노예로 사는 것이다. 그러므로 우리는 훈련해야 한다. 내게 일어난 일을 잊어버리지 않고 인식하기 위해서 반복적으로 복음을 들어야 한다. 그리고 나를 그런 존재로 여겨서 존재와 신분을 주장해야 한다. 즉 여겨야 하는 것이다. 죄에 대해서 죽은 자로 여긴다는 것은 더 이상 죄가 나를 지배하지 못하게 한다는 것이다. 그러면 구체적으로 어떻게 하는 것이 더 이상 죄가 나를 지배하지 못하도록 여기는 것일까?

육체의 정과 욕심을 무시하라.

첫째로 내 몸의 사욕, 즉 정욕의 요구를 무시하고 거절하라. 우리가 몸의 정욕을 따라갈 때 죄의 지배를 받는다. 그러므로 죄의 지배에 대해서 죽은 자로 자신을 여기려면 12절에 "그러므로 너희는 죄가 너희 죽을 몸을 지배하지 못하게 하여 몸의 사욕에 순종하지 말고"라는 말씀처럼 먼저 몸의 정욕에 대해서 죽은 자로 여겨야 한다. 즉 몸의 정욕, 육신의 정욕이 나에게 다가올 때 나는 그것에 대해서 반응할 필요가 없는 자로 여기는 것이다. 마치 결혼한 사람은 이제 아내 외에는 다른 여성에 대해서 죽은 자로 자신을 여겨야 하는 것과 같다. 그는 이제 다른 여성이 만나자고 하거나 옛 애인이 만나자고 하면 거부해야 한다. 그녀를 향한 감정이 되살아나려고 할 때에 그것을 붙잡으면 안 된다. 이처럼 나를 죄로 이끌던 몸의 정욕들에 대해서 반응하지 말고, 그것에 대해서 자신을 죽은 자로 여겨야 한다. 그래서 온갖 육신의 생각들에 대해서 너는 이제 나와 관계가 없다고 선언해야 한다. "나는 섭섭함과 관계가 없다. 나는 미움, 삐짐, 원한과 관계가 없다. 나는 게으름과 자기 연민과도 관계가 없다. 나는 세상적인 가치관과 관계가 없으며 욕심과도 관계가 없다" 그렇게 자신을 간주해야 한다. 인터넷으로 야한 동영상을 보고 싶을 때 나는 그것에 대해서 죽었다고 여기고 나는 그것을 할 수 없는 존재라고 여겨야 한다. 나는 거룩한 존재라고 여기는 것이다. 더 이상 죄는 과거처럼 나를 노예로 부려먹는 내 주인이 아니기에 거기에 맞게 여겨야 한다. 우리가 이렇게 존재에 맞게 생각할 때에 죄는 힘을 잃는다. 그것이 사실이기 때문이다.

내 몸을 의의 무기로 여겨라

두 번째로 내 몸을 불의의 무기가 아니라 의의 무기로 하나님께 드리라. 우리는 이제 죄의 종이 아니라 하나님의 종이기에 마땅히 우리의 주인에게 우리의 몸을 드려야 한다. 전에는 죄가 주인이었기에 우리의 지체를 불의의 무기로 죄에게 내주었지만, 이제는 하나님이 주인이시기에 당연히 우리 지체를 의의 무기로 하나님께 드려야 한다. "또한 너희 지체를 불의의 무기로 죄에게 내주지 말고 오직 너희 자신을 죽은 자 가운데서 다시 살아난 자같이 하나님께 드리며 너희 지체를 의의 무기로 하나님께 드리라"(13절). 이것이 바로 우리의 존재에 맞게 여기는 것이다.

우리의 존재를 착각하여 우리를 헷갈리게 하는 마귀의 속삭임이 있다. 그것은 바로 율법의 정죄에서 벗어난 우리의 신분을 이용하는 유혹이다. 죄가 우리를 지배하려면 우리 죄를 정죄하는 율법이 있어야 한다. 그 법이 '넌 이것도 못했고 저것도 못했어!'라고 이야기할 때 죄는 권세를 가지고 우리를 정죄하며 다스린다. 집에 있는 하녀가 주인의 명령과 지침에 굴복해야 하고, 그것을 어기면 정죄 받고 처벌을 받는 이치와 같다. 그래서 늘 엄한 주인 아래서 벌벌 떤다. 항상 죄인이다. 하지만 그 집안의 자녀는 다르다. 비록 실수하고 잘못해도 항상 부모가 용서하고 사랑한다. 왜냐하면 그 자녀는 법 아래 있지 않고 부모의 은혜 아래 있기 때문이다. 그러므로 은혜 아래 있는 이 자녀는 결코 죄가 주장하지 못한다. 잘못해도 죄인이 아니다. 그래서 늘 그 아이는 당당하고 뻔뻔하다. 이것이 이신칭의를 통해서 우리에게 주어진 신분인 것이다. "죄가 너희를 주장하지 못하리니 이는 너희가 법 아래에 있지 아니하고 은혜 아래에 있음이라"(14절). 그러다보니 마귀가 이러한 우리의 신분을 가지고 우리를 유혹하는 것이다. 마치 무슨 짓을 해도 용서받는 대감집 아들을 살살 꾀어서 그 아이로 하여금 부모 말씀 듣지 않고, 글공부도 하지 말고, 네가 원하는 대로 놀라고 부추기는 것처럼 마귀는 "야, 이제 너는 법 아래 있지 않잖아. 은혜 아래 있잖아. 무슨 짓을 해도 너는 정죄 받지 않잖아. 그러니까 죄 좀 지어도 돼. 그것이 하나님이 너에게 준 신분이야" 이렇게 꾀는 것이다. 그러나 결코 우리는 그 꾀임에 넘어갈 수 없다. 그래서 15절에서 바울은 "그런즉 어찌하리요 우리가 법 아래에 있지 아니하고 은혜 아래에 있으니 죄를 지으리요 그럴 수 없느니라"라고 명백하게 말한다. 이러한 삶은 결코 우리의 신분에 맞는 삶이 아니라는 것이다. 이것은 우리를 꾀는 사탄의 속임수일 뿐이다.

왜 이것이 옳지 않은가? 무엇인가가 올바른 논리가 되려면, 시작에서부터 결과에 이르기까지 혼돈이 없어야 한다. 은혜 아래에 있으니 이제는 죄를 지어도 된다는 논리가 왜 궤변인가? 구원받은 우리는 무슨 짓을 해도 용서받으니까 내 맘대로 살면서 우리의 지체를 불의의 병기로 사용하여 죄를 지으면 어떻게 되는가? 그 결과에 대해서 성경은 이렇게 말한다. "너희 자신을 종으로 내주어 누구에게 순종하든지 그 순종함을 받는 자의 종이 되는 줄을 너희가 알지 못하느냐"(16절). 우리가 죄에게 순종하면 죄의 종이 되고, 하나님께 순종하면 하나님의 종이 된다. 그러니 그 궤변대로 죄를 지으면 어떻게 되는가? 죄의 종이 되는 것이다. 우리는 그리스도 안에서 죄의 종이 아니라 하나님의 종이다. 우리는 복음을 듣고 하나님의 말씀을 마음으로 순종하는 의의 종, 하나님이 종이 된 것이다. 17~18절에서도 "하나님께 감사하리로다 너희가 본래 죄의 종이더니 너희에게 전하여 준 바 교훈의 본을 마음으로 순종하여 죄로부터 해방되어 의에게 종이 되었느니라"라고 말씀하고 있다. 하나님의 종, 의의 종이 바로 우리의 신분이고 우리의 존재이다. 그런데 마음대로 살아도 된다는 그 가르침이 우리를 거꾸로 죄의 종으로 만든다면, 그 속삭임은 거짓인 것이다. 이것은 결코 우리의 신분에 맞지 않는 논리다. 복음을 이용하여 제멋대로 살기 위한 궤변이다. 그렇다면 우리의 신분과 존재에 맞게 우리를 여기는 것은 무엇인가? 선택은 한 가지다. 의에게 순종하여 하나님의 종이 되는 것이다. 즉 우리의 몸을 죄의 무기로 드리지 말고 의의 무기로 드리는 것 외에는 다른 선택이 없다.

하나님의 종으로서 열심을 내라.

나는 과연 하나님의 종으로서 온전히 살고 있는가? 그것을 어떻게 스스로 알 수 있을까? 아이들은 엄마가 나를 얼마나 사랑하는가를 어떻게 파악하는가 하면 과거에 엄마가 언니나 오빠를 사랑한 행동을 가지고 비교한다. 엄마가 아무리 막내를 사랑한다고 말해도 이전에 언니를 대하던 것만 못하면 막내는 섭섭하다. 마찬가지이다. 우리는 우리의 행동을 과거 우리가 죄에 대해서 열심을 내던 것과 비교하여 알 수 있다. 이전에 죄의 종으로 살던 때에 죄를 짓고 정욕을 위해서 열심을 다했던 것처럼, 이제 하나님의 종으로서 얼마나 열심을 내는가를 스스로 생각해보면 정확하다. 19절에서 바울은 이렇게 말한다. "너희 육신이 연약하므로 내가 사람의 예대로 말하노니 전에 너희가 너희 지체를 부정과 불법에 내주어 불법에 이른 것같이 이제는 너희 지체를 의에게 종으로 내주어 거룩함에 이르라".

우리가 그리스도인이 될 때 새로운 지체나 새로운 기능들을 수여받는 것이 아니다. 이전의 '너희 지체'(19절 중)와 거듭난 이후의 '너희 지체'(19절 하)는 동일한 것이다. 예수님을 믿기 전에 가진 재능이나 힘은 그리스도인이 된 후에도 여전히 같다. 천성적인 재능이 새로 주어지지 않는다. 따라서 믿기 전에 열심인 사람은 믿고 나서도 열심인 경우가 많다. 믿기 전에 계산적인 사람은 믿고 나서도 성경을 보는 눈이 계산하는 눈처럼 정확하다. 믿기 전에 조용한 스타일의 사람은 믿고 나서도 조용하며 평화롭다. 우리의 개성은 별로 변하지 않는다. 하나님은 생긴 대로 우리를 사용하신다. 단지 그 방향이 전에는 죄와 정욕을 위해서였다면 이제는 하나님을 향해서 바뀌는 것이다.

그러므로 너희의 지체가 과거에 죄에 대해서 아주 열심을 내었다면, 그와 똑같이 이제 의의 종으로서 의에 대해서 열심을 내는 것이 당연하다는 것이다. 과거에 죄가 저절로 행해진 것이 아니었다. 우리의 지체가 죄를 좋아해서, 그렇게 하길 원해서 열정으로 한 것이다. 그렇게 우리의 지체가 옛 생명에 부응하여 그것에 순종을 드렸다면 어째서 새 생명에게는 동일한 반응, 동일한 열심을 내지 않는가? 예수 믿기 전에는 회식을 하면 1차로 끝내지 않고, 2차, 3차, 4차를 가면서 밤새도록 즐겼다. 그런데 왜 예배생활에서는 주일 예배, 수요예배, 새벽예배 그리고 훈련 등에 참석하는 열심을 내지 않는가? 전에는 사업을 위해서 얼마나 밤낮 없이 정력적으로 일하였던가. 그러고는 퇴근 후에 밤새도록 술 먹고 춤추고 다음 날 아침에는 아침 9시에 출근하지 않았던가? 그런데 왜 주를 향해서는 그 열심 그대로 전도하고 교제하고 기도하고, 제자훈련과 성장반에서 일대일 훈련을 받고, 이웃들을 섬기지 않는가? 아이들이 아주 열심히 게임을 즐긴다면 그 아이에게는 열심과 집중력이 있는 것이다. 그러면 부모는 묻지 않는가. "너 왜 공부는 그렇게 하지 않니?" 이처럼 주님도 우리에게 물으신다. "골프를 치러 갈 때에는 새벽에 피곤한 줄도 모르고 일어나 집을 나서면서 왜 어쩌다 한 번씩 하는 특별새벽기도회에는 한 번도 나가지를 못하니"? 너의 지체가 이전에 죄에 대해서, 세상에 대해서, 정욕에 대해서 그렇게 열심을 내었다면 왜 그 동일한 지체로 이제 의를 위해서, 주님을 위해서 열심을 내지 못하느냐는 것이다. 이렇게 죄를 향해 열정을 내던 과거의 내 모습과 그 열심, 그것이 오늘 내가 하나님의 종으로서 올바르게 살아가는가를 판단하는 정확한 기준이다. 내가 그것을 알고 하나님이 아신다. 그렇게 살아갈 때 우리는 하나님의 부르심을 받은 존재에 맞게 살아가는 것이다.

바울은 믿기 전에 열심 있는 박해자였다. 그런데 그가 회심한 후에 얼마나 열심히 온 힘을 다해서 주를 섬겼는가. 극심한 박해 속에서도 목숨을 걸고 주를 섬겼다. 바울은 과거에 죄의 종으로 열심을 내던 그 열심 그대로 주를 섬겼다. 어거스틴도 젊은 날 얼마나 쾌락에 탐닉하였던가. 그러나 그가 회심한 이후 얼마나 의에 열정을 가졌는지 사람들은 그를 '성 어거스틴'(Saint Augustine)이라고 부른다. 은퇴 전에 사업과 기업에 한생을 쏟아 붓는 열정의 삶을 살았는가. 그렇다면 이제 남은 생을 왜 주를 위해서, 의를 위해서, 거룩을 위해서 그처럼 쏟아 붓지 못하는가? 우리의 존재에 마땅한 삶이 무엇인가를 돌아보라. 은혜 아래 있으니 적당히 죄 지어도 된다고 하는 것은 말도 안 되는 궤변이며 마귀의 속삭임이다. 과거 죄의 종으로서 살던 그 열심으로 지금 나의 삶을 판단해보라. 지금 내가 세상 일, 육신의 일에 열심을 내는 그 열심으로 주를 위해서 어떤 열심을 내는가를 비교해보라. 그러면 지금 내가 존재에 맞게, 부르심에 맞게 살아가는지 알 수 있다.

하나님의 종으로 사는 행복을 선택하라.
과거 죄의 종으로 살던 때를 다시 생각해보라. 부끄러운 열매밖에 없다. 우리가 누구에게 그러한 일을 자랑할 것인가? 결국 그 마지막은 사망이요 영원한 지옥이다. "너희가 그때에 무슨 열매를 얻었느냐 이제는 너희가 그 일을 부끄러워하나니 이는 그 마지막이 사망임이라"(21절). 죄의 종으로서 순간의 낙을 누리지만 거기에는 반드시 쓰라린 결말이 기다린다. 그런데 우리가 의의 종으로 살면 어떤가? 거룩하게 살아가는 삶이 조금 힘들지만 거기에는 은사가 있다. 즉 은혜가 있는데, 그것은 바로 영생인 것이다. "그러나 이제는 너희가 죄로부터 해방되고 하나님께 종이 되어 거룩함에 이르는 열매를 맺었으니 그 마지막은 영생이라"(22절). 죄의 종으로 살면 그 주인인 죄가 주는 삯을 받게 되며 이는 곧 사망이다. 그러나 하나님의 종으로 살면, 그 주인이신 하나님이 베푸시는 은사 곧 영생을 얻게 된다. 하나님이 주시는 것은 우리가 한 만큼의 공로를 계산해서 주시는 삯이 아니다. 그분은 우리가 한 것에 비교도 안 되는 엄청난 선물, 즉 천국의 영생을 주신다. 그래서 바울은 "죄의 삯은 사망이요 하나님의 은사는 그리스도 예수 우리 주 안에 있는 영생이니라"(23절)라고 말한다. 그러니 이제 우리는 누구를 위해 살아야 할까? 이전에 죄를 위해서 그렇게 열심히 살았다면, 이제 이 좋은 길로 우리를 인도하시는 하나님을 위해서 더 열심을 내야 하지 않겠는가.

하나님은 우리에게 옳고 그름을 물어보시지 않는다. 하나님은 우리에게 율법을 들이대고 도덕과 윤리를 들이대면서 네가 옳으니 그르니 말씀하시지 않는다. 하나님은 네가 누구의 종이냐를 물어보신다. 네가 죄의 종이냐 하나님의 종이냐를 물어보신다. 하나님은 우리가 그러한 정체성으로 행동하길 원하신다. 우리의 행동 선택의 동기가 하나님과의 관계이길 원하신다. 그래서 하나님은 은혜를 베푸시는 것이다.

성경 시대에는 주인이 해방시켜 주었어도 그 주인을 사랑하여 스스로 노예가 되는 경우가 있었다. 그러한 경우 그 노예는 그의 귀를 뚫는다. 자발적인 노예라는 뜻이다. 이처럼 하나님은 어떤 규칙과 법을 내세워 "이대로 하지 않으면 넌 죽어. 벌 받아" 하는 식으로 겁을 주어서 우리를 종 삼길 원하지 않으신다. 하나님은 우리에게 무한한 은혜와 사랑을 베푸시고 오히려 그 모든 규칙과 법에서 자유케 하신다. 그리하여 우리가 나를 파괴한 죄의 종이 아니라 나에게 생명과 은혜를 주시는 하나님의 종으로 사는 것을 선택하길 원하신다. 즉 하나님을 향한 사랑이 가장 강력한 동기가 되어서 하나님의 종으로 살기를 원하신다. 그래서 전에 죄의 종으로 살던 것보다 더 큰 열정을 가진 하나님의 종으로 살기를 원하시는 것이다. 따라서 우리가 의롭게 살아야 하는 이유는 다름이 아니라 바로 우리가 그분의 종이길 원하시기 때문이다. 우리는 우리를 사랑하시는 의로우신 하나님의 종이기에 우리가 의로움을 선택하길 원하시는 것이다. 우리의 존재에 맞게 말이다.

'여기는' 삶의 구체적인 실례들

우리는 '죄와 육신의 정욕에 대해서 자신을 죽은 자로 여기고, 동시에 하나님의 종으로서 의에 대해서는 산 자로 여기는' 삶을 살아야 한다. 즉 육신의 정욕에 대해서는 반응하거나 따르지 말고, 나와 상관없는 것으로 무시하는 연습을 해야 한다. 동시에 의에 대해서는 내 삶을 드리는 훈련을 해야 한다.

예를 들어서 사촌이 땅을 사면 배가 아프다. 나와 상관없는 사람이 잘되면 배가 아프지 않은데 특별히 가까운 친척, 형제, 이웃이 잘되면 배가 아프다. 이것이 우리의 옛사람의 습성이다. 우리가 지금 배가 아프려고 하는 것은 내가 아니라 옛사람의 반응일 뿐이다. 이제 나는 새사람이다. 사촌이 땅을 사면 기뻐하는 존재다. 다른 사람도 아니고 내 사촌, 내 친구, 내 가까운 이웃이 잘된 것을 내 일처럼 기뻐해 주어야 할 존재이다. 그래서 전화해서 축하하고, 박수쳐 주는 것이다. 진정한 성숙함은 무엇일까? 남의 슬픔을 듣고 위로하는 것뿐만 아니라 남의 기쁜 일에 함께 기뻐하고 축하해줄 줄 아는 것이다.

요즘 직장 상사가 날 무시하고 막 대하는 느낌이다. 그래서 자꾸 기분이 상하고 직장을 그만두고 싶은 생각이 들어온다. 그때에 이러한 일로 자존심 상하고 상처받는 것은 자아중심적인 옛사람의 반응이다. 나는 누구인가? 나를 중시하던 나의 자아는 죽었다. 남의 평가에 연연해하던 나의 옛사람은 죽었다. 나는 이제 하나님의 사랑을 받는 사람이다. 더 이상 사람들의 평가에 좌우되는 가벼운 존재가 아니다. 나의 가치는 그리스도 안에 있으며 누구도 내 가치를 훼손할 수 없다. 상사가 날 무시하든 말든 나는 괜찮은 사람이다. '아마 상사가 요즘 윗사람에게 지적받아서 기분이 좋지 않은가보다. 내가 위로해드리자.' 이렇게 생각하는 것이 우리의 존재에 맞는 것이다.

요즘 회사 일도 힘이 드는데 애들 때문에 집은 난장판이고, 아내도 정신없고, 집이 쉼터가 아니다. 집에 일찍 들어가봐야 애나 봐주고 청소나 해야 한다. 그러니 야근한다고, 회식 있다고 핑계 대고 집에 늦게 가야겠다. 친구와 만나서 놀다가 가야겠다. 이런 마음이 들 때 이렇게 이기적으로 생각하는 나는 죽었다고 여겨야 한다. 그러면 거듭난 나는 누구인가? 주님이 교회를 위해서 자기 몸을 주심같이 나는 아내를 사랑하는 남편이다. 나는 아내를 위해 내 목숨이라도 내어놓을 만큼 아내를 사랑하는 사람이다. 그러므로 힘든 아내를 위해서 집에 일찍 들어가자. 가서 즐겁게 설거지도 하고 육아에도 동참하자. 아내를 위해서 간식도 사가자. 이것이 바로 존재에 맞게 여기는 것이다.

요즘 나에게 잘해 주는 어느 여직원에게 자꾸 마음이 끌린다. 그래서 이야기하고 싶고 같이 있고 싶다. 그럴 때에 어떻게 해야 할까? 이 마음은 이미 죽은 옛사람의 정욕이다. 이것은 내가 아니다. 나는 그 죽은 옛사람에게 반응하지 않는다. 그러면 나는 누구인가? 나는 거룩한 사람이다. 나는 한 아내의 남편이다. 그러므로 나는 내 아내 외에 다른 여자와 정들지 않을 것이다. 나는 나의 아내에게는 하지도 못할 말을 다른 여직원이나 여성도에게 하지 않을 것이다. 나는 이러한 나의 정서적인 부분을 다른 남자 동료들과의 우정을 통해서 해결하고, 무엇보다 아내와 더 친밀한 삶을 가질 것이다. 이렇게 하는 것이 바로 우리의 존재에 맞게 여기는 것이다.

한 가지만 더 생각해보자. 백화점에 가서 눈요기를 하다보니 이것저것 사고 싶어진다. 소위 지름신이 임하는 것이다. 그때에 어떻게 해야 할까? 사고 싶은 충동은 옛사람의 반응이다. 내가 여기서 절제하지 못하면 빚이 임한다. 육신의 생각은 사망에 이른다. 그러면 나는 누구인가? 나는 이 세상 것으로 만족을 삼는 사람이 아니다. 내 진정한 만족과 기쁨은 예수님이시다. 그러므로 나는 절제할 수 있다. 이렇게 하는 것이 바로 죄에 대해서 죽고 의에 대해서 산 자로 자신을 여기는 것이다.

기억하라. 이 세상에는 자신의 존재가 그렇지 않은데도 긍정적인 사고를 통해서 유익을 얻는 경우가 많다. 하지만 우리가 하는 행동은 무조건인 긍정적 사고가 아니라 그리스도 안에서 우리에게 주어진 존재에 맞는 생각이요 행동이다. 이것이 진실이기에 우리가 그렇게 여기고 행동할 때에 죄는 힘을 잃고, 순종은 큰 능력을 발휘한다. 바로 이러한 삶이 변화와 복을 가져오는 것이다.

10장

구원은 믿음+행위가 아니라고요?

롬 7:1~25

여기까지 복음을 이해하면 또다시 떠오르는 의문이 있다. 그렇다면 이제 의롭다 함을 받은 성도들의 신앙생활의 성공 여부는 하나님의 종으로 살기를 결단하고 노력하는 자신의 행위에 달려 있는가 하는 것이다. 이제부터 하나님의 종으로서 어떻게 살아야 하는 것인지 알기 위해 그분의 율법의 말씀을 연구하고 그것을 지키려고 애쓰면 되겠구나 하는 생각이 자연스럽게 든다. 이 지점에서 다시 우리가 율법으로 돌아가려는 유혹이 생긴다. 거듭났으니까 이제 내가 착하게 살아서 구원을 완성해야 하는 것이 아닌가 하는 생각에 이르는 것이다. 우리가 믿음으로 구원은 받지만, 내 노력에 따라 성화의 정도도 이룩되는 것이고, 그에 따라 하나님께 인정도 받을 수 있다는 생각이다. 이것을 달리 표현하면 구원은 믿음+율법이라는 것이다. 그런데 그렇게 되면 처음에는 믿음으로 시작하였는데 결론은 율법, 행위로 마치게 된다. 많은 사람들이 이 지점에서 추락하고 만다. 많은 그리스도인들이 바로 이렇게 생각하기에 믿은 지 오래된 그리스도인들은 어느덧 믿음에서 떠나 스스로 율법을 지켜 하나님께 순종하려고 애쓴다. 스스로 착하게 살려고 노력한다. 오랫동안 성경공부를 하고 교회에 다니면서 들었던 그 하나님의 말씀대로 살도록 노력하여 하나님의 충성된 종이 되겠다고 결심하는 것이다. 과연 이것이 옳은 생각일까? 우리가 성화를 위해 율법을 의지한다는 것은 곧 내 힘으로 해보겠다는 뜻이다. 과연 내가 거듭나면 내 힘으로 내 삶을 의의 병기로 드릴 수 있을까? 이 생각의 문제점은 무엇일까? 우리는 그것을 깊이 생각해봐야 한다. 비록 우리가 거듭나서 하나님의 종이 되었음에도 왜 여전히 행위와 노력, 율법으로 돌아가서는 안 되는가를 깊이 이해해야 한다. 그래야 우리가 믿음으로 시작하여 행위로 마치지 않고 그리스도 안에서 열매를 맺을 수 있다. 많은 교회, 많은 성도들이 믿음으로 시작하였지만 어느 순간 바리새인들처럼 제 힘으로 해보겠다고 하다가 그리스도에게서 떠나고 믿음에서 떨어졌다. 우리는 믿음에서 멀어지면 망하고 만다. 그런 면에서 우리가 왜 구원의 완성과 성화를 위해서 율법을 의지하면 안 되는지를 생각해보자.

믿고 나서 율법으로 돌아가면 안 되는 이유

율법 남편과 살면 열매 맺지 못한다.

유대인에게는 물론이요 모든 사람들에게 율법은 살아 있는 동안에는 결코 떠날 수 없는 남편과 같다. 하나님이 인간에게 직간접으로 수여하신 이 율법 없이 제 맘대로 살아가도 되는 사람은 아무도 없다. 그래서 인간은 모두 개인적으로는 양심의 율법으로, 사회적으로는 도덕과 법으로, 종교적으로는 율법과 경전으로 항상 남편처럼 율법을 섬기며 율법과 더불어 살아간다. 그런데 이 율법 남편은 앞에서 예시로 말한 〈적과의 동침〉 영화에 나오는 줄리아 로버츠의 남편처럼 깐깐하고 숨이 막힌다. 얼마나 완벽주의적이고, 세밀하고, 까칠한지 도무지 그를 만족시킬 수가 없다. 그래서 그 율법이 원하는 대로 살지 못하고 늘 지적만 당한다. 이 율법 남편과 살아서 합격할 존재는 아무도 없다. 사람들은 개인의 양심, 사회적 도덕, 법, 종교적인 가르침 등의 율법 남편과 살아가지만 과연 그들이 그로 말미암아 하나님 마음에 합당한 열매를 맺는가? 이미 살펴본 것처럼 맺지 못한다. 오히려 죄를 짓고 정죄만 받는다. 마치 줄리아 로버츠가 결벽증, 의처증 남편과 계속 살면서 숨이 막혀 바짝바짝 말라 죽어가는 것과 같다.

율법 남편으로부터 탈출해야 산다.
그래서 살 길은 그 남편에게서 떠나는 것이지만 도저히 그 남편에게서 벗어날 길이 없다. 이처럼 우리는 도무지 율법 남편에게서 벗어날 길이 없다. 방법은 남편이 죽는 것이다. 하지만 남편이 죽지 않고 살아 있다면 다른 남자와 결혼하는 것은 불법이고 간음이다. 우리가 살아 있는 동안에는 합법적으로 율법 남편에게서 벗어날 방도가 없는 것이다.

"형제들아 내가 법 아는 자들에게 말하노니 너희는 그 법이 사람이 살 동안만 그를 주관하는 줄 알지 못하느냐 남편 있는 여인이 그 남편 생전에는 법으로 그에게 매인 바 되나 만일 그 남편이 죽으면 남편의 법에서 벗어나느니라 그러므로 만일 그 남편 생전에 다른 남자에게 가면 음녀라 그러나 만일 남편이 죽으면 그 법에서 자유롭게 되나니 다른 남자에게 갈지라도 음녀가 되지 아니하느니라"(롬 7:1~3)

율법 남편이 죽어야만 그를 떠나는 것이 가능하나 이 율법은 결코 죽지 않는다. 그렇다면 다른 한 가지 방법이 있는데 남편이 아니라 아내가 죽는 것이다. 그래서 줄리아 로버츠는 남편에게서 벗어나기 위해 죽은 것처럼 연기한다. 그리하여 남편은 그 아내가 죽은 줄 알고 장례식을 치르므로 그 남편의 손아귀에서 벗어난다. 이것처럼 우리가 율법 남편에게서 벗어나는 한 가지 방법은 율법에 대해서 내가 죽는 것이다. 그것이 어떻게 가능한가? 자신의 몸으로 모든 율법을 다 준수하신 그리스도께서 십자가에서 죽으심으로써 율법을 준수하지 못하는 우리를 위한 모든 형벌과 저주를 다 받으셨다. 그래서 율법이 자기 규칙대로 행하지 못하는 자들을 정죄하여 죽여야 하지만, 이미 우리는 그리스도와 함께 모든 죗값을 치르고 죽은 것이다. 4절 상반절에 "그러므로 내 형제들아 너희도 그리스도의 몸으로 말미암아 율법에 대하여 죽임을 당하였으니"라고 한 것처럼 우리는 이미 율법의 형을 언도받고 사형 집행이 끝난 존재이다. 그러므로 더 이상 우리는 율법 아래 있지 않은 것이다. 줄리아 로버츠가 물속에 빠져 장사되고 새로운 존재로 신분 세탁을 하여 멀리 떠나 다른 남자와 살듯이 우리가 율법 아래에서 죽음으로써 율법의 지배에서 벗어난 것이다. 더 이상 율법은 우리의 남편이 아니다. 이제 율법의 까다로운 정죄에서 벗어난 것이다.

예수님께 가야만 열매 맺는다.

그러면 이제 하나님은 제멋대로 살라고 우리를 율법에서 자유하게 해주신 것일까? 아니다. 율법을 줘봐야 결국 순종하지 못하니까 율법 말고 다른 남편에게로 시집가서 열매 맺게 하려고 그렇게 하신 것이다. 전남편인 율법에게서 자유하게 하신 것은 혼자서 싱글로 살라고 하신 것이 아니라 이제 새 남편에게 가서 열매 맺게 하시려는 것이다. 그 새 남편이 바로 그리스도이시다. 4절 하반절을 보라. "이는 다른 이 곧 죽은 자 가운데서 살아나신 이에게 가서 우리가 하나님을 위하여 열매를 맺게 하려 함이라". 우리가 어떻게 우리 지체를 주인이신 하나님께 드려서 거룩함에 이르는 열매를 맺을 수 있는가? 율법이라는 남편을 따라가서는 절대 안 된다. 오직 우리를 위해 죽으시고 부활하신 예수 그리스도에게 시집가야 열매를 맺을 수 있다. 그러므로 우리에게 율법으로 돌아가지 말라는 것은 마음대로 살라는 것이 아니라 율법이 열매 맺는 방법이 아님을 말하는 것이다. 율법은 우리를 거룩하게 만드는 것이 아니라 오히려 하지 말라고 하는 것을 더 하고 싶게 만들고 죄의 정욕이 우리 몸에 역사하게 하여 죄를 짓게 만든다. 5절에도 "우리가 육신에 있을 때에는 율법으로 말미암는 죄의 정욕이 우리 지체 중에 역사하여 우리로 사망을 위하여 열매를 맺게 하였더니"라고 말씀한다. 이것이 육신, 즉 죄의 본성에 물들어 있는 인간의 현주소다. 사람들 앞에서는 율법 남편을 대동하고 다니면서 고상한 척하지만, 남이 보지 않을 때는 정욕을 이기지 못하여 불륜을 행하는 창기와 같은 것이다.

그러면 우리의 방법은 무엇인가? 6절에서 바울은 "이제는 우리가 얽매였던 것에 대하여 죽었으므로 율법에서 벗어났으니 이러므로 우리가 영의 새로운 것으로 섬길 것이요 율법 조문의 묵은 것으로 아니할지니라"라고 말한다. 즉 율법에서 벗어나 영의 새로운 것으로 섬겨야 한다는 것이다. 영의 새로운 것은 성령의 새로운 것이다. 예수를 믿고 의롭다 함을 입은 사람들에게 하나님은 성령을 보내주신다. 그러면 그 성령님이 우리의 걸음을 인도하시는 것이다. 더 이상 율법 조문이 아니라 이제 성령님이 인도하시는 새로운 섬김의 길이 있다는 것이다. 그것은 바로 성령님이 우리를 그리스도에게로 시집보내는 것이다. 율법 남편에게로 돌아가지 않고 그리스도에게로 가게 하신다. 앞에서 성령님은 신자를 그리스도의 죽음과 부활에 연합시키신다고 언급했다. 그런데 이제 또 다른 측면에서 성령님은 우리로 하여금 예수님에게 시집가게 하신다. 율법이 아니라 예수님에게 시집가서 예수님을 따르며 예수님을 사랑하여 열매 맺게 하신다. 이것이 성령의 새로운 것이요 그리스도인의 길이다.

영의 새로운 길을 가라.
내가 예수님을 인격적으로 만나기 전인 청소년 시절에 나는 나를 길러주시던 할머니께 짜증을 잘 냈다. 그러다가 스무 살 되던 해에 은혜를 받고 예수님이 나의 주님이심을 고백한 이후로 예수님을 깊이 사랑하게 되면서 난 달라졌다. 하나님이 아버지가 되시고 예수님이 나의 사랑이 되시니 마음속에 한없는 사랑과 기쁨이 흘러넘쳤고, 신기하게도 그 순간부터 나는 할머니가 돌아가실 때까지 짜증을 한 번도 내지 않았다. 그전에는 집에만 가면 가난하고 초라한 현실에 나는 늘 짜증이 났고, 할머니가 뭔가를 물어보시면 퉁명스럽게 쏘아붙이곤 했다. 하지만 예수님이 내 안에 깊이 계시니까 내 안의 모든 것이

치유되면서 자연스럽게 언어가 부드러워지고, 애쓰시는 할머니가 감사하고 불쌍했다. 이 모든 일이 내 노력으로 된 것일까? 예수 믿는 사람이 그렇게 살면 안 되지 하는 윤리적 각성으로 된 것일까? 어떤 위인을 보고 결단을 한 것일까? 아니다. 예수님을 사랑하니까, 예수님을 내 신랑으로 삼고 그분과 사랑의 교제를 나누며 살다 보니까 그러한 열매가 저절로 맺힌 것이다.

그리스도를 만난 이후로 나는 말씀묵상(큐티)을 새벽마다 하게 되었다. 그 시절의 큐티 노트를 보면 성경이 이렇게 말씀하니 이렇게 살아야겠다는 식의 내용은 거의 없다. 당시에 내가 하나님 말씀을 펴면 성령께서는 그 말씀이 문자가 아니라 살아 계신 예수님의 삶과 인격으로 다가오게 하셨다. 성령님은 말씀 안으로 나를 이끌어가셨고 그 말씀은 내 안으로 들어왔다. 그래서 큐티 노트의 내용은 대부분 예수님에 대한 나의 사랑의 고백으로 채워졌다. '예수님이 이렇게 아름다운 분이구나. 이렇게 나를 용서하시는구나. 나에게 살 수 있도록 힘을 주시는구나!' 하는 발견 속에서 이루어지는 사랑의 고백, 헌신의 고백, 감사의 고백들로 채워졌다. 그러다 보니 나도 모르게 예전과 달리 손, 발, 몸, 시간, 말, 얼굴빛, 지혜, 생각, 재능 이런 것들을 점점 하나님을 위해서 의의 병기로 드리고 있는 나를 발견하게 되었다. 내 결심으로 한 적이 없기에 스스로 내가 의로운 사람이라고 생각할 수가 없다. 그저 예수님을 사랑하여 따라갔을 뿐이다. 그리고 앞으로도 그렇게 갈 뿐이다. 내가 남보다 거룩하고, 의지력이 강하고, 도덕심이 뛰어나고, 의식이 예리해서 그런 것이 아니다. 전적으로 그리스도를 사랑하고 닮아갈 뿐이다. 이것이 영의 새로운 길이다.

새 남편과 전남편의 차이

새 남편이 더 거룩하고 고상하다.

새 남편(그리스도)은 전남편(율법)과 달리 마음씨만 좋고 네 마음대로 하라며 아주 마음 편안히 해주는 날라리 같은 남편일까? 그렇지 않다. 새 남편은 전남편보다 더 고상하다. 전남편은 살인하면 죄라고 했지만 새 남편은 미워만 해도 살인한 것이라고 한다. 음란한 생각만 품어도 간음한 것이라고 말한다. 새 남편은 마음에서부터 고상한 사람이다. 전남편보다 훨씬 아름답고 고상하고 눈부시게 빛나는 분이다.

새 남편은 마음이 너그럽고 은혜롭다.

전남편은 옳기는 하지만 항상 꾸짖고 비난한다. 그래서 하는 말이 다 옳음에도 반항심이 생긴다. 그러나 새 남편은 우리의 실수를 용서한다. 남편의 요구대로 살지 못할 때 야단치거나 정죄하지 않고 오히려 우리의 실수를 대신 담당하신다. 죽음으로서 우리의 죗값을 치르시고 우리를 끊임없이 용서하신다. 율법 남편은 이래라 저래라 말만 하지만 새 남편은 우리의 손을 붙잡고 우리가 할 수 있도록 도와주신다. 우리에게 성령을 보내셔서 우리가 새 남편 예수님을 따라가도록, 예수님을 닮아가도록, 그리하여 종으로서 열매를 맺도록 도와주신다.

전남편은 무섭고 미웠는데 새 남편은 사랑스럽고 감사하다.

전남편은 그 하는 말이 늘 옳지만 호감이 가지 않는다. 반발심이 생기고 꼴도 보기 싫어서 어떻게 하면 그에게서 벗어나서 내 마음대로 살아갈까 하는 생각만 들게 한다. 그러나 새 남편은 마음에서부터 흠모하게 된다. 사랑하게 된다. 그분과 늘 함께 있고 싶다. 그분과 늘 교제하며 깊은 사랑을 나누고 싶다.

전남편의 말은 잔소리 같으나 새 남편의 말과 행동은 닮고 싶다.

이렇게 예수님을 사랑하고 예수님과 깊은 교제를 나누다 보니 내가 점점 새 남편을 닮아간다. 점점 아름다운 하나님의 형상으로 변해 간다. 비로소 새 남편을 통해서 열매를 맺게 된다. "이는 다른 이 곧 죽은 자 가운데서 살아나신 이에게 가서 우리가 하나님을 위하여 열매를 맺게 하려 함이라"(4절 하).

왜 많이 가르쳐도 선하게 되지 않을까?

그렇다면 여기서 또 하나의 의문이 든다. '그럼 율법은 죄인가?'라는 질문이다. 이에 대해 바울은 7절 상반절에 "그런즉 우리가 무슨 말을 하리요 율법이 죄냐 그럴 수 없느니라"라고 대답한다. 사실 율법이 죄인가라는 질문은 우리를 당황하게 한다. 왜냐하면 율법이 우리에게 도움이 되지 않으니까 나쁜 것 아니냐고 묻는 것은 자연스러울 수 있지만, 율법이 죄냐라는 것은 차원이 다른 질문이기 때문이다. 그럼에도 성경은 왜 율법이 죄인가라고 묻는 것일까? 그것은 율법이 우리 안에서 죄를 일으키는 것처럼 보이기 때문이다(5절). 성경은 이 율법으로 인해서 인간이 단지 죄를 인지적으로 인식하여 알게 되는 것이 아니라 오히려 그 율법이 금하는 것을 범함으로써 자신의 죄를 알게 된다고 말한다. "율법으로 말미암지 않고는 내가 죄를 알지 못하였으니 곧 율법이 탐내지 말라 하지 아니하였더라면 내가 탐심을 알지 못하였으리라 그러나 죄가 기회를 타서 계명으로 말미암아 내 속에서 온갖 탐심을 이루었나니 이는 율법이 없으면 죄가 죽은 것임이라"(7절 하~8절).

즉 탐내지 말라는 율법으로 인해서 탐심을 알게 되는데, 바로 계명으로 말미암아 내 속에 탐심이 생겨남으로 알게 된다는 것이다. 물론 그것은 죄가 그렇게 하는 것이지만 어쨌든 죄는 이 율법으로 기회를 삼으니 결국 율법은 우리 안에서 죄를 유발시킴으로 죄를 알게 하는 역할을 한다는 것이다. 율법이 인간에게 죄를 인식시키고 또 죄를 일으킨다는 사실은 인간에 대해서 엄청나게 다른 진실을 가르쳐준다. 이 부분은 인간이 어떤 존재인가를 바로 보게 한다.

하나님은 아담과 하와에게 분명 선악을 알게 하는 나무의 열매를 먹지 말라는 계명을 주셨다. 그러나 이 계명이 하와에게 그 열매를 먹고 싶어 하는 탐심이 죄인 것을 언제 알게 했을까? 계명은 하와가 죄를 짓고 사망 선고를 받을 때에야 그것이 죄였음을 깨닫게 하는 데 성공한다. 그전에는 사탄의 꾀임으로 보암직도 하고 먹음직도 할 만큼 그 탐스러움에 탐심이 솟구쳐 올라왔지만 율법이 그것이 죄라고 그에게 깨닫게 하지는 못했다. 이때 율법이 한 일은 오히려 사탄으로 하여금 선악과를 이용하여 하와의 마음에 탐심을 불러일으키는 기회를 제공한 것이다. 결국 율법이 인간에게 한 일은 인간으로 하여금 죄를 짓게 만든 다음에 그 죄를 깨닫게 하는 것뿐이다.

이 사실이 왜 중요할까? 우리는 열심히 율법을 가르치면 그 율법이 인간으로 하여금 죄 짓기 전에 그것이 죄인 줄 알고 범죄하지 않게 할 것이라고 믿는다. 그것이 율법의 기능이라고 믿는 것이다. 그러나 성경에서는 율법은 죄의 기회로 이용될 뿐이며 그 결과 죄를 유발시키는 역할을 한다고 말한다. 따라서 우리가 율법을 많이 가르치고 도덕과 윤리를 많이 가르치면 인간이 선하게 될 것이란 이상을 가지는 것처럼 허망한 것이 없다.

그래서 우리는 율법이 하는 일을 올바르게 인식해야 한다. 율법은 우리로 하여금 죄를 유발하여 우리 안에 죄가 있음을 알게 하고, 결국 우리를 정죄하여 사망 선고를 내리는 일을 한다. 즉 율법은 우리를 살리는 것이 아니고 죽이는 역할을 하는 것이다. 탐내지 말라는 계명을 알지 못했을 때는 오히려 괜찮았는데, 탐내지 말라는 그 계명을 듣고 나서 오히려 죄가 기회를 타서 '너는 그것이 있어야 행복해'라고 속삭여 결국 내 속에 죄를 유발시켜 죄를 짓게 만든다. 내 속에 죄가 살아나니 나는 계명에 의해서 사형 선고를 받고 정죄 받아서 죽는 것이다. 이렇게 율법이 하는 일은 결국 살리는 것이 아니라 나를 정죄하여 죽이는 것이다. "전에 율법을 깨닫지 못했을 때에는 내가 살았더니 계명이 이르매 죄는 살아나고 나는 죽었도다 생명에 이르게 할 그 계명이 내게 대하여 도리어 사망에 이르게 하는 것이 되었도다 죄가 기회를 타서 계명으로 말미암아 나를 속이고 그것으로 나를 죽였는지라"(9~11절). 원래 율법은 좋은 의미로 그것을 지키면 살리라 하고 주어졌는데, 인간은 오히려 그것을 알면서도 죄를 지으니 결국 그 율법으로 말미암아 죽게 되더라는 것이다.

왜 도덕적 인간이 오히려 나쁜 사회를 만드는 것일까?

「도덕적 인간은 왜 나쁜 사회를 만드는가?」 이는 도덕을 가지고 인간의 심리를 실험한 로랑베그의 책 제목이다. 이 책은 소위 도덕적이고 종교적이라고 하는 것이 얼마나 인간에게 효력이 없는가를 실험을 통해서 보여주고 있다. 그런데 이런 책이 발행되기도 전에 이미 성경은 왜 선한 율법이 인간에게 효력이 없는가를 정확하게 말해준다.

분명히 알아야 할 점은 율법은 악한 것이 아니라는 것이다. 율법은 하나님의 뜻과 성품이 무엇인지를 반영하는 아름다운 것이다. 율법은 거룩하고 의롭고 선한 것이다. 12절에서도 "이로 보건대 율법은 거룩하고 계명도 거룩하고 의로우며 선하도다"라고 말한다. 그러면 이 선한 것이 내게 왜 사망이 된 것인가? 선한 계명이 왜 결과적으로 나를 죽이는 역할을 하게 되었는가? 여기에는 하나님이 숨겨놓으신 이유가 있다. 그것은 우리로 하여금 이 과정을 통해서 죄의 정체를 알게 하시기 위함이다. 13절에 보면 "그런즉 선한 것이 내게 사망이 되었느냐 그럴 수 없느니라 오직 죄가 죄로 드러나기 위하여 선한 그것으로 말미암아 나를 죽게 만들었으니 이는 계명으로 말미암아 죄로 심히 죄 되게 하려 함이라"라고 말씀한다. 즉 죄가 죄로 드러나도록, 죄로 심히 죄 되게 하려고 그러셨다는 것이다. 그러면 죄가 죄로 드러난다는 것이 무엇인가? 어떻게 율법은 죄가 죄로 드러나게 하는가? 여기에서 율법의 역할을 상세하게 살펴보자.

율법은 죄의 악함을 드러낸다.

율법은 최종적으로 죄를 지은 인간에게 사망 선고를 내린다. 유죄 판결을 한다. 그리고 이 과정을 통해서 율법은 죄가 우리를 파멸로 이끌어가는 나쁜 존재임을 알게 한다. 인간은 결코 율법 교육을 통해서 죄를 깨닫는 존재가 아니다. 인간은 하나님이 금하신 것을 어김으로써 율법에 의해 사망 선고를 받을 때에야 비로소 죄의 파멸성을 알게 된다. 하나님이 금하신 것을 어김으로 몸에 병이 들고 가정에 문제가 생길 때에 죄가 악한 것임을 안다. 나에게 죽음이 찾아올 때에 내 속에 있는 죄가 죄인 것을 알게 되는 것이다.

보통 영화를 보면 어떤 악한 사람이 주인공을 해치려고 하는데도 그의 정체를 주인공이 끝까지 알아차리지 못하는 경우가 많다. 이를 보면서 관객들은 안타까워한다. 이처럼 우리는 죄를 알아차리지 못한다. 죄를 경계하라는 하나님의 계명이 우리를 잘못되게 하는 것 같고, 이 죄의 말을 따르면 잘될 것만 같다. 그래서 하나님의 법이 아니라 죄를 따라간다. 그러다가 언제 깨닫는가? 그 죄를 따라가다가 율법을 어긴 것에 대한 사망을 선고받을 때에야 깨닫는다. 사기 당하고 나서야 나에게 아첨하던 그가 사기꾼임을 깨닫고 통곡하듯이 인간은 이렇게 당하고 나서야 그것이 죄임을 깨닫는 존재인 것이다. 이것이 한편에서는 인간의 어리석음이지만 다른 한편에서는 죄의 교활함이다. 죄는 이렇게 자신이 죄가 아닌 것처럼 우리를 속인다. 율법은 죄를 막지는 못하지만, 죄에 빠진 우리에게 사망 선고를 내림으로 우리가 따랐던 죄가 아주 나쁜 존재였음을 알려주는 것이다.

율법은 죄의 반항성을 알게 한다.

우리 속에서 율법이 금지하는 것을 더 하고 싶게 만드는 정체는 무엇일까? 어거스틴은 그의 「고백록」에서 그의 어린 시절의 경험을 통해 그 정체를 밝혀낸다. 어느 날 어거스틴은 친구들과 동네에 있는 배나무를 흔들어 도둑질을 했다. 그런데 사실 집에 더 좋은 배가 있었다. 또 그때 배가 고팠던 것도 아니었다. 따라서 어거스틴은 서리를 할 이유가 없었다. 그런데 도둑질을 한 이유인즉 금지된 것을 훔칠 때 느끼게 되는 짜릿한 흥분 때문이었다. 어거스틴이 나중에 내가 왜 이렇게 하지 말라는 것을 하는 데서 짜릿한 흥분을 느끼는가 하고 생각해보니 자기 안에 약간의 반항 기질이 있다는 것을 깨달았다. 누가 나더러 하지 말라고 하면 하고 싶고, 하라고 하면 하기 싫은 마음이 있다는 것이다. 그래서 왜 이런 반항 기질이 있는가 하고 마음속을 들여다보니 내가 주인이라는 의식, 내가 하나님이라는 의식이 있더라는 것이다. 그래서 하지 말라는 것을 범함으로써 내가 주인이라는 것을, 나는 누구의 지배 아래에서 사는 존재가 아니라는 것을 나타내려는 것이었다. 즉 자신이 하나님처럼 되고 싶은 마음이 그 안에 있다는 것을 깨달았다.

이것이 죄의 본질이다. 내가 하나님처럼 되려는 것, 내가 주인이 되려는 것 말이다. 그래서 내 맘대로 하고 싶어 하는 이 죄가 하지 말라고 하는 것을 더 하고 싶게 부추기는 것이다. 그래서 바울은 자신이 신령한 율법을 따르지 않고 육신을 따라, 즉 내 맘대로 살고 싶은 정욕에 끌려 죄 아래 팔려간다고 고백한다. 자신이 원하는 것은 행하지 않고 오히려 미워하는 것을 행한다고 고백한다.

그런데 자신으로 하여금 그렇게 하도록 부추기는 것이 누구인가? 그가 바로 죄이다. 내가 원치 않는 바를 행하고 있는 이유는 무엇인가? 나를 부추기는 죄 때문이다. 하나님의 말씀에 거역하는 반항성으로 나를 부추긴다. 그래서 14~17절에 보면 "우리가 율법은 신령한 줄 알거니와 나는 육신에 속하여 죄 아래에 팔렸도다 내가 행하는 것을 내가 알지 못하노니 곧 내가 원하는 것은 행하지 아니하고 도리어 미워하는 것을 행함이라 만일 내가 원하지 아니하는 그것을 행하면 내가 이로써 율법이 선한 것을 시인하노니 이제는 그것을 행하는 자가 내가 아니요 내 속에 거하는 죄니라"라고 말하고 있다. 이는 그렇게 행하는 자는 내가 아니라 내 속에 거하는 죄라는 것이다.

내가 아니라 내 속에 거하는 죄라는 말은 내가 행하지 않았으므로 나는 책임이 없다는 의미가 아니다. 내 몸이 하는 행동이 하나님의 말씀대로 살기를 원하는 나의 명령에 의한 것이 아니라 내 안에 있는 죄의 반항성(반역성)에 의해서 하고 있다는 말이다. 그러므로 내 몸이 지금 죄에 팔려가고 있다는 것이다. 즉 나는 내 몸을 하나님의 도구로 드리지 못하고, 죄의 도구로 드리고 있다는 말이다.

우리 안에는 이렇게 뿌리 깊은 죄의 반항심이 자리잡고 있다. 내가 내 삶의 주인이니 내 마음대로 하겠다는데 누가 감히 나에게 명령하느냐는 것이다. 그래서 자신에게 하라, 하지 말라는 규범을 고의적으로 어기고 싶다. 왜 이 사회가 미덕과 규범을 당당하게 어기며 반항하는 자에게 매력 있다고, 용기 있다고 찬사를 보낼까? 인간의 마음 속에 반항심이 있기 때문이다. 그래서 자녀들도 자라면서 가장 먼저 하는 말이 '내가'이다. 그리고 어느 정도 크면 "내 맘이에요. 내가 알아서 해요. 상관하지 마세요. 내 인생은 내 것이에요. 내가 결정해요." 이렇게 말하기를 끊임없이 반복한다. 자신의 부모에게 그러하다면 당연히 하나님께도 그러한 것이다. 그러니 인간이 율법을 잘 가르치면 준수할 것이라는 생각은 정말 인간이 누구인지 알지 못하는 무지에서 나오는 것이다. 그래서 현대의 일부 심리학자들은 더 이상 거창하게 도덕적으로 접근하지 않는다. 당근과 채찍으로 접근한다. 동물에게 접근하듯이 말이다. 그것이 보다 현실적이기 때문이다.

그러면 그러한 죄를 누가 우리에게 집어넣어 주었는가? 누가 이 죄를 가르쳐 주었는가? 바로 마귀다. 하나님을 최초로 반역한 마귀가 인간에게 가르쳐준 것이요 인간에게 넣어준 것이다. 바울이 죄를 의인화하는 것은 바로 그 배후에 마귀가 있음을 염두에 둔 것이다. 결국 최초로 하나님처럼 되려 했던 마귀가 인간에게 죄를 집어넣은 것이다. 그래서 죄의 배후에는 언제나 마귀가 있다. 이 죄는 인간을 부추기고 하나님께 반역하여 원치 않는바 죄를 범하게 만든다. 그리고 율법은 바로 그 죄의 정체를 밝혀준다.

율법은 죄의 강압성을 드러낸다.

죄가 얼마나 강력한지 인간은 원하는 것을 행하지 못하고 원치 않는 것을 행하게 된다. 죄는 온갖 유혹, 회유, 협박을 다 동원하여 결국 인간을 자신에게 굴복시킨다. 그래서 죄는 자신이 원하는 것을 어떻게 해서라도 이루어내는 어리석은 폭군과 같다. 이것이 죄의 강압성이다. 죄의 강압성 앞에 인간은 도덕, 체면, 양심, 종교 등으로 무장해보지만 결국 넘어진다. 바울도 마음에 원함은 있으나 행하지 못한다고 다음과 같이 고백한다. "내 속 곧 내 육신에 선한 것이 거하지 아니하는 줄을 아노니 원함은 내게 있으나 선을 행하는 것은 없노라 내가 원하는바 선은 행하지 아니하고 도리어 원하지 아니하는 바 악을 행하는도다 만일 내가 원하지 아니하는 그것을 하면 이를 행하는 자는 내가 아니요 내 속에 거하는 죄니라"(18~20절).

여기서 우리는 한편에서는 죄의 강압성을 보지만, 다른 한편에서는 원치 않는 것을 행할 수밖에 없는 인간의 우유부단함을 발견한다. 범죄심리학자 한나 아렌트는 인간의 문제를 우유부단함에 있다고 보았다. 감옥에 있는 죄수들의 이야기를 들어보면 다 그렇게 살려고 한 것이 아니었는데 어쩌다보니 그렇게 되었다고 한다. 늘 술로 자녀와 아내를 힘들게 하는 남편도 술에서 깨어나면 후회하고 아내와 자녀 앞에 무릎까지 꿇고 빈다. 이것이 그의 진심이고 원함이다. 하지만 다시 유혹이 찾아오면 또 넘어진다. 인간의 우유부단함 때문이다. 인간은 죄의 강압성 앞에 넘어질 수밖에 없는 우유부단한 존재이다. 마음에서 원하는 선은 행하지 못하고 원치 않는 악을 행하는 존재인 것이다. 이것이 우리의 실상이다. 겉으로 보기에 아무리 경건해 보여도 인간은 기회가 되면 어느 순간 자기가 가르친 대로 살기를 포기한다. 아무도 보지 않을 때, 혹은 이해관계가 얽힐 때, 때론 힘들고 스트레스 받을 때, 화가 나고 절망할 때 그럴듯하던 인간은 결국 육신의 정욕에 넘어진다. 그래서 모든 은밀한 것을 보시는 하나님께서 선언하신다. "의인은 없나니 하나도 없다!" 내 자신을 돌아볼 때 나는 하나님의 이 선언에 동의한다. 나는 우유부단한 죄인이다. 그리고 모든 것을 아시는 하나님이 말씀하신다. 그도, 당신도, 훌륭한 그 어떤 분도 다 우유부단한 죄인이라고.

율법은 죄의 막강한 권세와 세력을 알게 한다.
율법은 이 죄가 우리 안에서 막강한 권세와 세력을 구축하고 있음을 알게 한다. 그리고 바울은 죄 아래 팔려가는 자신을 돌아보면서 자신 안에 악, 즉 죄의 법이 있다고 말한다. 죄의 법이라고 하는 것은 죄가 인간 안에서 합법적으로 권세를 구축하고 있음을 의미한다. 21~23절을 보라. "그러므로 내가 한 법을 깨달았노니 곧 선을 행하기 원하는 나에게 악이 함께 있는 것이로다 내 속사람으로는 하나님의 법을 즐거워하되 내 지체 속에서 한 다른 법이 내 마음의 법과 싸워 내 지체 속에 있는 죄의 법으로 나를 사로잡는 것을 보는도다".
즉 인간이 죄에게 굴복하게 되는 이유는 인간 안에서 합법적인 권세와 세력을 구축하고 있기 때문이라는 것이다. 인간이 양심의 각성대로, 도덕과 윤리대로, 종교적인 깨달음대로 살 수 없는 이유는 죄가 이미 인간의 마음을 점령하고, 인간을 다스리는 권세를 가지고 있기 때문이다. 그러한 죄의 권세와 힘에 비하면 내가 하나님의 법을 사모하는 도덕심, 양심, 종교심 그리고 더 나아가서 거듭난 사람의 선한 마음은 너무나 미약하다. 나는 의지가 강하고 의롭다고 할지라도 결국 죄의 권세와 세력 앞에서 추풍낙엽처럼 쓰러진다. 우리 안에 진지를 형성하고 있는 죄의 권세, 바로 이것이 인간이 율법으로는 안 되는 이유이다. 인간에게 윤리를 가르쳐 착하게 살도록 만들 수 없는 이유가 바로 이것이다. 인간 안에 그 무엇으로도 이길 수 없는 에일리언 같은 강력한 죄의 세력이 버티고 있으며 그 배후에 마귀가 버티고 있기 때문이다. 이것이 우리 안에 있는 죄의 정체인 것이다.

율법은 그리스도를 바라보게 한다.

그래서 율법은 결국 우리로 하여금 자신에게 절망하고 탄식하게 하여 그리스도를 바라보게 한다. 이 지점에 이르자 결국 바울은 "오호라 나는 곤고한 몸이로다 이 사망의 몸에서 누가 나를 건져내랴"(24절 상)라고 탄식한다. 그러고서는 "우리 주 예수 그리스도로 말미암아 하나님께 감사하리로다"(25절 상)라고 하며 그리스도를 바라본다. 율법의 최종적인 역할이 여기에 있다. 우리를 스스로에게 절망하게 하여 그리스도께로 인도하는 가정교사 역할을 하는 것이다. 율법 아래서 이렇게 고백하는 사람은 정직한 사람이다. 도덕과 경전을 공부하고 열심히 수련하고 나서 자신이 죄인이라는 사실을 깨달아야 정직한 사람이다. 그래서 구원자가 필요하다고 고백하는 사람이 정직한 사람이다. 그런데 자신이 의인인 척, 다른 사람의 선생인 척, 또 자신이 도인이라도 되는 척, 해탈이라도 한 척하는 사람들은 다 거짓말쟁이요 위선자인 것이다. 고상한 척해봐야 다 죄의 노예이다. 스스로 고상한 척하며 뭐라도 된 척하는 그 자체, 그래서 자신이 자신의 삶의 주인인 척하는 그 자체가 죄다.

믿고 거듭났어도 죄에 자주 넘어지는 이유

신자의 이중적 실상

그래도 우리는 '예수님을 믿고 거듭난 사람은 다르지 않을까?'라는 질문을 하게 된다. 하지만 기대와 달리 예수를 믿어도 우리는 자꾸 넘어진다. 왜 그럴까? 바로 신자의 이중적인 실상 때문이다. 거듭나서 마음으로 하나님의 법을 즐거워하지만 육신의 막강한 힘에 눌려 죄의 법에 굴복하는 것이다. 25절 하반절에 바울은 "그런즉 내 자신이 마음으로는 하나님의 법을 육신으로는 죄의 법을 섬기노라"라고 하였다. 그래서 '마음은 원이로되 육신이 약하도다'라는 탄식을 하게 된다. 비록 우리가 거듭나서 하나님의 법을 즐거워하는 마음이 있다고 해도 그것으로 결코 육신 안에 있는 죄의 법을 이길 수 없다. 결국 신자가 율법을 의지하여 내 힘으로 죄를 이겨보려고 하면, 거듭났어도 넘어질 수밖에 없는 것이다. 원치 않는 악을 행하게 되는 것이다. 결국 신자가 거듭나도 넘어지게 하는 주범은 바로 육신인 것이다.

넘어지게 하는 주범, 육신의 정체

육신은 옛사람과 같은 존재이지만 다른 뉘앙스를 지닌다. 옛사람은 내가 주인이라고 하는 나의 자아를 말한다. 하나님처럼 되려고 하는 죄된 자아, 내 맘대로 살고자 하는 자아가 곧 옛사람이다. 그러면 육신은 무엇인가? 옛사람이 지배하는 몸의 성향이 곧 육신이다. 옛사람이 육체 속에서 성육신되어 나타나는 것을 육신이라고 하는 것이다. 옛사람과 육신은 본질적으로 같은 것이나 그 존재 양상에서 구별된다. 즉 옛사람의 본성이 육체 안에서 활동하기에 그것을 육신이라고 부르는 것이다.

이 둘을 구별해야 하는 이유는 옛사람이 죽었음에도 그리스도인이 육신에 속할 수 있기 때문이다. 원리적으로는 예수님의 십자가의 죽음으로 인해서 옛사람도, 육신도, 죄도 죽었다. 그런데 문제는 그리스도와의 연합으로 우리는 옛사람이 죽고 새사람이 되었지만, 우리의 몸은 아직 구원받지 못하고 구원을 기다린다는 데 있다. 옛사람이 죽었지만, 아직 변화되지 않은 이 몸 안에서는 여전히 옛사람이 활동하던 육신의 세력이 실존하고 있는 것이다. 즉 옛사람의 죽음과 함께 육신은 합법적인 권세를 잃었지만, 몸 안에서 자신의 흔적과 텃세를 간직하고 있는 것이다. 이러한 육신을 신자가 따라갈 때에 죽었던 옛사람은 육신 안에서 다시 모습을 드러내어 세력을 얻으며, 죄는 그 육신을 근거로 우리를 지배하게 되는 것이다. 그리하여 거듭난 신자가 새사람의 본성으로 하나님의 뜻대로 살려고 할 때 죄된 육신은 그것을 거역하여 우리를 죄 아래로 잡아갈 수 있는 것이다. 그래서 우리가 거듭났지만 죄에 넘어지는 일이 생긴다. 그래서 성경은 신자에게 "옛사람을 벗으라. 구습을 벗으라. 육신을 따르지 말라."고 권면하는 것이다.

하지만 옛사람의 본성인 육신은 이 몸 안에서 오랫동안 활동하며 텃세를 구축하였기에 거듭난 새사람이 스스로의 힘으로는 이길 수 없이 강력하다. 마치 어느 망해가는 회사에 새로운 신임 사장이 임명되었는데, 그 회사에는 오랫동안 타성에 젖어 있는 직원들이 있어서 신임 사장의 말을 잘 듣지 않아 뜻대로 되지 않는 것과 같다. 우리가 새사람이 되었지만, 이처럼 육신은 강력하게 죄의 세력을 떨치고 있다. 그러므로 우리가 거듭났지만 육신의 문제가 남는다. 바로 여기에 신자의 걸림돌이 있는 것이다.

그렇다고 늘 육신에게 져서 탄식하는 것이 결코 신자의 정상적인 삶은 아니다. 승리의 길이 없는 것은 아니다. 그 승리의 길이 8장에서 이어진다. 하지만 여기서 분명히 짚고 넘어가야 할 것은 7장의 사람이 거듭난 사람이라고 한다면, 왜 그가 넘어지며 육신의 세력을 이기지 못하는가 하는 것이다. 바로 내 힘으로 율법을 의지하여 죄를 이겨보려고 하기에 그런 것이다. 하지만 내 힘으로는 결코 죄를 이기지 못한다는 것이 바울의 고백이다. 그러므로 누구든지 율법으로 돌아가면 육신에게 져서 다시 죄에 넘어지게 되는 것이다.

그래서 거듭났어도 우리에게는 예수 그리스도가 필요하다. 율법에서 우리를 자유케 하신 이유는 그리스도에게로 가게 하기 위한 것이다. 따라서 우리는 다시 율법에게로 돌아갈 것이 아니라 예수 그리스도에게로 시집가야 한다. 그래야만 열매를 맺는다. 오직 예수 그리스도 안에만 인간의 이 절망어린 탄식에 대한 해답이 있다.

그리스도인이 죄를 짓고 넘어지는 것이 정상인가?

여기서 묻고 넘어가야 할 한 가지 중요한 질문이 있다. 과연 죄 아래서 탄식하는 이 사람은 어떤 사람인가 하는 것이다. "오호라 나는 곤고한 사람이로다. 이 사망의 몸에서 누가 나를 건져내랴"라고 부르짖는 이 사람은 거듭난 사람인가, 거듭나지 않은 사람인가? 성숙한 신자인가, 아니면 미성숙한 신자인가? 이 질문이 중요한 이유는 그가 누구인가에 따라서 우리의 생각과 적용이 달라지기 때문이다.

거듭난 신자의 삶일 수 없다는 견해

첫째는 죄 아래서 탄식하는 이 사람은 거듭난 신자일 수 없다는 견해다. 이것은 초대 교부들이 많이 주장하는 견해이다. 거듭났다면 어떻게 반복적으로 죄 아래 팔려가 죄의 종이 되고 날마다 자신이 곤고한 사람이라고 외치겠는가? 그것이 거듭난 그리스도인의 실상일 수 없다는 것이다. 그러나 여기에 대한 반문은 어떻게 불신자가 속으로 율법을 사모할 수 있겠는가 하는 것이다. 이에 대해 존 스토트는 성경에 보면 예수님을 믿지 않지만 유대교 내에서 하나님을 섬기고 율법을 묵상하며 경건하게 살려고 했던 고넬료 같은 사람이 있었음을 언급한다. 이를 통해 하나님은 그들에게 율법을 사모하고 깨달을 수 있는 은총을 주셨음을 생각해 볼 수 있다. 이처럼 바울도 율법을 지키며 경건하게 살려고 했던 사람 중의 한 사람이라는 것이다. 사실 인간의 본성이 하나님을 거부하고 하나님의 말씀을 싫어하는 것은 사실이지만, 일반은총 아래에서 인간은 그 양심과 지각으로 어느 정도 하나님의 진리를 사모하고 추구할 수 있다는 것을 부정하면 안 된다. 공자는 논어에서 학이시습지 불역열호(學而時習之 不亦說乎), 즉 배우고 또 익히면 즐겁지 아니한가라고 했다. 도대체 그가 배운다고 한 것이 무엇이겠는가? 도덕적인 삶을 배우는 것이 즐겁다는 것이다. 오늘날도 믿지 않는 사람들 중에서 고전이나 동양철학 같은 수많은 책 읽기에 빠져 그 즐거움을 탐닉하는 사람들이 얼마나 많은가? 우리가 불신자들은 전혀 진리 도덕의 아름다움을 알지 못한다고 주장한다면 너무나 좁고 무지한 생각임을 알아야 한다. 예수를 믿는다고 하면서도 말씀을 멀리하는 그리스도인들보다 저들이 훨씬 더 교양 있고 깨어 있으며 도덕적인 의식을 가지고 있음을 명심해야 할 것이다. 그러나 문제는 무엇인가? 그들이 설사 그렇다고 해도 이것으로 그들 안에 있는 거대한 죄를 이길 수 없다는 것이다. 그래서 결국 죄를 짓는 것이다. 앞서 유대인들에 대해서 죄인이라고 선언했던 것과 마찬가지이다.

하지만 이러한 견해의 또 하나의 문제점은 전체적인 문맥 속에 있다. 이미 바울은 우리가 예수님을 믿고 의롭다 함을 받아 중생하여 하나님의 종이라는 새로운 신분을 얻었다고 이야기했다. 그것이 바로 앞의 6장인데, 갑자기 여기서 바울이 불신자의 경험을 토대로 율법의 이야기를 했을까 하는 것이다.

정상적인 심지어 성숙한 그리스도인의 모습이라는 견해

두 번째로 죄 아래서 탄식하는 이 사람은 정상적인, 심지어 성숙한 그리스도인이라는 견해이다. 이 주장을 하는 대표적인 사람이 어거스틴이다. 그는 본문의 탄식하는 이 사람은 거듭난 사람일 뿐 아니라 성숙한 사람이라고 주장한다. 어떻게 거듭나지 않고 율법, 계명을 거룩하다고 말하고 즐거워할 수 있겠는가? 어떻게 거듭나지 않은 사람이 자기 안에 있는 죄에 대해 탄식하고 죄에 넘어지는 자신을 곤고한 심령이라고 부르짖을 수 있겠는가? 이런 심각한 죄의식은 거듭난 사람만이, 성령의 빛 아래에서 율법의 고결함을 깨닫고 그 앞에 자기의 추함을 보는 사람만이 고백할 수 있는 것이지 거듭나지 않으면 이렇게 고백할 수 없다는 것이다. 팀 켈러도 이와 비슷한 견해를 이야기한다. 자신의 죄를 탄식하는 것은 믿음 있는 성숙한 고백이라는 것이다. 이 세상을 살아가는 동안 아무리 성숙하다고 해도 죄에서 완전히 벗어난 사람은 없고, 아무리 성숙한 사람도 죄와 씨름하지 않는 사람은 없다. 우리는 죽을 때까지 죄에서 완전히 벗어날 수 없다는 것이다. 나의 영적 스승이신 고 옥한흠 목사님도 로마서를 강해하시면서 같은 견해를 주장하셨다. 목사님도 젊었을 때에는 이 사람은 결코 그리스도인일 리가 없다고 생각하였는데, 목회를 하다보니 이렇게 고백하는 것이 우리의 실존이라는 것이다. 그리고 성숙하신 훌륭한 목사님을 언젠가 만났는데 "옥 목사, 내 안에 선한 게 없어"라고 말씀하시더라는 것이다. 우리가 공감하지 않을 수 없는 말씀이다. 우리가 주님께 더 가까이 나아가면 나아갈수록 우리는 죄를 깨닫게 되고 우리 안에 자랑할 것이 없음을 알게 된다. 우리는 죽을 때까지 완전할 수 없다. 끊임없이 죄와 싸우는 것이 우리의 실존이다. 언덕이 높으면 바람이 거세지듯 성숙하면 성숙할수록 이 싸움은 더욱 치열해지는 것임을 부인할 수 없다.

하지만 이런 견해에 대한 의문점을 제시하자면, 과연 이러한 경험이 여기에서 바울이 말하려는 것일까 하는 것이다. 분명히 바울은 이 탄식 뒤에 예수 그리스도로 말미암는 승리의 길을 8장에서 이어간다. 이 8장이야말로 성숙한 그리스도인의 실존을 이야기한다고 보아야 맞다. 물론 성숙한 그리스도인도 강력한 죄성을 경험하며 넘어지는 것은 사실이다. 하지만 아무리 강력한 대적이 쳐들어와도 이미 대비책을 가지고 있는 사람은 이렇게 절망하고 탄식하지 않는다. 어쩌다 연약해서 넘어져 때로 탄식한다고 해도 이러한 탄식이 그의 주된 삶의 고백이라고 할 수는 없다. 무엇보다 7장의 사람은 내 마음의 하나님의 법과 내 육신의 죄의 법 사이에서 갈등한다. 7장의 사람은 8장의 사람에게 있는 것이 없다. 그것은 바로 생명의 성령의 법이다. 성숙한 사람은 비록 육신의 강력한 죄의 세력 앞에서 마음이 원하는 것을 하지 못하는 자신의 무력함을 경험하지만, 그렇기 때문에 우리 안에 있는 성령의 능력을 의지하는 사람이요, 결국 율법의 요구를 이루는 사람이다. 그러므로 8장에 비추어볼 때에 7장이 거듭난 사람, 성숙한 사람이라는 견해는 좀 과하다는 느낌이 든다. 오히려 이러한 견해는 많은 그리스도인들로 하여금 이렇게 죄에 넘어져서 탄식하는 것이 당연한 실상인 것처럼 인식시킬 위험이 있다. 얼마나 많은 그리스도인들이 입버릇처럼 마음은 원이로되 육신이 약하다고 말하는가? 과연 이것이 정상적인 그리스도인의 고백이라고 말할 수 있을까? 우리가 우리의 정체성을 어떻게 인식하는가에 따라서 우리는 그렇게 사는 것이다. 그런 면에서 나는 7장의 바울의 탄식은 결코 거듭난 정상적인 신자의 고백일 수 없고, 성숙한 신자의 고백은 더더욱 아니라고 생각한다.

연약하고 미성숙한 신자의 증상이라는 견해

세 번째는 죄 아래서 탄식하는 이 사람은 연약하고 미성숙한 신자라는 견해이다. 이 주장을 하는 대표적인 분이 마틴 로이드 존스이다. 그는 묘한 주장을 하였다. 이 사람이 하나님의 법을 기뻐하는 것을 보면 거듭나지 않은 사람이라고 말하기 어려우나 동시에 자기를 죄의 종이라고 말하면서 맨날 죄 아래 팔려간다고 말하는 것을 보면 또 완전히 중생한 사람이라고 보기도 어렵다는 것이다. 그래서 그는 초대교회 부흥의 시대를 많이 연구한 자신의 경험을 토대로 이 사람을 정의한다. 그는 부흥의 시대에 성령으로 인해 자신의 마음의 죄는 깨달았으나 아직 하나님 앞에 나아가서 회개하고 회심하지는 않은 사람이라는 것이다. 즉 성령께서 그 마음을 만져주셔서 마음에 죄에 대한 깊은 번민과 동시에 자기 힘으로 율법을 지킬 수 없는 곤고한 상태를 깨달음으로 그리스도께 나아가면서 부르짖고 있는 상태라는 것이다.

존 스토트도 다른 측면에서 이와 비슷한 견해를 주장한다. 그는 이 바울 서신을 받는 사람들이 주로 유대 그리스도인이라는 것을 말한다. 유대인 중 예수 믿는 사람들에게 주안점을 두었다는 것이다. 성경을 보면 유대인은 예수를 믿기 전에도 말씀을 주야로 묵상하고 여호와의 율법을 즐거워하는 일들이 있었다. 그래서 경건한 고넬료, 사가랴와 같은 사람들을 하나님께서 의롭다고 칭하시기도 했다. 그러므로 그들이 율법 안에서 어느 정도 거듭난 사람들이 누리는 유익을 누린다는 것이다. 그러다보니 유대인 중에 예수 그리스도를 믿은 사람들은 예수님을 믿음으로써 거듭나는 것은 인정하지만, 율법 안에서 태어나 그 체계 속에서 평생토록 율법을 남편으로 모시고 살아왔기에 절대로 그 남편을 버리지 못한다는 것이다. 그래서 그들은 예수님을 믿고 거듭남으로써 마음에서부터 하나님을 사랑하고 하나님의 말씀인 율법을 깊이 깨닫고 사모하게 되었지만 율법을 지켜서 더 거룩해져야겠다고 생각하게 된다는 것이다. 즉 다시 율법으로 돌아가게 된다는 것이다. 그래서 유대인 중에 예수를 믿었지만 바울의 복음을 배역하는 사람들이 많았던 것이다. 그들은 예수님을 믿었으면 그 다음에는 거룩하고 고상한 율법으로 돌아가서 율법을 열심히 지켜야 한다고 생각했다. 그러므로 그들에게 복음이란 예수 더하기 유대교인 것이다. 예수님이 와서 오히려 유대교를 완성하는 것이므로 예수님 믿고 다시 유대교, 즉 율법으로 돌아가야 한다고 주장하였다는 것이다. 그래서 바울은 다시 율법으로 돌아가면 안 된다는 이야기를 하는 것이다.

그리스도인이 죄를 짓고 넘어지는 것은 정상이 아니다.

나는 이 세 번째 견해에 더 많은 타당성이 있다고 본다. 하지만 첫 번째 견해 역시 깊이 참고해야 한다고 생각한다. 이 사람이 율법을 즐거워하는 것은 일반은총으로 공자처럼 깊은 노력에 의해서 어느 정도 즐거움을 느끼는 것일 수도 있고, 경건한 유대인으로서 어느 정도 거듭난 사람의 유익을 누리는 것일 수도 있다. 또 회심 직전 성령님의 역사로 자신의 죄를 깊이 깨닫고 탄식하는 단계에 있는 것일 수도 있고, 실제로 거듭나서 성령 안에서 율법을 즐거워하는 것일 수도 있다. 그러나 분명한 것은 이 사람은 자신이 즐거워하는 그 율법을 제 힘으로 지켜보려고 하는 사람임에 틀림없다는 것이다. 만약에 이 사람이 거듭난 사람이라면, 존 스토트의 말처럼 이전의 율법의 경험으로 돌아가서 유대교의 체계로 다시 돌아가려는 성향을 가진 사람이다. 그래서 율법을 더 열심히 준수함으로 구원을 완성하겠다는 사람인 것이다. 꼭 유대교가 아닐지라도 공자와 같은 사람이 예수를 믿고 거듭났다면, 아마도 그 역시 주님의 진리에 대한 즐거움으로 인해서 더욱 더 도덕과 윤리로 돌아가려고 하지 않았을까 싶다. 그리고 이러한 모습은 유교의 관습과 습관이 몸에 배어 있는 한국인들의 신앙에도 많은 영향을 미쳤으리라고 본다. 그래서 우리나라의 그리스도인들은 예수를 믿고 더욱 선비적인 모습으로 돌아가려는 성향이 있다. 물론 샤머니즘의 영향으로 예수를 믿고 신비적인 경향으로 가는 경우도 있지만 말이다. 그것이 무엇이든 여기서 정리할 수 있는 요점은 분명하다. 우리가 예수님을 믿고 거듭나면 율법을 즐거워하게 된다는 사실이다. 그렇게 될 때에 우리가 가지게 되는 위험 중의 하나는 그 즐거워하는 율법을 우리 힘으로 지켜보려고 애쓰게 되는 것이다. 그래서 복음을 윤리와 도덕으로 변질시켜버리는 것이다. 그렇게 되면 우리가 거듭났다고 할지라도 결국 죄의 세력에 넘어진다. 즉 거듭났지만 예수님을 의지하기를 중단하고 율법과 도덕으로 가면, 결국 다시 죄의 노예로 전락하게 된다. 이것이 바로 그리스도인들이 거듭났음에도 죄에서 허덕이는 이유이다. 사람들은 교회가 도덕과 윤리를 가르치지 않아서 그렇다고 하는데, 우리가 율법의 역할이 무엇인지를 제대로 안다면 그런 말이 얼마나 무지에서 나오는 말인지 깨닫게 될 것이다.

이 사람이 거듭났음에도 죄에 허덕인다면, 그것은 그가 그리스도에게로 가지 않았기 때문이다. 아직 8장으로 넘어가지 않았기에 그가 그리스도로 말미암아 우리에게 허락하신 생명의 성령의 법, 즉 성령을 따르는 삶을 살지 않아서 그런 것이라고 볼 수 있다. 우리가 성령을 따르면 성령은 우리를 그리스도에게로 인도하여 열매 맺게 하신다. 그리스도 안에서 모든 율법은 인격이요 영이요 생명이 되어 우리에게 다가온다. 그리스도는 모든 율법의 완성이시고 모든 말씀이 성육신하신 분이시다. 그러므로 우리가 성령의 능력으로 모든 죄의 법을 이기고, 그리스도와 날마다 교제하며 따라갈 때에 우리는 결국 열매를 맺고 율법의 요구를 이루는 인생이 되는 것이다. 결국 이 사람은 아직 8장의 세계를 모르는 사람이다. 이 사람은 거듭난 이후에 어떻게 그리스도 안에서 열매를 맺어야 하는지를 모르는 사람이다. 믿음으로 시작했지만 믿음을 버리고 행위로 돌아선 사람이다. 오늘날 얼마나 많은 성도들이 이와 같은가? 겨우 복음의 전반부인 칭의까지만 안다. 그러다보니 그 이후의 행보가 두 갈래다. 공자 같은 성향의 사람들은 윤리 도덕의 길을 통해서 하나님의 종으로 살겠다고 하고, 샤머니즘적 성향의 사람들은 신비주의적인 은사와 체험을 통해서 가능하다고 말한다. 둘 다 그리스도에게서 떠난 것이다. 믿음에서 떠난 것이다. 겉으로 아무리 대단해 보여도 들여다보면 결국 죄의 종일 뿐이다.

11장

예수를 믿으면
실제적으로 죄를 이길 수 있나요?

롬 8:1~4

죄에 빠져 탄식하는 것이 정상적인 신자의 삶이 아니라면 우리는 어떻게 죄를 이기는 삶을 살 수 있을까? 이 문제를 다루기 전에 기억할 것이 있다. 그것은 죄의 문제는 곧 '몸'의 문제란 사실이다. 7장의 마지막 탄식으로 돌아가보자. "오호라 나는 곤고한 사람이로다 이 사망의 몸에서 누가 나를 건져내랴"(7:24). 이것은 단지 탄식의 외침이 아니다. 이것은 하나의 질문이다. 이 사망의 몸에서 어떻게 구원받는가? 이 사망의 몸을 어떻게 순종시켜 거룩하게 살아갈 수 있는가라는 질문이다. 로마서는 예수님을 믿고 의롭다 칭함을 받은 이후에 신자가 계속 해결해야 할 과제가 무엇인지를 말씀해 준다. 그것은 거듭난 우리의 몸이 죄에게 종 노릇 하지 않게 하는 것(롬 6:6, 12), 우리의 몸을 불의의 무기로 죄에게 내주지 않고 의의 무기로 하나님께 드리는 것(6:13), 우리의 몸을 거룩하게 하는 것(6:19 하)이다. 그러면 이 과제들을 어떻게 수행해 갈 수 있을까?

새로운 존재요 새로운 소속이 된 성도는 하나님의 종이요 하나님의 소유가 되었다. 그러므로 옛 주인으로부터 벗어나 우리의 몸을 하나님께 드려야 한다. 그러나 앞에서 살펴보았듯이 그 사람을 거듭난 사람이라고 한다 해도 우리의 몸 안에 있는 육신과 죄의 세력이 너무나 커서 결코 율법을 알고 행하려는 노력으로는 이 몸을 순종시킬 수 없다. 우리의 거듭난 속사람이 하나님의 법을 즐거워함에도 불구하고 우리 몸 안에 있는 죄의 법에 팔려서 우리가 원치 않는 것을 행하게 된다. 그만큼 우리 안에 있는 죄의 세력은 강력한 것이다. 인간의 치명적인 문제는 죄를 저지르는 '몸'의 문제요, 거듭난 우리에게도 여전히 남아 있는 어려운 숙제는 바로 이 연약한 '몸'에 있다. 아직 남아 있는 인간의 최종적인 구원은 이 몸의 구원에 있다. 그리스도는 최종적으로 결국 이 몸을 영광스럽게 변화시키실 것이다.

이제 이어지는 8장은 인간의 가장 심각한 딜레마인 이 몸의 문제에 대한 해답을 기록한다. 로마서 8장이 얼마나 중요한지 누군가 말하길, 성경 전체에서 가장 빛나는 성경이 로마서라면 로마서의 가장 빛나는 보석을 8장이라고 하였다. 그리고 심지어 성경 전체에서 딱 한 장만 남긴다면 로마서 8장을 선택할 것이라고 할 정도이다. 그만큼 로마서 8장은 아주 소중한 진리를 담고 있다.

몸을 위한 복음

많은 신자들이 예수를 믿어도 죄에 넘어진다. 그렇다면 과연 복음은 이 심각한 사망의 몸의 문제에 대한 대답을 가지고 있는 것일까? "이 사망의 몸에서 누가 나를 건져내랴?"라는 질문에 대한 대답이 정말 복음 안에 있는 것인가? 그렇다. 복음은 단지 우리의 영혼 구원만이 아니라 우리 몸의 구원을 위해 주신 소식이다. 그러므로 몸의 문제에 대한 대답은 또다시 예수 그리스도이시다. 예수 그리스도의 복음은 단지 우리를 의롭다 선언하는 데서 끝나지 않는다. 그리스도의 복음은 우리를 믿음으로 의롭다고 선언할 뿐 아니라 실제적으로 죄를 이기게 해준다. 더 나아가 실제로 의롭게 해준다. 8장 1절에 "그러므로 이제 그리스도 예수 안에 있는 자에게는 결코 정죄함이 없나니"

라고 하였다. 여기서 정죄함이 없다는 것은 단지 법정적인 칭의만을 의미하는 것이 아니라는 사실을 그 다음에 연결되는 구절을 통해 알 수 있다. 2절에서 정죄함이 없는 이유는 성령님이 우리를 죄의 세력에서 해방시켜주셨기 때문이라고 한다. "이는 그리스도 예수 안에 있는 생명의 성령의 법이 죄와 사망의 법에서 너를 해방하였음이라". 여기서 정죄함이 없다는 말은 법정적인 선언이 아니라 성령님이 실제로 신자 안에서 행하시는 사역의 결과를 말한다. 성령님이 우리를 실제로 죄의 세력에서 해방시키셔서 거룩하게 하심으로 우리가 정죄받지 않게 하시는 것이다. 그러면 몸을 위한 복음은 무엇인가?

율법이 할 수 없는 것을 하나님이 하신다.

몸을 위한 복음은 첫째, 율법이 할 수 없는 것을 하나님이 하시는 것이다. 3절에 "율법이 육신으로 말미암아 연약하여 할 수 없는 그것을 하나님은 하시나니"라고 하였다. 그 어떤 인간도 육신 때문에 자신의 힘으로 죄를 이기고 율법을 지켜낼 수 없었는데, 하나님께서 우리가 율법의 요구를 이룰 수 있게 하신 것이다. 이것이 계속되는 기쁜 소식인 바로 복음이다. 이어지는 구절을 보면 이를 가능하게 한 것은 또다시 예수 그리스도의 십자가이다. 하나님께서 예수 그리스도를 십자가에 못 박은 것은 단지 우리로 하여금 믿음으로 의롭다 함을 얻게 하는 것에 그치지 않는다. 거기에는 또 다른 이유가 있는데 바로 율법이 육신으로 말미암아 연약하여 할 수 없는 것, 즉 이 몸이 죄를 이기고 율법의 요구를 이루게 하시는 것이다.

여기에서 율법이 연약하다는 것은 무슨 의미일까? 분명히 이해할 것은 육신이 아니라 율법이 연약하다고 했다. 연약한 이유가 육신 때문이라는 것이다. 즉 율법 자체는 거룩하고 고상하고 선하지만 그 율법이 우리를 거룩하고 고상하고 선하게 만들지 못하는 이유, 무력하고 약하게 되는 이유는 육신 때문이라는 것이다.

예를 들어보자. 담임목사인 내가 가장 힘들어하는 부서는 무서운 사춘기를 지나는 중등부와 천진난만하게 뛰노는 미취학 부서다. 중등부 아이들 앞에 서면 그들의 언어와 코드를 모르니 정말 난감하다. 또한 유아부에 가면 어른들에게는 통하던 내 언어를 이해하지 못하는 그 아이들로 인해서 진땀을 흘린다. 내가 얼마나 무력한지를 깨닫는다. 이와 같이 율법 자체는 아주 선하고 고상한 것이지만, 그것을 받아 따르려는 육신에 이르면 연약해진다. 즉 천방지축 육신 때문에 이 몸을 순종하게 만드는 일에는 무력한 것이다.

이처럼 율법을 행함에 있어서 육신으로 말미암아 연약하여 할 수 없는 것을 하나님께서 하시려고 그리스도를 보내신 것이다. 예수 그리스도의 복음은 단지 우리를 법정적인 '칭의'만이 아니라 실제적인 '성화'에 이르게 한다. 그러므로 그리스도의 복음은 인간 존재의 전체, 몸을 위한 복음인 것이다.

예수님이 '죄 있는 육신의 모양'으로 죄를 담당하셨다.

그러면 이 몸을 구원하기 위한 복음은 무엇인가? 예수 그리스도는 몸을 구원하기 위해서 무슨 사역을 하셨는가? 몸의 구원을 위해

성경은 예수님의 십자가의 죽음을 다른 각도에서 조명한다. 십자가에 달리신 예수님의 몸의 모양을 주목한다. 3절 중반절에 보면 하나님은 "곧 죄로 말미암아 자기 아들을 죄 있는 육신의 모양으로 보내셨다"고 말씀한다. 예수님은 분명 죄가 전혀 없으시다. 그런데 죄 있는 육신의 모양은 무엇일까? 최초에 하나님께서 아담을 창조하셨을 때 그는 죄가 없었고, 의와 거룩과 진리의 옷을 입고 하나님과 동산에서 교제하며 모든 피조물을 다스리는 만물의 영장으로서의 권위와 빛남이 있었다. 예수님도 그렇게 완전하고 영광스러운 몸으로 오실 수 있었다. 하지만 죄 있는 육신의 모양으로 오셨다. 이것은 주님이 우리와 똑같은 육체로 오셨음을 말하는 것이다. 그런 면에서 우리는 우리의 육체가 왜 이 모양일까를 알게 된다. 오늘 우리가 이렇게 속되고 추하고 약한 모양인 것은 옛사람 안에 역사하는 죄의 노예가 되어버렸기 때문이다. 어쨌든 예수님이 죄 있는 육신의 모양으로 오셨다는 것은 예수님이 죄가 있으시다는 의미가 아니다. 죄가 없으심에도 불구하고 죄 있는 육신의 '모양'으로 오셨다는 것이다. 즉 죄가 없으심에도 죄가 있는 우리들의 몸과 같은 육체를 입으셨다는 것이다.

그러면 그 목적은 무엇인가? 3절 하반절에 하나님은 예수님의 "육신에 죄를 정하셨다"고 말씀한다. 죄가 없으심에도, 죄 있는 육신의 모양으로 오셔서 예수님의 육체에 인류의 죄를 옮겨 정하신 것이다. 즉 전가하신 것이다. 그리고 예수님은 우리 대신 십자가에서 저주를 받아 죽으셨다. 그러면 그 결과는 무엇인가? 우리 예수님이 십자가에서 이루신 모든 일이 믿음으로 그분과 연합하는 모든 신자에게 일어나게 된 것이다. 그러면 예수님이 육신의 모양으로 우리의 죄를 짊어지심으로 우리에게 일어난 일은 무엇인가? 우리 안의 죄 있는 육신이 심판과 형벌을 받은 것이다. 앞에서 우리로 하여금 순종하지 못하게 만드는 원흉이 육신이라고 이야기했다. 이 육신으로 인해 죄는 몸 안에서 강력하게 활동한다. 그러므로 이 죄로 물든 육신이 몸의 문제였다. 그런데 예수님이 죄 있는 육신의 모양으로 이 땅에 오셔서 우리의 죄를 짊어지시고 죽으심으로써 주님은 육신과 그 속에서 활동하는 죄를 심판하신 것이다. 정죄하시고 형벌을 받으신 것이다. 그러므로 이제 신자 안에 있는 죄 있는 육신은 죽었으며 이제 더 이상 우리는 이 죄된 육신을 따를 필요가 없게 된 것이다. 이제 육신은 우리를 지배하던 권세를 잃어버린 것이다. 6장에서는 예수님과 함께 우리가 죽을 때에 옛사람이 못 박혔다고 말했다. 즉 내가 주인이라고 하는 나의 옛 자아가 못 박힌 것으로 여기서는 육신이 심판받았다고 말하는 것이다.

그런데 여기서 성경은 육신이 심판받았다고 하지 그 숨통이 끊어져 아예 무력화되었다고 말하지 않는 것을 주의해야 한다. 만약에 그렇게 되었다면 성경이 우리에게 육신을 따르지 말라는 권면을 할 이유가 없다. 이미 거듭난 우리에게 자꾸 육신을 따르면 죽는다는 권고를 할 이유가 없다는 말이다. 비록 그리스도의 십자가로 죄 있는 육신이 심판을 받았지만, 아직 변화되지 않은 이 몸 안에서는 여전히 옛사람이 활동하던 육신의 세력이 실존하는 것이다. 이미 앞에서 살펴보았던 것처럼 육신은 몸 안에서 자신의 흔적과 텃세를 여전히 간직하고 있다. 이러한 육신을 신자가 따라갈 때에 죽었던 죄는 육신 안에서 다시 자신의 능력을 발휘하기 시작하여 우리를 넘어뜨리는 것이다.

하지만 달라진 것은 무엇인가? 이 육신은 이미 패잔병이라는 사실이다. 그래서 이제는 우리가 그의 요구를 거절할 수 있고, 그렇게 할 때에 힘을 잃어버린다는 사실이다. 예를 들면 이와 같다. 우리나라가 일본에게 강점당하고 있던 어느 날 일본 천왕이 연합군에게 항복하였다. 그 순간 조선 땅 구석구석에 있던 일본 군인과 순사들은 모두 권세를 잃어버렸다. 하지만 이 소식을 모르는 시골 마을 사람들은 여전히 그들의 권세가 두려워 그들에게 복종하고 충성하고 있다. 그러나 이제 그 소식이 전해지면 그들은 더 이상 일본군에게 복종하지 않게 될 것이다. 왜냐하면 그들은 이미 패배한 패잔병에 불과하기 때문이다. 이처럼 십자가의 사역으로 이 놀라운 일이 우리에게 일어났다는 사실을 아는 것이 중요하다. 도저히 제어할 수 없는 헐크 같은 육신이 이미 패배하여 모든 권세를 잃은 것이다. 그래서 그를 따라야 할 이유가 사라진 것이다.

성령님이 몸의 해방군으로 오셨다.

그러나 여전히 문제가 남아 있다. 비록 죄 있는 육신이 심판을 받았어도 죄는 여전히 그가 오랫동안 지배하던 몸 안에서 자신의 흔적과 텃세를 강력하게 행사한다는 것이다. 일본이 항복했지만, 일제 35년 동안 전국 방방곡곡을 다스리던 일본군과 일본 순사들이 금방 물러가지는 않는다. 그들의 세력은 당장에 몰아낼 수 있는 만만한 존재가 아니다. 그리고 설사 그들이 물러갔다고 해도 그들과 내통하여 세력을 구축하던 친일파들이 교묘하게 자신들의 세력을 유지하고 있는 상황이다. 어디 그뿐인가? 그들이 심어놓은 사상, 언어, 문화 등 일제의 잔재가 아직도 남아 있다. 이처럼 오랜 시간 육신이 활동하던 이 몸 안에는 여전히 죄의 세력이 남아서 왕성하게 활동하고 있는 것이다. 몸이 죽어서 부활하기 전까지 우리는 결코 이 몸 안에서 육신의 세력이 완전히 사라질 것을 기대할 수 없는 것이다.

그렇다면 해답은 무엇인가? 일본군이 항복하고 연합군이 승리한 것이 정말 사실이라면, 결국 시간이 지나서 때가 되면 연합군이 와서 일본군을 몰아낼 것이다. 그리고 새로운 정부가 수립되고 우리의 군인과 경찰이 곳곳에 배치될 것이다. 그리하여 더 이상 일제가 우리를 괴롭히지 못하도록 소탕할 것이다. 이처럼 그리스도께서 십자가에서 죄 있는 육신을 심판하시고 승리하신 것이 사실이라면, 하나님은 우리에게 해방군을 보내주실 것이다. 그분이 누구인가? 바로 성령이시다. 성령님은 몸의 해방군으로 오시는 것이다. 그래서 우리는 성령님의 능력을 생명의 성령의 법이라고 표현한 것을 주목해야 한다. 2절에 "이는 그리스도 예수 안에 있는 생명의 성령의 법이 죄와 사망의 법에서 너를 해방하였음이라"라고 말씀하고 있다. 여기서 법은 합법적인 권세를 의미한다. 그동안 우리 안에는 죄와 사망의 법이 지배해 왔다. 그런데 이제 십자가의 승리로 하나님이 우리에게 보내신 성령님이 우리들의 합법적인 지배자가 되셨다. 그래서 새로운 법이 와서 예전의 법을 몰아낸다는 것은 이미 그들이 모든 권세를 잃었다는 것을 의미한다. 이제 죄 있는 육신은 우리에 대한 지배권을 잃었고 성령님이 우리의 새로운 주인으로 오셨다. 일제가 강점하던 조선은 일본군이 모양상 법적 주둔군이었으나 일본이 패배하는 순간 그들은 법적 권세를 잃었다. 그리고 승리한 연합군은 합법적 주둔군이 된다. 국군이 합법적 군대가 되는 것이다. 이처럼 성령님은 이제 우리 안에 우리를 돕기 위해서 합법적인 권세를 가진 해방군으로 오신 것이다. 이제 더 이상 죄가 아니라 성령님이 우리 안에서 권세를 얻으셔서 통치하신다는 소식이야말로 가장 기쁜 소식, 복음이 아닐 수 없다.

예수님은 내가 너희를 고아처럼 버려두지 않고 다시 오신다고 하셨다. 그리고 그 약속대로 성령님을 보내주셨다. 성령님은 우리가 죄를 이기도록 도와주시는 분이시다. 다시 말하지만 성령님의 내주하심, 이것처럼 기쁜 소식은 없다.

성령을 따라 행하라.

그러면 우리가 성령님을 통해 승리를 쟁취하기 위해서 어떻게 해야 하는가? 더 이상 육신을 따르지 않고, 성령을 따라 행해야 한다. 그러면 성령님은 율법의 요구를 이루게 하신다. "육신을 따르지 않고 그 영을 따라 행하는 우리에게 율법의 요구가 이루어지게 하려 하심이니라"(4절). 육신은 더 이상 우리의 지배자가 아니다. 그는 패잔병이다. 권세가 없다. 그러므로 우리는 육신을 따를 이유가 없다. 반면 성령님은 합법적으로 우리의 지배자요 해방군이 되신다. 그러므로 성령을 따라야 한다.

여기서 주의할 것은 성령님이 우리 안에 오셨다고 해서 저절로 해방이 되는 것은 아니라는 사실이다. 우리가 친히 성령을 따라 행해야만 하는 것이다. '육신은 더 이상 내 주인이 아니고 성령님이 내 주인이시다'라는 사실에 근거하여 육신 따르기를 그치고 성령을 따라서 행하기 시작할 때에 성령님이 일하시는 것이다. 이에 대해 갈라디아서 5장 16절은 "내가 이르노니 너희는 성령을 따라 행하라 그리하면 육체의 욕심을 이루지 아니하리라"라고 하고, 18절에서는 "너희가 만일 성령의 인도하시는 바가 되면 율법 아래에 있지 아니하리라"라고 말씀한다. 성령이 계셔도 우리가 성령을 따르지 않고 육신을 따르면 성령님의 존재감은 완전히 사라진다. 그러나 성령님을 인식하고 그분을 의지하여 따르고 인도함을 받으면 결국 성령님은 우리로 하여금 율법의 요구를 이루게 하신다.

다시 돌아보자. 왜 믿는 자에게 정죄함이 없는 것인가? 그가 죄와 사망의 법에서 해방되어 성령의 인도를 따라 행함으로써 결국 율법의 요구를 이루기 때문이다. 자신의 지체를 하나님께 드려 열매를 맺기 때문에 정죄할 수 없다는 것이다. 여기서 정죄할 수 없는 의는 법정적인 칭의만을 의미하지 않는다. 실제적인 의, 바로 '성화'가 이루어지는 것을 말한다. 따라서 성도는 날마다 성령을 의지해야 한다. 성도가 자신의 몸을 주님께 의의 병기로 드리는지 아닌지는 철저히 성령님과의 관계에 달린 것이다. 그래서 로마서 8장에는 성령님에 대한 언급이 20번 이상 나온다. 그래서 이 장을 '성령장'이라고 하기도 한다. 몸의 해방군으로 오신 성령님을 따라가는 것 외에는 육신과 죄를 이기는 다른 길이 없다.

12장

구원받는 것이 중요하지 성령님은 잘 몰라도 되지 않나요?

롬 8:5~16

많은 성도들이 아직도 '성령님' 하면 순복음교회에서만 일하시는 분이라고 생각한다. 장로교 교인들 중에 상당수는 성령님에 대해서 무관심하다. 성령님에 대해 지식적으로는 알지만, 매 순간 성령님을 의지하는 신앙생활은 등한시하는 경우가 많다. 그러나 분명한 것은 우리가 성령을 모르면 승리의 삶은 주어지지 않는다는 사실이다. 성령님에 대해서 무지하여 성령님을 의지하고 사모하지 않으면, 우리는 결코 죄를 이기는 신앙생활을 할 수 없고 우리 몸은 죄에서 해방될 수 없다. 왜냐하면 오직 성령님만이 우리의 몸을 죄에서 해방시켜 주시는 해방군이시기 때문이다. 그러므로 우리는 성령님이 하시는 사역을 잘 알아야 한다.

또한 우리는 성령님이 하시는 가장 중요한 사역을 깊이 생각해봐야 한다. 아무리 성령님을 사모하고 열정적으로 그 능력을 구한다고 할지라도, 성령님이 오신 목적과는 다른 이유로 구하고 있다면 참 곤란하다. 어떤 특별한 경험을 한다고 해서 그것이 진정 성령님의 역사라고 어떻게 확신할 수 있을까? 물론 함부로 자기 믿음의 잣대로 판단해서는 안 된다. 다만 우리는 성경이 명확히 말하는 성령님의 사역에 대해서 분명히 알고, 그분을 신뢰하며 나아가야한다. 그러면 우리는 그 성령님을 경험하게 될 것이며, 우리의 몸을 죄에서 해방시켜 거룩하게 하시는 놀라운 승리를 맛보게 될 것이다. 과연 성령님은 어떻게 우리의 몸을 해방시켜 주실까? 우리의 몸의 해방을 위해서 성령이 하시는 일은 무엇인가?

성령이 하시는 일

성령님은 제일 먼저 내면의 생각을 바꾸신다.

생각이 행동을 낳고 행동이 습관을 낳고 습관이 인격을 형성한다는 말이 있다. 결국 생각이 운명을 결정한다는 말이다. 옥한흠 목사님의 책을 보면 한 사람의 생각이 어느 정도까지 그의 삶에 영향을 끼치는가를 잘 보여주는 예화가 나온다. 아멜라라는 여인이 있었다. 어려운 살림에 외롭게 지내던 이 여인은 고양이 한 마리를 애지중지 키우는 기쁨으로 생활했다. 그러던 어느 날 고양이가 죽자 경제적으로 넉넉지 않았던 여인은 겸사겸사 예비로 사둔 고양이 밥을 식사 때마다 먹기 시작했다. 그렇게 20년의 세월을 보냈다. 그녀는 시간이 흐르면서 자신이 점점 고양이가 되어간다고 생각했다. 그러더니 진짜 고양이 행세를 하기 시작했다. 화가 나거나 경계해야 할 사람이 접근하면 고양이처럼 야옹야옹하고 그르렁그르렁하며 고양이처럼 소리를 냈다. 놀라운 것은 시간이 가면서 그 부인의 얼굴이 고양이처럼 변해 갔다는 것이다.

이렇게 '우리가 무엇을 생각하는가'의 문제가 우리의 삶을 변화시키고 운명을 결정 짓는다. 그런 면에서 우리 안에 있는 육신도 우리의 생각을 사로잡아서 우리를 사망으로 이끌고 간다. 반면 성령님은 우리의 생각을 변화시켜 주심으로써 우리를 생명과 평안으로 인도하신다. "육신을 따르는 자는 육신의 일을, 영을 따르는 자는 영의 일을 생각하나니 육신의 생각은 사망이요 영의 생각은 생명과 평안이니라"(5~6절).

그렇다면 육신은 우리에게 어떤 일들을 생각하게 할까? 갈라디아서에 보니 성적인 욕망에 대한 생각, 우상과 미신에 대한 생각, 미움과 분열에 대한 생각, 방탕한 삶에 대한 생각들이다. 그리고 결국 이러한 일들을 하게 하여 하나님의 진노와 심판에 이르게 한다. "육체의 일은 분명하니 곧 음행과 더러운 것과 호색과 우상 숭배와 주술과 원수 맺는 것과 분쟁과 시기와 분냄과 당 짓는 것과 분열함과 이단과 투기와 술 취함과 방탕함과 또 그와 같은 것들이라 전에 너희에게 경계한 것같이 경계하노니 이런 일을 하는 자들은 하나님의 나라를 유업으로 받지 못할 것이요"(갈 5:19~21).

이 모든 육신의 생각은 다 하나님과 원수가 되는 생각들이다. 육신을 따라가다보면 하나님의 법을 거역하게 된다. 그래서 7절에 "육신의 생각은 하나님과 원수가 되나니 이는 하나님의 법에 굴복하지 아니할 뿐 아니라 할 수도 없음이라"라고 말씀한다. 창세기에 보면 홍수로 멸망 직전에 놓인 사람들의 상태가 나온다. 그런데 그때에 그들이 육신이 되었다고 한다(창 6:3하). 자기가 원하는대로 정욕적으로 살아감으로써 육신의 지배 아래 놓였던 그들은 마음에 생각하는 모든 계획이 어려서부터 악했다. 그래서 세상에 죄악이 가득하게 되었고 하나님과 원수가 된 것이다. 이에 대해 창세기 6장 5절은 "여호와께서 사람의 죄악이 세상에 가득함과 그의 마음으로 생각하는 모든 계획이 항상 악할 뿐임을 보시고"라고 말씀한다.

결국 육신의 지배를 받으며 육신을 따라가는 사람들은 결코 하나님을 기쁘시게 하지 못한다. "육신에 있는 자들은 하나님을 기쁘시게 할 수 없느니라"(8절). 앞서 말한 창세기의 사람들도 육신을 따름으로 하나님의 근심거리가 된다. 하나님이 그들을 지으신 것을 후회하시고 한탄하신다. 그리하여 어떻게 되는가? 결국 그들을 홍수로 쓸어버리기로 결정하신다. 그리하여 그들은 심판과 멸망에 이르게 된다. 우리가 육신을 따르면 결국 죽음과 멸망에 이르게 되는 것이다.

그런데 성령님을 따라가면 성령은 우리에게 무슨 생각을 하게 하실까? 성령님은 성령의 일을 생각하게 하심으로써 우리로 하여금 성령의 일을 하게 하신다. 그러면 성령님의 일은 무엇인가? 성령님을 따라가면 아홉 가지 열매를 맺는다는 것을 우리는 잘 안다. 갈라디아서 5장 22~23절에 "오직 성령의 열매는 사랑과 희락과 화평과 오래 참음과 자비와 양선과 충성과 온유와 절제니 이같은 것을 금지할 법이 없느니라"라고 하였다. 좋은 친구와 다니면 좋은 것을 배우고 나쁜 친구를 가까이하면 나쁜 것을 배운다. 우리가 성령님과 동행할 때 이렇게 아름다운 열매를 맺는다는 것은 이 열매가 성령님의 성품인 것을 말해 주는 것이다. 성령님은 참으로 아름답고 거룩한 성품을 가지고 계시기에 그분은 우리 안에서 늘 아름다운 일을 생각하게 하시고 결국 아름다운 열매를 맺게 하신다. 또한 성령의 아홉 가지 열매는 성령님의 성품과 인격이면서 동시에 예수 그리스도의 아름다운 인격이다. 그러므로 성령님은 우리가 말씀을 펼칠 때에 임재하셔서 우리에게 예수 그리스도가 어떤 분이신지 알려주시고 그분의 아름다움을 경험하게 하신다. 그리하여 그리스도를 생각하고 그분을 사랑하며 흠모하여 결국 예수님을 닮아가게 하신다. 이러한 열매를 맺으면 그 어떤 법도 금하지 않는다. 이 말은 그 삶이 모든 율법의 요구를 이루게 된다는 의미이다. 성령님을 따라가면 우리의 생각을 변화시켜 결국 율법의 핵심인 사랑을 이루는 삶을 살게 된다.

결국 모든 것은 우리의 생각에서 출발하여 우리를 지배한다. 그래서 내면의 생각이 가장 강력한 영적 전투의 현장이다. 즉 생각이 그 사람의 어떠함이다. 바리새인들은 겉으로는 경건해 보였지만 그 속은 열린 무덤이었다. 우리가 얼마나 종교적인 활동을 성실하게 해내는가가 경건의 척도가 아니다. 교회 안팎을 떠나서 우리의 모든 삶 동안에 우리의 생각이 어떠한가, 내 속에 있는 생각이 무엇으로 채워지고 있는가가 중요하다. 율법은 눈에 보이는 행동을 교정하고 바꾸려고 하지만, 성령님은 먼저 우리 마음의 생각을 바꾸기 시작하신다. 그래서 당장에 행동의 변화는 조금 느려 보여도 속에서부터 생각을 변화시켜 주신다. 그리하여 우리의 인격, 성품을 바꾸어 가시는 것이다. 주일 성수하고, 십일조 빼먹지 말고, 새벽기에도 빠지지 않지만 교회 문을 나서는 순간 그리스도인의 옷을 벗어놓고 세상의 가치관으로 살아가는 사람보다는, 종교적인 헌신은 부족해도 늘 '이럴 때 예수님은 어떻게 하실까?'를 생각하며 삶의 모든 영역에서 갈등하고 고민하며 그 생각이 변화되어가는 사람이 더 성령을 따르는 사람이요, 더 그리스도인에 가깝다. 그가 더 그리스도를 닮아가게 될 것이다.

성령님은 내주하셔서 우리를 변화시키신다.
정말 놀라운 진실은 성령님이 신자 안에 잠깐 오셨다 떠나시지 않고, 이 땅에서 우리가 살아가는 동안 이 초라한 몸 안에 계속 내주하여 함께 사신다는 사실이다. 창세기에서 영원히 사람과 함께 하시지 않겠다며 떠나신 성령님이 예수 그리스도로 말미암아 우리 안에 내주하신 것이다. 상품의 가치는 그 속에 무엇이 들어 있는가이지 포장에 있지 않다. 인간의 가치도 마찬가지이다. 성령님의 내주하심 자체로 신자의 존재가 얼마나 위대한 것인가를 가늠하게 한다. 그리고 이 위대하신 분의 내주하심은 우리의 초라한 인생에 대한 자화상을 바꾸고 기대감을 바꿔준다. 그렇다면 성령님은 내주하셔서 무엇을 하실까?

첫째로 내 안에 성령이 내주하셔서 우리의 주인이 되어주신다. 성령님의 내주하심은 주인이 바뀌었음을 나타낸다. 더 이상 우리는 육신의 지배 아래 있지 않다. 이제 성령님의 지배 아래 있다. 성령님을 주인으로 모시고 산다. 이것이 바로 우리가 그리스도의 사람이라는 증거이다. "만일 너희 속에 하나님의 영이 거하시면 너희가 육신에 있지 아니하고 영에 있나니 누구든지 그리스도의 영이 없으면 그리스도의 사람이 아니라"(9절). 육신에 있지 않다는 것은 육신의 지배 아래 있지 않다는 것이고, 영에 있다는 것은 성령의 지배 아래 있다는 의미다. 그러므로 입술로만 믿습니다 하면서 제 마음대로 생각하고 살아가는 사람은 그리스도의 사람이 아니다. 실제로 그 안에 하나님의 영이 거하여 성령님이 그의 삶의 주인이 된 사람, 그래서 그분의 지배 아래 살아가는 사람이 바로 그리스도가 주인인 사람이다. 성령님이 주인이 된 사람은 얼마나 멋진 사람이 되겠는가? 우리는 그분만 따라가면 된다.

둘째로 성령님의 내주하심은 우리가 영적으로 살아난 새사람이라는 증거이다. 즉 우리의 몸은 비록 죄로 인하여 죽어가지만 우리의 영은 살아 있다는 사실을 알려 주는 것이다. "또 그리스도께서 너희 안에 계시면 몸은 죄로 말미암아 죽은 것이나 영은 의로 말미암아 살아 있는 것이니라"(10절). 우리가 예수님을 믿을 때에 현재에는 영만 구원받고 이 몸은 구원받지 못한 상태이다. 그래서 우리의 몸은 죄로 말미암아 죽어가지만, 영적으로는 그리스도의 의를 덧입어 새사람이 된 것이다. 영적으로 옛사람은 죽고 새사람을 입었으며, 중생하여 새사람이 되었다. 우리의 변화는 바로 이 영적인 변화에서부터 시작된다. 비록 우리의 겉사람은 죄로 말미암아 날로 후패해 가지만, 성령님은 우리 안에 거하셔서 우리의 속사람을 날로 새롭게 하신다. 성령님은 우리가 날마다 새사람으로서 하나님 나라의 시민으로 살아가도록 우리의 속사람을 강건케 하여 주신다. 우리의 새 생명이 이 몸 안에서 육신의 세력을 이기고 장성하게 자라도록 도와주신다.

셋째로 우리 안에 내주하시는 성령님은 결국 우리의 몸을 구원하신다. 성령님은 최종적으로 우리의 몸을 부활시키신다. 비록 지금은 죄로 말미암아 죽어가지만 결국 이 몸은 구원받을 소중한 몸인 것이다. 그래서 11절에 "예수를 죽은 자 가운데서 살리신 이의 영이 너희 안에 거하시면 그리스도 예수를 죽은 자 가운데서 살리신 이가 너희 안에 거하시는 그의 영으로 말미암아 너희 죽을 몸도 살리시리라"라고 하였다. 예수 그리스도를 부활시키신 성령님은 죽을 우리의 몸도 부활시켜 주실 것이다. 여기에 아주 중대한 진리가 있다. 기독교의 최종적인 구원의 완성은 몸의 구원에 있다는 사실이다. 예수 그리스도는 우리의 영혼만 구원하시려고 이 땅에 오신 것이 아니다. 그리고 이 땅에 계시는 33년간만 잠깐 사람이 되신 것이 아니다. 성육신하여 이 땅에 오실 때에 이미 영원히 사람이 되셨다. 그리고 몸으로 부활하셔서 지금도 영원히 사람이시면서 영원히 하나님으로 계신다. 예수님이 몸을 입으시고 영원히 사람이 되신 것은 우리도 예수님처럼 몸으로 부활하여 예수님과 동일한 모습으로 영원히 살게 하시려는 것이다. 이미 말한 것처럼 현재는 영만 구원받고 이 몸은 구원받지 못한 상태이다. 새 생명을 얻으려면 먼저 죽어야 하는데, 영적으로는 이미 옛 사람은 죽었고 그 결과 우리는 새사람을 입었다. 하지만 육체적으로 아직 몸은 죽지 않았기에 몸의 부활에 앞서 몸의 죽음이 먼저 있어야 한다. 구원이란 죽음 뒤에 이루어지는 것이다. 그러므로 모든 첫 번째 창조물은 새롭게 되려면 먼저 죽어야 하고 불타야 한다. 그러나 결국 예수 그리스도는 모든 것을 변화시켜 주실 것이다. 그 정점에 영광스러운 몸의 부활이 있는 것이다. 이것이 우리가 바라보는 영광이요 소망이다. 우리 안에 내주하시는 성령님은 우리에게 부활의 소망을 주시는 분이시다.

그런데 이러한 성령님의 내주하심은 우리의 몸에 대한 놀라운 인식의 변화를 가져다준다. 그것은 우리의 몸이 비록 초라하고 욕되어 보이지만, 이 몸이 장차 부활할 아주 소중한 몸이라는 사실이다. 마치 우리 몸은 재개발을 앞둔 헌 아파트와 같다. 재개발을 앞둔 아파트는 오래되었고 허름하다. 바람도 들어오고 추위와 더위도 잘 막아주지 못한다. 점점 허름해져가고 있으며 조금 있으면 무너질 것이다. 하지만 이렇게 재개발을 앞둔 아파트는 정말 비싸고 귀하다. 왜냐하면 조금 있으면 새 아파트로 지어질 것이기 때문이다. 우리의 몸이 이와 같은 것이다. 우리의 몸은 초라하고 죄된 몸이지만, 결국 영광스럽게 될 아주 소중한 몸이다. 이렇게 우리의 존재와 몸에 대한 인식의 변화는 우리를 그 다음 행동으로 이끌어 준다. 즉 장차 부활할 이 몸을 거룩하게 할 소원을 가지게 된다. 그래서 성령님을 의지하여 죄와 싸우게 되는 것이다. 자화상의 변화가 곧 삶의 변화를 가져온다.

성령님은 신자의 주인이 되셔서 몸의 행실을 죽게 하신다.
신자는 성령님께 빚을 졌다. 성령님이 우리 안에 내주하신다는 사실, 곧 우리의 주인으로서 우리 안에 거하시고 계심을 우리는 늘 인식해야 한다. 영광스러운 성령 하나님은 우리 미천한 신자 안에 내주하시어 죄에 넘어지는 무력한 우리의 주인이 되어주신다. 우리 안에 새 생명을 창조하시어 우리의 속사람을 날마다 강건케 하시고, 비록 죄의 몸 안에 있지만 하늘 소망을 가지고 살아가게 하신다. 그리고 최종적으로 우리의 죽을 몸까지 부활시켜 주신다. 성령님은 내주하셔서 그야말로 처음부터 끝까지 다 해주신다. 이 얼마나 감사한 일인가? 그러므로 우리는 성령님에게 빚진 것이다. 우리는 성령님께 엄청난 은혜를 입고 빚진 존재가 되었다. 그래서 12절에 "그러므로 형제들아 우리가 빚진 자로되"라고 말하고 있다. 그런데 여기서 신자가 성령님을 따르지 않으면 안 되는 한 가지 이유를 더 상기시키고 있다. 존재론적으로 성령은 내주하심으로써 우리의 주인이 되셨다. 즉 성령이 내주하는 사람은 더 이상 육신 아래 있지 않고 성령님의 지배 아래 있는 사람이라고 하였다. 그러므로 신자는 당연히 주인이신 성령님께 순종해야 할 의무를 가진 존재다. 그런데 여기서 더 나아가 신자는 내주하시는 성령님으로 말미암아 엄청난 은혜의 빚을 지고 있는 존재이다. 마치 아이가 엄마에게 의존하여 존재하듯이 말이다. 이렇게 신자는 성령님을 따라서 살지 않으면 안 되는 관계에 놓여 있다.

신자는 육신에게 질 수 없다. 그러므로 당연히 신자는 우리를 죄로 이끌어가는 육신에게 져서는 안 된다. 12절 하반절에 바울은 "육신에게 져서 육신대로 살 것이 아니니라"라고 말씀한다. 신자는 성령님의 지배를 받아서 살아갈 존재이지 육신의 지배를 받아서는 안 된다는 말이다. 엄청난 빚을 지고도 그분을 무시하고 육신을 따른다면 이 얼마나 배은망덕한 일인가? 그럼에도 불구하고 성령님의 은혜와 그 약속의 소망을 제쳐두고 육신대로 살면, 그래서 육신의 열매를 맺으면 그는 반드시 죽게 된다. 13절에 "너희가 육신대로 살면 반드시 죽을 것이로되"라고 하였다. 육신에게 져서 이 몸을 죄로 더럽히고 추하게 사용하는 사람은 결코 부활의 영광을 얻지 못한다는 것이다. 이것은 우리가 거듭났어도 육신과의 싸움에서 어쩌다가 한 번이라도 넘어지면 구원받지 못한다는 의미가 아니다. 어떤 사람이 감기에 걸렸다고 의사가 "당신은 죽습니다"라고 말할 수 없는 것과 마찬가지이다. 그런데 어떤 사람의 온몸에 암이 번졌다면 의사는 "당신 이대로 계속 가면 죽을 겁니다"라고 말할 수 있을 것이다. 성경은 이와 같이 온 삶이 육신의 더러운 일로 가득한 사람들에게 경고한다. "전에 너희에게 경계한 것같이 경계하노니 이런 일을 하는 자들은 하나님의 나라를 유업으로 받지 못할 것이요"(갈 5:21). 우리가 어쩌다가 죄의 세력에 넘어졌을 때 부활하지 못한다는 이야기가 아니다. 완전히 이러한 죄의 세력에 매여서 살 때에 그렇다는 것이다. 결국 그 안에 진정 성령이 거하신다면 이러한 삶이 불가능하다는 말이다. 자신이 빚진 자라는 사실을 정말 안다면 더욱 불가능하다. 성령님의 지배 아래 살아가는 사람이 어떻게 육신의 열매를 주렁주렁 맺는 것이 가능하단 말인가? 이것은 신자가 선택해야 하는 삶이 아니다.

신자는 몸의 행실을 죽여야 산다. 그러면 우리의 주인이신 성령님은 우리로 이 몸에 대해서 어떻게 행동하도록 하시는가? 13절 하반절에 "영으로써 몸의 행실을 죽이면 살리니"라는 말씀처럼 성령님의 능력으로 몸의 행실을 죽이길 원하신다. 우리가 죽여야 하는 몸의 행실은 무엇인가? 우리 몸의 현주소를 다시 생각해보자. 우리의 영은 새것인데 몸은 아직 부활하여 새롭게 되지 않았다. 몸은 헌것이다. 우리가 오래된 집에 이사 가면 그 전 사람이 살던 흔적이 있다. 이처럼 거듭난 새사람이 몸이란 헌 집에 입주하면 그 전 사람, 즉 옛사람이 살던 흔적이 있다. 그 흔적이 바로 육신이다. 정과 욕심이다. 이전 주인인 옛사람이 이 집을 얼마나 엉망으로 사용하였는지 집 구석구석에 죄의 흔적이 없는 곳이 없다. 다시 짓지 않으면 안 될 정도로 죄에 오염되어버린 것이다.

집이 너무 낡아서 비가 오면 비가 새고, 바람이 불면 바람이 들어오고, 날씨가 추우면 방 안도 춥고, 습기가 많으면 곰팡이가 슬고, 아무리 깨끗하게 청소하고 도배를 해도 계속해서 지속적으로 외부의 환경에 영향을 받아서 점점 허물어져가는 집처럼 우리의 몸 안에는 오랫동안 주인 노릇을 했던 옛사람의 습성, 육신의 세력이 있다. 그래서 늘 죄의 영향을 받는다. 이것이 곧 몸의 행실인 것이다. 그러면 이러한 몸의 궁극적인 구원이 무엇인가? 바로 부활이다. 즉 재개발만을 소망으로 둔 헌 아파트처럼 우리의 몸은 부활의 영광만을 기다린다. 하지만 그럼에도 불구하고 재개발의 소망을 둔 아파트에 사는 사람들이 새는 곳을 막고, 새롭게 장판을 깔며, 창문도 수리하고, 문틈도 수리하여 살아가듯이 우리는 이 땅에 사는 동안 육신을 통해서 들어오는 죄의 세력을 막고, 죄가 틈타지 못하도록 모든 틈을 메우며, 죄가 들어와서 집을 더 이상 망치지 못하도록 힘써야 한다. 이것이 곧 몸의 행실을 죽이는 삶이다. 이렇게 몸의 행실을 죽이며 사는 사람이 진정으로 부활의 소망을 가진 사람이요 그러한 자가 결국 부활의 영광에 이를 것이다.

신자는 오직 영으로서 몸의 행실을 죽일 수 있다. 영으로서 몸의 행실을 죽이라는 것은 성령을 의지하며 그분을 따라감으로써 죽이라는 것이다. 손톱의 때는 머리를 감거나 손빨래를 하면 싹 빠진다. 이처럼 우리가 성령님을 따라 살면 거룩한 물결이 내 안에 넘친다. 그리하여 그 거룩한 물결이 내 안에 있는 몸의 더러운 행실들을 씻어낸다. 결국 우리는 죄의 소욕을 성령의 소욕으로 이기는 것이다. 육신은 죄의 세력이요 소욕이다. 이 죄의 소욕을 죽이는 것, 이 죄의 불을 끄는 것은 오직 하나 거룩한 소욕, 거룩한 불 외에는 없다.

스타벅스 커피숍의 로고에는 그리스 신화에서 나오는 여신이 그려져 있다. 바로 사이렌(Siren)이다. 사이렌은 깊은 바다 가운데서 감미로운 음악을 들려줌으로 그 음악으로 사람들을 홀려 물속에 빠져 죽게 하거나 배를 난파시키는 치명적인 유혹을 가지고 있다. 그리스 고전 「오디세이아」에서도 사이렌이 등장한다. 어느 날 영웅인 오디세우스가 배를 타고 항해를 하고 있었다. 그는 사이렌의 음악이 듣고 싶었지만 그 유혹을 이길 자신이 없었다. 그래서 선원들에게는 귀를 막고 노를 저으라고 하고, 자신은 귀를 막지 말고 돛대에 묶어 달라고 했다. 그래서 그는 음악을 듣고 유혹을 받았지만 이길 수 있었다고 한다. 하지만 이것은 신화의 이야기로서 이런 방식으로 죄의 유혹을 이기는 것은 한계가 있으며 복음적인 방법은 더욱 아니다. 이것은 그저 억누른 것이지 이기는 것이 아니다.

그런데 다른 이야기가 있다. 이아손을 비롯한 아르고호 원정대도 사이렌의 섬을 지나가게 되었다. 그런데 그들은 아름다운 사이렌의 음악소리가 날 때에 그 배에 동승한 당대 그리스 최고의 뮤지션 오르페우스에게 연주하게 했다. 오르페우스의 연주는 사이렌의 음악보다 더 아름다웠다. 그래서 선원들은 사이렌의 유혹을 이길 수 있었다. 이 이야기에서 중요한 원리가 나온다. 우리는 우리의 힘이 아니라 더 큰 능력의 하나님의 도우심으로 그리고 아름답고 거룩한 성령으로 죄를 죽여야 한다는 것이다.

성령님은 이렇게 우리 안에 거하셔서 우리가 흠도 없고 티도 없이 보존되도록 우리를 도와주길 원하신다. 매 순간 성령님이 우리 안에 거하시는 중요한 목적을 기억하자. 우리는 성령님께 은사도 구하고 체험과 기적도 구하는데, 정작 그분이 우리 안에 거하시는 가장 중요한 목적에 대해서는 잘 구하지 않는다. 성령이 거하시는 목적에 맞게 성령님께 구하면 얼마나 잘 도와주실까? 우리가 죄에 굴복하여 넘어지는 것은 우리가 거룩을 위해서 성령님께 요청하지 않기 때문이다. 성령님은 우리가 그 어떤 정욕과 죄의 공격을 받아도 충분히 이기실 만큼 강력한 분이시다.

성령님은 신자를 하늘 상속자로 준비시키신다.

그러면 성령님께서 이렇게 우리를 사망의 몸에서 건져내셔서 거룩하게 해주시는 이유가 무엇일까? 그것은 바로 우리가 하나님의 상속을 받을 아들이기 때문이다. 성령님은 우리가 하나님의 아들로서 그 날에 하나님 나라를 유업으로 상속받을 준비를 해주시는 것이다. 우리가 성령님의 인도하심 속에서 날마다 거룩을 준비해야 하는 이유는 우리가 바로 하나님의 상속자인 아들들이기 때문이다. 성령님이 우리 안에 내주하시고 우리를 인도하시는 그 자체가 바로 우리가 하나님의 상속을 받을 아들임을 알려주는 것이다. 바울도 14절에 "무릇 하나님의 영으로 인도함을 받는 사람은 곧 하나님의 아들이라"고 말씀하고 있다. 아무에게나 성령을 보내주시는 것이 아니다. 아무에게나 성령의 은혜를 주시는 것이 아니다. 우리가 하나님의 아들이기에 우리를 준비시켜 주시려고 성령을 보내주신 것이다. 신자는 이신칭의를 통해서 하나님 나라의 세자로 책봉을 받았으나 아직은 연약하여 육신에게 져서 넘어진다. 그러므로 하나님은 성령님을 보내셔서 우리를 거룩하게 보호하시고 인도하시어 하나님의 나라를 유업으로 이어받을 상속자로 준비시키시는 것이다.

그래서 성령님은 우리 안에 양자의 영으로 오셔서 우리로 하여금 하나님을 아빠라고 친밀히 부르게 하신다. 그리하여 우리가 아들인 것을 증거해 주신다. 15~16절에 "너희는 다시 무서워하는 종의 영을 받지 아니하고 양자의 영을 받았으므로 우리가 아빠 아버지라고 부르짖느니라 성령이 친히 우리의 영과 더불어 우리가 하나님의 자녀인 것을 증언하시나니"라고 하였다. 당신에게 누가 구원받은 하나님의 자녀인 것을 가르쳐 주는가? 바로 성령님이시다. 생전 무섭기만 하던 하나님을 아빠라고 부르게 해주신다. 나는 모태신앙이었지만 늘 하나님이 무서웠다. 그런데 어느 날 하나님을 아버지라고 부르며 엉엉 울었던 기억이 난다. 누가 그렇게 하나님을 아버지라고 부르짖게 하시는가? 성령님이시다. 성령님은 비천한 우리가 사실은 하나님의 상속자라는 사실을 알려주신다.

성령을 따라서 사는 방법

항상 성령을 따라서 살아야 한다.
성령님은 어머니와 같은 분이다. 아이가 어머니에게서 태어나서 장성한 아들로 자라려면 당연히 어머니로부터 젖을 먹고 보살핌을 받아야 한다. 아이는 자라면서 늘 엄마를 불러야 하고 엄마를 의지해야 한다. 그래야만 아이는 건강하게 잘 자랄 수 있다. 마찬가지로 신자는 성령으로 거듭났기 때문에 늘 성령님을 불러야 하고 성령님의 도우심을 구해야 한다. 그래야만 죄를 이기고 세상을 이기며 결국 하늘나라 상속자가 될 수 있다. 우리는 우리 주인이신 성령님을 인격적으로 존중하고 마땅한 대우를 해드려야 한다. 이를 위해 다음의 몇 가지를 기억하자.

첫째, 성령을 무시하지 말라. 항상 그분의 존재를 기억하고 인식해야 한다. 중요한 분을 모시고 식사하는데 그분에게는 눈길도 주지 않고 다른 사람하고만 눈을 맞추고 이야기를 한다면 그분이 얼마나 기분 나쁘겠는가? 성령님은 하나님이시다. 그러므로 항상 성령을 인식하고 바라보고 의식적으로 말을 걸어야 한다. 그것이 성령 충만의 시작이다.

둘째, 성령을 근심하게 하지 말라. 성령은 우리가 당신의 지시를 따르지 않으면 근심하신다. 불순종하면 근심하신다. 우리는 언제나 성령님의 지시를 따라야 한다. 그분은 우리의 주인이시기 때문이다. 하지만 주인이신 그분은 인격적이고 온유한 영이시다. 그러므로 우리를 강제로 협박해서 인도하시지 않는다. '영으로 인도하신다'는 단어의 특성에는 강제성이 없다. 그분은 언제나 설득하고 감동하며 인도하신다. 그러므로 그분의 감동과 설득이 있을 때에는 항상 순종해야 한다. 그것을 무시하면 근심하신다. 그리고 계속 무시하면 결국 성령의 감동은 소멸되어 마음에 느껴지지 않고 그 거룩한 불이 꺼져버린다. 냉랭해지고 은사도 잃어버리며 말씀을 읽어도 깨달음이 없고 설교를 들어도 들리지 않게 된다. 이것이 소멸이다. 그러므로 우리는 성령님을 하나님으로, 주인으로 대우해드려야 한다.

셋째, 성령을 날마다 사모하라. 구하는 자에게 성령을 주신다고 하였다. 간절히 성령을 구하라. 특별히 거룩해지기 위해서, 몸의 행실을 죽이기 위해서, 죄를 이기기 위해서 날마다 성령을 구하라. 그러면 우리는 성령의 임재로 충만할 것이며 성령은 우리를 사로잡아 감동하실 것이다. 성령의 생각으로 이끄시고 죄를 죽일 힘을 주시며 거룩하게 빚어 가실 것이다. 그리스도의 형상으로 아름답게 만들어 가실 것이다. 성령의 은사와 능력을 구하는 것도 중요하다. 하지만 성령님이 오신 가장 중요한 목적을 기억하라. 그것은 우리의 순종과 거룩이다. 당연히 은사와 능력을 사모하여야 한다. 그러나 가장 중요한 것은 성령으로 인해서 죄를 이기는 것이다. 그럼으로써 우리의 행실과 말이 달라지고 마음이 달라지며 성령의 열매를 맺어야 하는 것이다. 이것이야말로 우리가 영원한 생명을 소유한 자임을 드러내는 것이다. 이를 위해서 날마다 성령을 구하라.

복음은 처음부터 끝까지 예수님만 믿게 하는 것이다.
이 복음을 알아야 한다. 이 복음을 체질화해야 한다.
복음을 아는 것으로 끝나지 말고 복음으로 자신을 형성하고
복음으로 교회의 체질을 새롭게 형성해가야 한다.

4부

끝까지 믿어야 산다

(롬 8:17~11:36)

13장

하나님의 자녀인데
왜 이 땅에서 고난을 당하나요?

롬 8:17~25

성경은 우리가 하나님의 유업을 상속할 아들이라는 소식에 부담되는 조건이 뒤따른다고 말씀한다. 우리가 그 영광을 위해서 고난도 함께 받아야 한다는 것이다. "자녀이면 또한 상속자 곧 하나님의 상속자요 그리스도와 함께 한 상속자니 우리가 그와 함께 영광을 받기 위하여 고난도 함께 받아야 할 것이니라"(17절).

여기서 의문이 생긴다. 우리는 하나님 나라의 상속자라면서 왜 이 땅에서 고난을 당하는가? 우리가 다 하나님 나라의 왕족이니 이 땅에서 그래도 남보다는 어려움 없이 형통하게 잘되어야 할 것만 같다. 앞으로 영광스러운 하나님의 아들들로 나타날 존재라면 지금부터 대접을 받아야 하지 않겠는가. 남들에게 일어나는 어려움이 신자인 우리에게만은 피해가야 하지 않는가. 그런데 현실은 고난이 전제된다. "생각하건대 현재의 고난은 장차 우리에게 나타날 영광과 비교할 수 없도다"(18절). 그 이유가 무엇일까? 가급적 고난 없이 살다가 천국가면 좋은데 왜 이 땅에서의 고난이 필수적인 것일까?

그리스도인이기 때문에 받는 고난

우리가 장차 받을 영광이란 예수 그리스도와 연합한 성도가 그와 함께 받을 영광이다. 우리는 그리스도와의 연합을 통해 새 생명과 새 지위를 얻었으며 장차 부활하여 영광을 얻을 것이다. 그리스도와 함께 영광을 받을 성도는 현재 이 땅에서 그리스도와 연합하여 사는 사람이다. 그런데 과거에 예수님을 십자가에 못 박던 세상은 시대가

지났어도 우리가 살아가는 세상과 본질적으로 다르지 않다. 따라서 과거에 그리스도를 핍박한 세상은 오늘 그리스도와 연합한 성도들을 핍박한다. 요한복음 15장 20절에도 "내가 너희에게 종이 주인보다 더 크지 못하다 한 말을 기억하라 사람들이 나를 박해하였은즉 너희도 박해할 것이요 내 말을 지켰은즉 너희 말도 지킬 것이라"라고 하였다. 하나님을 싫어하는 세상은 그의 아들 예수님을 싫어하고, 예수님을 미워하는 세상은 그와 연합한 성도들을 미워한다. 그러므로 그리스도와 함께 연합되어 있는 성도는 지금 이 땅에서 그리스도와 함께 고난을 받는 것이다. 장차 영광을 받기 위하여 고난도 함께 받아야 하는 것이다(17절). 따라서 우리가 지금 그리스도와 함께 고난을 받는지의 여부는 장차 그리스도와 함께 영광을 받을 자인지를 구별하는 시금석이다.

그리스도가 고난당하신 가장 큰 이유는 자신을 하나님이라고 하셨기 때문이다. 자신을 그리스도라고 하셨기 때문이다. 이 세상 임금인 마귀가 가장 경계하는 것은 그리스도가 오셔서 착한 삶의 모델이 되시는 것이 아니라 구원자가 되셔서 그의 수하에 있는 사람들을 구원하는 것이다. 이것이 본질적으로 그리스도가 고난당하신 가장 중요한 이유이다. 오늘날도 마찬가지다. 우리는 교회가 바르게 살지 않아 세상이 싫어한다고 생각한다. 그런데 과연 교회가 바르게 살면 세상이 좋아할까? 며느리가 미우면 잘해도 밉고, 못하면 더 밉다. 마찬가지로 세상은 본질적으로 교회를 미워한다. 그래서 교회가 그리스도처럼 경건하고 선해도 미워하고, 오늘날처럼 타락하면 마음 놓고 더 미워하는 것이다. 우리가 이 세상으로 하여금 교회를 손가락질하게 할 구실을 줄 필요는 없다. 교회의 타락은 무엇보다 그리스도의 명예에 큰 손상을 입힌다. 하지만 우리가 이 세상의 사랑을 받기 위해서 착해지려고 하는 것은 큰 실수다. 세상이 교회를 미워하지 않게 하는 방법은 오직 하나다. 우리가 그리스도가 하나님의 아들이요 구원자시라고 전하는 것을 포기하는 것이다. 그것을 포기하고 인간들에게 착하게 살라고만 가르치면 지금처럼 열 올려 핍박하지 않을 것이다. 우리가 세상에게 사랑받으려고 하는 것 자체가 그리스도인으로 살기를 포기하는 것과 같다. 세상이 우리를 사랑하면, 우리는 더 이상 그리스도의 제자가 아니다.

시들어가는 피조물로서의 고난

물론 그리스도인으로 이 땅에서 핍박받는 것도 현재의 고난이지만 다른 측면의 고난이 있다. 장차 영광스럽게 변화될 세상과 대조되는 현재 피조세계의 실존양식으로 말미암는 고난이다.

허무함

몸을 입고 사는 우리의 삶은 우리의 죄로 말미암아 허무함에 굴복하도록 되어 있다. 20절에 "피조물이 허무한 데 굴복하는 것은 자기 뜻이 아니요 오직 굴복하게 하시는 이로 말미암음이라"라고 하였다. 하나님은 아담과 하와의 타락으로 인하여 인간을 저주하셨다. 땅은 가시덤불과 엉겅퀴를 내도록 명령 받았고, 인간은 소산을 먹기 위해서 죽을 때까지 그것들과 싸우며 땀을 흘려야 한다(창 3:17~19). 이것이 남편이자 아버지의 의무요 일생이다. 가족을 부양하고 먹고 살려면, 이 세상의 가시덤불과 같은 일터에서 이리저리 찔리고 상처입고 비난받는 것을 견뎌야 한다. 엉겅퀴처럼 여기저기 꼬인 일들을 푸느라 온갖 스트레스와 근심, 갈등으로 밤을 지새우기를 밥 먹듯이 해야 한다. 그래야 가족들의 필요를 채워줄 수 있고 이 세상에서 살아남을 수 있다. 반면 여인의 일생은 남자의 다스림을 받으며 자녀를 해산하는 고통의 삶이다(창 3:16). 아내는 가족을 위해 남편에게 참고 인내한다. 자녀를 해산한 고통은 자녀를 기르면서 흘리는 눈물, 집에 돌아올 때까지 염려하며 기다리는 삶으로 이어진다. 자녀들이 시집가고 장가가도 염려는 끝나지 않는다. 그렇게 수고하며 살다가 이제 좀 살 만하다 하면 어느덧 늙고 병들어 인생을 마감할 시간이 쓸쓸히 다가온다. 인생의 결국은 수고와 허무뿐이다. 전도서 기자의 말처럼 헛되고 헛되니 모든 것이 헛되다. 모든 피조물은 어느 누구도 몸을 입고 있는 한 허무에 굴복하는 삶을 면제받을 수 없다.

썩어짐

그렇게 수고하며 살다가 결국 인생은 흙으로 돌아가야 한다. 성경은 "너는 흙이니 흙으로 돌아갈 것이니라"(창 3:19하)라고 말씀한다. 우리의 삶이 흙으로 돌아가려면 썩어져야 한다. 그런 면에서 인생은 태어나면서부터 썩어져가는 과정이다. 늙지 않으려고 애를 쓰지만 애쓸

수록 안쓰러울 뿐이다. 모든 인생은 풀과 같고 그 영광은 풀의 꽃과 같아서 잠시 있으면 다 시들어버리고 썩어버린다. 생로병사의 과정을 피해갈 피조물은 아무도 없다. 21절에 "그 바라는 것은 피조물도 썩어짐의 종 노릇 한 데서 해방되어 하나님의 자녀들의 영광의 자유에 이르는 것이니라"라고 하였다.

거듭난 하나님의 아들이라고 해서 썩어짐을 피해가지 못한다. 단지 이 썩어짐 뒤에 부활의 소망이 있음을 바라보고 절망하지 않을 뿐이다. 하나님의 자녀들도 몸이 죽어 부활의 몸을 입을 때까지는 허무와 썩어짐이라는 현재의 고난에서 면제되지 않는다.

탄식

결국 이러한 고통 속에서 우리는 탄식한다. 탄식한다는 것은 아프거나 힘들 때 내는 신음소리를 말한다. 먼저 피조물이 탄식한다. 22절에 "피조물이 다 이제까지 함께 탄식하며 함께 고통을 겪고 있는 것을 우리가 아느니라"라고 하였다. 우리가 바라보는 세상은 우리 생각처럼 그렇게 평화롭고 아름다운 것만은 아니다. 비록 자연 만물이 노래하는 순간도 있겠으나 그보다 더 많은 시간을 신음하며 살아간다. 끊임없는 추위, 더위, 태풍, 눈보라, 병충해 등 수많은 공격으로 상처받고 시들고 썩어가면서 신음한다. 동물들도 끝없는 약육강식으로 신음하며 탄식한다. 그들뿐 아니라 우리 거듭난 성도들도 탄식한다. 우리 몸의 속량, 즉 몸의 구원인 부활을 기다리면서 탄식한다. 23절은 "그뿐 아니라 또한 우리 곧 성령의 처음 익은 열매를 받은 우리까지도 속으로 탄식하여 양자 될 것 곧 우리 몸의 속량을 기다리느니라"라고 말씀한다. 이 몸이 부활의 영광을 입기 전까지 우리는 신음 없이는 살아가기 힘든 세상을 살아내야 한다. 고린도후서 5장 4절에 "참으로 이 장막에 있는 우리가 짐 진 것같이 탄식하는 것은 벗고자 함이 아니요 오히려 덧입고자 함이니 죽을 것이 생명에 삼킨 바 되게 하려 함이라"라고 하였다. 우리는 이 땅에서 이 몸이라는 장막 안에서 산다. 점점 허물어져가는 육신 장막으로 인해서 우리는 짐을 진 것처럼 탄식하는 것이다.

인내

허무함과 썩어짐의 종 노릇을 하며 신음하는 피조물들은 이로 인해 절망하며 우울증에 빠졌을까? 그렇지 않다. 모든 피조물들은 그 고난을 견디고 인내하면서 살아간다. 꽃은 겨울을 지나 다시 꽃을 피운다. 동물들도 실의에 빠져 번식을 포기하거나 자살하지 않고 주어진 삶을 살아낸다. 그들이 그렇게 인내하는 이유가 무엇일까? 그것은 새 하늘과 새 땅을 소망하기 때문이다. 21절에 "그 바라는 것은 피조물도 썩어짐의 종 노릇 한 데서 해방되어 하나님의 자녀들의 영광의 자유에 이르는 것이니라"라고 하였다. 하나님의 자녀들이 영광의 자유에 이르는 그날, 그래서 새 하늘과 새 땅이 임하여 썩어짐에서 해방될 그날을 고대하는 것이다. 왕비가 폐비되면 함께하던 시녀도 쫓겨나듯이, 인간의 타락과 함께 피조물도 저주를 받았다. 하지만 왕비가 복권되면 시녀들이 복권되듯이, 우리가 영광스럽게 변모되는 날 피조물도 영광스럽게 변하게 될 것이다. 그래서 시녀들이 왕비의 복권의 날을 기다리듯이 모든 피조물들은 상속자인 하나님의 아들들이 나타나기를 기다린다. 19절에 "피조물이 고대하는 바는 하나님의 아들들이 나타나는 것이니"라고 하였다. 모든 자연 만물은 영광스러운 몸으로 변모되어서 천국을 상속받을 주인공들이 나타나기를 기다리고 있다. 그날에는 어떤 일들이 일어날까? 모든 피조물들이 인내하면서 기다리는 그 나라는 어떤 나라인가? 이사야 선지자는 천국의 모습을 다음과 같이 묘사하고 있다. "그때에 이리가 어린 양과 함께 살며 표범이 어린 염소와 함께 누우며 송아지와 어린 사자와 살진 짐승이 함께 있어 어린 아이에게 끌리며 암소와 곰이 함께 먹으며 그것들의 새끼가 함께 엎드리며 사자가 소처럼 풀을 먹을 것이며 젖 먹는 아이가 독사의 구멍에서 장난하며 젖 뗀 어린 아이가 독사의 굴에 손을 넣을 것이라 내 거룩한 산 모든 곳에서 해 됨도 없고 상함도 없을 것이니 이는 물이 바다를 덮음 같이 여호와를 아는 지식이 세상에 충만할 것임이니라"(사 11:6~9).

피조물도 인내하는데 우리가 절망할 수 있을까? 신자의 탄식은 절망의 탄식일까? 그럴 수 없다. 우리의 탄식은 기다림이 있는 탄식인 것이다. 전방에서 추운 겨울밤을 꼬박 새우면서 근무를 선 적이 있다. 밤새 신음과 탄식이 절로 나온다. 하지만 결코 절망하지 않는다. 새벽이 반드시 찾아오는 것을 알기 때문이다. 이처럼 우리가 여기서 이 몸을 입고 짐 진 듯 탄식하는 것은 우리 몸의 구원, 즉 부활을 기다리는 소망의 탄식인 것이다. 23절 하반절에 "우리까지도 속으로 탄식하여 양자 될 것 곧 우리 몸의 속량을 기다리느니라"라고 말씀한다. 지금은 이 몸의 연약함으로 인해서 신음하지만, 이 몸은 결국 영광스럽게 변모될 것이다. 그날에 우리가 얻을 최고의 영광은 이 몸의 부활이다. 우리는 영광스러운, 쇠하지 않고 병들지 않는, 아름답고 빛나는 몸을 입게 될 것이다. 예수 그리스도와 같이 될 것이다. 그리하여 우리는 하나님의 나라를 상속하는 아들들로 나타날 것이다. 이 놀라운 영광의 날을 바라보는 우리가 여기서 몸이 좀 아프다고 절망할 것인가? 얼굴에 주름살이 생기고 늙는 것이 싫어서 어느 여배우처럼 자살할 것인가? 시녀들이 기다리고 있는데 왕비가 절망한다면 어찌되겠는가? 언제라도 복권될 날을 생각하지 않고 왕을 맞이할 몸단장도 하지 않은 채 될 대로 되라 하고 살아간다면 어찌되겠는가? 절망과 우울이 깊어 목숨을 끊어버린다면 그를 바라보던 시녀들은 어떻게 되겠는가? 모든 피조물들은 잘 인내하여 영광스럽게 나타날 그날을 고대하고 있는데, 정작 우리가 절망해서야 되겠는가? 저들도 소망 가운데 견디는데 확실한 소망을 가진 우리가 견디지 못하겠는가? 18절에 "현재의 고난은 장차 우리에게 나타날 영광과 비교할 수 없도다"라고 하였다. 장차 나타날 영광에 비하면 지금의 고난은 아무것도 아니다. 우리는 이러한 소망 가운데 구원을 받은 것이다. 우리가 예수를 믿고 구원받았다면 지금 여기에 보이는 것이 전부가 아니다. 우리 눈에 보이지 않는 것들, 장차 나타날 영광이 약속된 구원이다. 우리는 바로 그 보이지 않는 것을 바라보고 있는 것이다. "우리가 소망으로 구원을 얻었으매 보이는 소망이 소망이 아니니 보는 것을 누가 바라리요"(24절). 그러므로 이 소망을 가진 우리가 할 일이 무엇인가? 비록 지금은 눈에 보이지 않지만 언젠가 나타날 그것을 소망하는 우리가 이 땅에서 할 일은 인내뿐인 것이다. "만일 우리가 보지 못하는 것을 바라면 참음으로 기다릴지니라"(25절).

언젠가 이스라엘 성지순례를 갔을 때의 일이다. 버스 안에서 창밖으로 끝없이 펼쳐지는 사막과 광야를 바라보는데 울컥 눈물이 났다. 이 척박한 땅에서 '그들이 이사야의 소망의 노래를 불렀구나' 하는 생각이 들었기 때문이다. 저 멀리서 이 노래가 들리는 것 같았다.

"사막에 샘이 넘쳐 흐르리라. 사막에 꽃이 피어 향내내리라.
주님이 다스리는 그 나라가 되면은 사막이 꽃동산 되리.
사자들이 어린 양과 뛰놀고 어린이도 함께 뒹구는
참사랑과 기쁨의 그 나라가 이제 속히 오리라.

사막에 숲이 우거지리라. 사막에 예쁜 새들 노래하리라.
주님이 다스리는 그 나라가 되면은 사막이 낙원 되리라.
독사 굴에 어린이가 손 넣고 장난쳐도 물지 않는
참사랑과 기쁨의 그 나라가 이제 속히 오리라."

그 나라가 속히 올 것이다. 힘들지만 인내하며 기다리자.

14장

어떻게 고난을 인내하며 견딜 수 있을까요?

롬 8:26~27

우리가 이렇게 고난의 세상에서 탄식하고 인내하며 걸어갈 때에 우리는 결코 홀로 이 일을 당하는 것이 아니다. 바로 우리 곁에서 도우시는 분이 계시는데 그분은 바로 우리 안에 거하시는 성령이시다. 26절 상반절에 "이와 같이 성령도 우리의 연약함을 도우시나니"라고 했다. 여기에서 말하는 연약함은 바로 기도할 줄 모르는 연약함이다. 26절 하반절에 "우리는 마땅히 기도할 바를 알지 못하나"라고 말씀한다. 성령님은 기도에 무력한 우리를 아시고 이 고난을 잘 견디도록 우리의 기도를 도와주신다. 그러면 왜 성령님은 고난의 때에 다른 무엇보다 '기도'를 도와주시는 것일까?

우리의 기도를 도우시는 성령님

왜 성령님은 고난의 때에 기도를 도와주실까?

부모는 자녀를 돌본다. 이처럼 하나님 아버지는 그 자녀들을 돌보시고 책임져 주신다. 자녀들이 무엇인가가 필요할 때 엄마 아빠를 불러 요청하듯이 우리는 하나님 아버지께 기도함으로써 도움을 받을 수 있다. 그런 면에서 기도는 비천한 인간이 높으신 하나님과 소통할 수 있는 특권이다. 다다를 수 없는 그분의 보좌에 우리의 간구가 올려질 수 있다는 사실처럼 놀라운 일이 있는가? 청와대 대통령에게 아무나 자신의 개인적인 문제를 이야기할 수 있는가? 불가능하다. 그러나 대통령의 자녀들은 그럴 수 있을 것이다. 이처럼 하나님 아버지는 그의 아들들에게 기도라는 놀라운 특권을 주셨다. 그리고 그들이 기도하면 언제나 응답하시고 달려오셔서 도와주신다고 약속하셨다. 예수님 역시 이 땅에 오셔서 오직 기도라는 이 한 가지를 통해서 모든 어려움을 이기고 사명을 완수하셨다. 이처럼 자녀들이 이 땅에서 겪는 모든 고난을 이기는 방법은 오직 한 가지 기도밖에 없다.

그런데 우리의 연약함은 바로 이 기도의 무력함에 있다. 주님의 제자들조차도 마지막 순간까지 한 시간도 깨어 기도하지 못하고 졸았고 그 결과 시험에 들었다. 주님은 그들에게 마음은 원이로되 육신이 약하다고 하셨다. 마음은 기도하고 싶지만, 죄된 육신은 결코 기도할 수 없었다. 이 몸을 입고 있는 인간의 또 하나의 연약함은 기도의 무릎을 꿇지 못하는 것이다. 기도는 영적인 일이기에 육신은 기도할 수 없을 뿐 아니라 기도하는 것을 가장 싫어한다. 육신은 기도를 방해한다. 고난의 때에는 기도해야 하는데 기도로 나아가지 못한다. 이렇게 기도에 대한 연약함, 이것이 우리의 치명적 문제이다.

그런데 이러한 기도의 연약함을 도우시는 분이 성령님이시다. 성령님이 오셔서 우리로 하여금 하나님을 아버지라고 부르짖게 하실 뿐 아니라 기도하는 법을 가르쳐 주신다. 기도는 기도문을 써서 연습한다고 되는 것이 아니다. 외운다고 되는 것도 아니다. 기도는 성령께서 도와주시고 가르쳐 주셔야 한다. 성령님이 도와주시면 기도할 것이 생각나고 우리의 마음을 온전히 하나님께 드려 부르짖게 된다. 우리의 기도의 연약함은 뭐라고 기도해야 할지 모르는 것과 어떻게 기도해야 하는가를 모르는 것이다. 그러므로 우리는 성령님의 도우심을 받아야 기도할 수 있다. 성령님은 어떻게 도우시는가?

성령님은 무엇을 기도해야 할지 가르쳐 주신다.

성령님은 우리가 뭐라고 기도해야 할지를 가르쳐 주신다. 성령님은 하나님의 뜻을 아시는 분이시기에 성도가 하나님의 뜻대로 기도하도록 도와주신다. 27절에 "마음을 살피시는 이가 성령의 생각을 아시나니 이는 성령이 하나님의 뜻대로 성도를 위하여 간구하심이니라"라고 하였다. 우리는 고난이 다가올 때에 도대체 이러한 일이 왜 우리에게 일어났는지, 하나님의 뜻이 무엇인지 알지 못한다. 우리의 연약한 지혜로 높으신 하나님의 섭리를 이해할 수 없다. 그런데 우리 안에 계시는 성령님은 하나님의 뜻을 아신다. 이 어려움을 통해서 하나님이 이루시고자 하시는 목적이 무엇인가를 아신다. 고난 뒤에 있는 하나님의 선하신 계획을 아신다. 그래서 성령님은 우리 안에서 하나님의 뜻대로 구하도록 이끌어주신다.

내가 어떤 기도를 하려고 무릎을 꿇지만 성령님은 다른 기도에 감동을 주셔서 내 마음을 이끄실 때가 많다. 내가 육신적으로 필요한 여러 가지를 생각하고 무릎을 꿇지만, 정작 우리 기도를 도우시는 성령님은 우리의 마음과 생각을 다른 곳으로 이끄신다. 거기에 심령을 다하여 기도하도록 우리 마음을 감동시키신다. 그리고 그런 기도일수록 기도가 하나님께 올라가는 것을 느낀다. 막상 기도의 자리에 앉으면 이 기도의 주권이 철저히 성령님께 있음을 알게 된다. 하나님 아버지는 우리보다 우리에게 무엇이 있어야 할지 더 잘 아시고 우리보다 우리의 미래를 더 잘 아신다.

그러므로 하나님의 뜻이 이루어지는 것이 가장 좋은 것이다. 그러므로 우리는 성령님께 무엇을 기도해야 할지 묻고 가르침을 받아야 한다. 그래서 아버지의 뜻대로 구하면 하나님은 우리의 기도에 반드시 응답해 주신다. 요한일서 5장 14절에 "그를 향하여 우리가 가진 바 담대함이 이것이니 그의 뜻대로 무엇을 구하면 들으심이라"라고 하였다. 기도는 하나님 아버지의 뜻이 우리의 삶에 이루어지게 하는 도구인 것이다.

성령님은 말할 수 없는 탄식으로 우리 기도를 도와주신다.

성령님은 말할 수 없는 탄식으로 우리를 위해서 친히 간구하신다. 26절 하반절에 "오직 성령이 말할 수 없는 탄식으로 우리를 위하여 친히 간구하시느니라"라고 했다. 말할 수 없는 탄식으로 간구하시는 것이 실제적으로 무엇인지 꼭 집어 말하기는 쉽지 않다.

하지만 예수님께서 하나님의 보좌 우편에서 우리를 위해서 중보하시듯이 성령님도 기도에 무력한 우리들을 위해서 친히 중보기도하시는 것은 분명하다. 그러나 예수님의 천상에서의 중보기도와는 달리 성령님은 우리 안에 내주하시면서 기도하시기에 우리는 성령님이 기도하시는 것을 우리 속에서 경험할 수 있으며 참여할 수 있다. 그래서 성령님이 탄식하시면서 드리는 기도는 성령님의 중보기도이면서 동시에 성령님과 연합한 우리의 기도가 된다. 그렇다면 과연 성령님의 탄식의 기도는 무엇일까?

성령님의 탄식

우리를 동정하시고 우리의 아픔을 함께 느끼는 탄식

첫째로 우리를 동정하시고 우리의 아픔을 함께 느끼시는 탄식임에 틀림없다. 성령님의 탄식은 앞에서 언급한 피조물의 탄식 그리고 성도의 탄식과 연관되어 있다. 피조물과 성도가 탄식하는 것은 첫 창조의 몸을 입고 허무와 썩어짐의 종 노릇을 함으로써 흘러나오는 탄식이다. 즉 고통의 탄식인 것이다. 더 나아가 성도들은 그리스도인으로서 이 악한 세상에서 당하는 고난으로 인한 탄식이 더해진다. 그러므로 성도들 안에 거하시는 성령님은 바로 성도들의 이러한 고통을 공감하시며, 우리가 속으로 느끼는 고통과 한숨, 두려움을 다 아신다. 성령님의 탄식은 바로 여기에서 비롯된다. 우리와 함께 우시고 함께 아파하시며 함께 신음하시는 것이다. 누군가 우리의 힘든 것을 함께 힘들어하고 함께 울어주고 함께 마음 아파하면 위로가 된다. 성령님은 이렇게 고난의 때에 우리 심령 속에서 말할 수 없는 탄식으로 기도하시며 하늘의 위로와 긍휼로 우리를 격려해 주신다.

신음이 아니라 소망의 탄식

둘째로 이 탄식은 그냥 슬퍼하는 신음이 아니라 소망의 탄식이다. 앞에서 본 것처럼 피조물과 성도들의 탄식이 고난 속에서 해방의 날을 바라보는 소망의 탄식인 것처럼 성령님의 탄식도 마찬가지다. 단지 울음과 슬픔으로 끝나는 탄식이 아니라 우리의 슬픔을 기도와 소망으로 승화시키는 탄식이다. 한나는 브닌나로 인하여 마음속에 슬픔과 격동함이 있을 때에 성소에서 오랫동안 깊은 슬픔 속에서 기도하며 자신의 모든 아픔을 하나님께 토해 낸다. 그리고 이 기도 속에서 고난 속에 있는 하나님의 뜻을 알게 된다. 그리하여 사무엘을 드리는 서원기도를 하게 되고 하나님의 뜻을 이루는 삶을 살게 된다. 그녀의 슬픔이 변하여 기도가 되고 서원이 된다. 그리고 평안함으로 자리에서 일어난다. 그냥 슬퍼서 우는 것과 성령님의 탄식으로 우는 것은 그 결과가 다르다. 슬픔은 그냥 슬픔으로 끝나지만 성령님의 탄식은 우리의 눈물을 기도로 승화시켜 기도를 들으시는 하나님께 대한 믿음으로 소망과 평안 가운데 일어나게 한다.

간절한 기도의 탄식

셋째로 이 탄식은 간절한 기도를 의미한다. 고난이 우리에게 주는 유익은 우리가 얼마나 연약한 피조물인가 하는 본질을 알게 하는 데 있다. 인간의 육신은 이 본질을 종종 잊는다. 우리가 본질적으로 하나님께 탄식하면서 긍휼을 구해야 할 존재라는 사실을 잊어버리게 한다. 조금만 평안하면 곧바로 우리는 우리의 본질을 잊고 간절한 기도를 잊어버린다. 그래서 우리의 기도는 형식적이며 우아한 종교 활동이 되어버린다. 그러나 성령님은 우리 안에서 늘 우리의 본질을 잊지 않게 하신다. 우리가 우리의 본질에 맞게 탄식함으로 간절하게 간구하도록 도와주신다.

하나님은 전심으로 구하면 들으신다고 약속하셨다. 그러나 우리는 우리 자신이 전심으로 하나님을 찾아야 할 비천한 존재임을 망각한다. 그래서 자주 우리의 기도는 형식적이 된다. 육신적인 일이 조금 잘 풀리면 더 이상 기도하지 않아도 되는 것처럼 교만해지는 것이다. 하지만 우리는 매 순간 하나님의 도움이 필요한 피조물이다. 우리는 언제나 전심으로 하나님을 찾아야 한다. 우리의 심령은 언제나 탄식하며 '나를 불쌍히 여기소서!'라고 부르짖어야 한다. 평안할 때나 건강할 때나 기쁠 때나 성공할 때나 우리는 늘 탄식하면서 기도해야 한다. 그것이 거룩하신 하나님 앞에 엎드리는 우리의 본질에 맞는 기도이다. 그런데 육신을 가진 우리는 고난이 지나면 기도가 약해지고 평안해지면 기도의 열정이 식어진다. 그래서 성령님이 도와주셔야 한다. 성령으로 충만하면 성령님은 언제나 간절함으로 전심으로 아버지께 구하도록 이끌어주신다. 성령님은 우리가 아버지의 뜻을 깨닫고 간절히 전심으로 기도하는 사람이 되게 하신다. 예수님이 기도를 통해서 모든 어려움을 이겨내셨듯이 우리도 오직 이 기도 하나면 충분하다.

15장

하나님의 사랑은
정말로 변함이 없나요?

롬 8:28~39

신자에게는 선하신 섭리가 있다

모든 것이 합력하여 선을 이룬다.

고난 속에서 성령님의 도우심으로 하늘과 소통하는 인생은 어떻게 될까? 모든 것이 합력하여 선을 이룬다. 28절에 "우리가 알거니와 하나님을 사랑하는 자 곧 그의 뜻대로 부르심을 입은 자들에게는 모든 것이 합력하여 선을 이루느니라"라고 말씀한다. 하나님은 사랑하는 성도들의 삶에 모든 것이 합력하여 선을 이루게 하신다. 형들은 요셉을 죽이려 했고 보디발의 아내도 요셉을 모함하였으며 술관원은 요셉을 잊어버렸다. 하지만 하나님은 이 모든 것이 합력하여 선을 이루게 하신다. 그 어떤 고난과 핍박도 하나님의 목적과 계획을 방해하지 못한다. 사울은 얼마나 다윗을 죽이려 하였는가? 얼마나 많은 사람들이 다윗을 참소하고 비난하였는가? 그러나 하나님은 이 모든 것을 합력하여 그를 성군 다윗으로 만드셨다. 이렇게 하나님은 성도의 삶 속에 선한 계획을 가지고 계신다. 성도를 넘어뜨리려는 많은 공격과 대적이 있지만 하나님은 그 모든 것을 합력하여 결국 하나님의 뜻을 이루는 도구로 사용하신다. 성도의 삶에 일어나는 모든 일에는 결코 우연은 없다. 필요 없이 주어진 것은 하나도 없다. 모든 것은 합력하여 선을 이루시는 하나님의 도구들이다. 이렇게 모든 것이 그분의 선하신 섭리 아래 있는 것을 믿기에 우리는 이해할 수 없는 고난 속에서도 낙심하지 않고 기도하는 것이다. 하나님께서 성령님을 보내셔서 우리에게 하나님의 뜻대로 기도하도록 도와주시는 이유는 바로 우리의 삶에 하나님의 선하신 계획이 있기 때문이다.

기도 속에 하나님의 섭리가 이루어진다.

28절은 그 구절 자체로 놀라운 진리를 담고 있는 아름다운 구절이지만 이 구절을 문맥 속에서 이해해야 한다는 사실도 잊어서는 안 된다. 삶 속에 모든 것이 합력하여 선이 이루어지는 자들은 성령님의 도우심 속에서 하나님의 뜻대로 기도하는 사람들임을 27절을 통해 알 수 있다. 우리가 아무렇게나 살아도 모든 것이 합력하여 선을 이룬다면 굳이 기도할 필요가 있을까? 예수님을 믿는 자들의 모든 고난이 저절로 합력하여 선을 이루게 된다면, 우리가 고난 속에서 기도하라는 권면을 새겨들을 이유가 있을까? 이 땅을 살아가는 성도의 삶에는 이해할 수 없는 많은 일들이 일어난다. 원치 않는 고난이 다가온다. 그럴 때 우리가 낙심하지 않고 늘 기도한다면, 하나님은 사랑하는 성도들의 삶에 모든 것을 합력하여 선을 이루어 주시는 것이다.

요셉에게 일어난 이해할 수 없는 고난들이 결국 그를 애굽의 국무총리로 만들어 이스라엘을 구하는 선을 이룬다. 그런데 이 어려운 고난의 과정을 지나면서 요셉은 늘 하나님과 동행하며 성령의 은혜 가운데 있었음을 우리는 알게 된다. 다윗의 삶에 일어난 수많은 어려움도 결국 합력하여 그를 성군 다윗으로 만드는 선을 이룬다. 다윗은 그 고난 속에서 얼마나 부르짖으며 기도하는가? 이렇게 이해할 수 없는 고난이 온다 해도 성령님의 도우심으로 기도할 때에 그 모든 일은 합력하여 하나님의 목적을 이루는 것이다.

다른 각도에서 말하면, 우리의 삶을 향한 하나님의 선하신 계획은 우리의 기도를 기다리는 것이다. 하나님은 우리의 삶을 향해 약속하시고 계획하신다. 그리고 그 약속은 우리의 기도를 기다리고 있다. 그래서 하나님은 우리에게 성령을 보내셔서 우리가 하나님의 뜻대로 기도하도록 도와주시는 것이다.

신자를 향한 확고한 목적이 있다

모든 것을 합력하여 이루시는 선은 무엇인가?

그러면 그 모든 것을 합력하여 이루시는 선은 과연 무엇인가? 그 최종적인 방향은 무엇인가? 그것은 우리가 그 아들의 형상을 본받는 것이다. 그리하여 예수님이 많은 형제 중 맏아들이 되게 하시는 것이다. "하나님이 미리 아신 자들을 또한 그 아들의 형상을 본받게 하기 위하여 미리 정하셨으니 이는 그로 많은 형제 중에서 맏아들이 되게 하려 하심이니라"(29절). 예수님이 맏아들이 되시려면 동생들이 있어야 한다. 예수님처럼 영광스러운 모습을 가진 동생들이 있어야 한다. 이를 위해 하나님이 만세 전에 우리를 아셨다. 이것은 우리를 사랑하셨다는 것이다. 그리고 우리를 미리 정하셨다. 즉 선택하신 것이다. 그리고 어느 순간 부르셔서 의롭다고 하셨다. 그리고 최종적으로 영화롭게 하셨다. "또 미리 정하신 그들을 또한 부르시고 부르신 그들을 또한 의롭다 하시고 의롭다 하신 그들을 또한 영화롭게 하셨느니라"(30절).

여기서 주목할 단어는 미리 아심, 미리 정하심, 부르심, 의롭다 하심, 영화롭게 하심이다. 그리스도인은 이 다섯 가지의 정해진 계획을 가지고 이 땅에 태어난다. 하나님은 우리를 미리 아셨다. 만들어지기 전부터 우리를 사랑하셨다. 그 다음 미리 정하여 선택하셨다. 조건을 보고 선택하신 것이 아니라 그분의 기쁘신 뜻대로 우리를 사랑하셔서 선택하시고 하나님의 자녀가 되도록 예정하신 것이다. 그 다음에 부르셨다. 하나님이 부르셨기 때문에 우리는 죽음에서 깨어나 예수님께로 나온 것이다. 그 다음에는 의롭다 하셨다. 예수님의 십자가의 공로로 모든 죄를 사해 주시고 의롭다고 칭해 주셨다. 그리고 영화롭게 하셨다. 예수 그리스도와 같이 부활의 몸을 입고 영광스럽게 변화되는 것이다.

사극 드라마의 영웅적인 주인공에게 정해진 결말이 있는 것처럼 우리에게는 정해진 결말이 있다. 그것은 예수님처럼 영화롭게 되어 하나님 나라의 상속자가 되는 것이다. 하나님이 성도의 삶 속에 합력하여 이루시는 선은 결코 허무하고 썩어져 가는 세상에서 육신의 정욕을 위해 마음이 원하는 대로 사는 것이 아니다. 그리스도를 닮아 영화롭게 되어 천국의 상속자가 되게 하시는 것이 선의 목적이요 방향이다.

선을 확고하게 이루신다.

영화롭게 된다는 미래의 일을 이미 이루어진 것처럼 과거형으로 쓴 이유는 무엇일까? "영화롭게 하셨느니라"(30절 하). 이것은 하나님이 반드시 그렇게 하실 것이라는 확실함의 표현이다. 미리 아신 자를 미리 정하시고, 미리 정하신 자를 부르시고, 부르신 자를 의롭다 하시며, 의롭다 하신 자를 영화롭게 하시는 것은 하나님의 확고한 계획이요 견고한 섭리이다. 하나님은 어떤 고난이 있어도 결국에는 예수님처럼 영화롭게 하시는 그 목적을 성취하신다. 하나님은 우리를 기필코 영화롭게 하실 것이다. 그런 확고한 목적 속에서 하나님은 우리에게 당신의 아들을 보내어 우리 대신 십자가에 못 박으시고 우리를 의롭게 하신 것이다. 이러한 목적 속에서 연약한 우리의 몸 안에 성령님을 보내셔서 죄를 이기게 하시고, 우리의 몸을 거룩하게 보존하시는 것이다. 그리고 성령님은 성도들의 기도를 도와서 그들 가운데 모든 것이 합력하여 선을 이루게 하시는 것이다. 그리하여 성도가 예수님을 닮고 영광스러운 하나님 아들로 나타나 하나님 나라의 상속자가 되게 하려는 것이다. 이것이 우리를 향한 하나님의 확고한 계획이요 목적이다.

신자에게는 끊을 수 없는 사랑이 있다

우리를 영광스러운 하나님의 자녀로 만드시는 하나님의 확고한 목적이 혹시라도 좌절되거나 변하는 일은 없을까? 과연 우리를 향한 하나님의 사랑은 어떠한 공격에도 끄떡 없는 것일까? 다음과 같은 세 가지의 걱정스러운 질문이 따른다. 누군가 우리를 대적하면 어찌할까? 우리가 비난받을 만한 실수를 하면 어쩌나? 우리 힘으로 핍박을 감당할 수 있을까?

누가 대적하리요

하나님이 다윗을 왕으로 삼으시려는 계획을 사울이 대적한 것처럼, 요셉을 국무총리로 삼으려는 계획을 형들이 대적한 것처럼, 우리가 하나님의 선택을 받는 순간 세상과 마귀는 우리를 대적한다. 우리를 거룩하게 빚으셔서 하나님의 상속자로 삼으시려는 계획을 훼방하려고 우리를 유혹한다. 세상은 어떻게 해서든 술을 먹이려 하고, 어떻게 해서든 자신과 함께 룸살롱에 가서 적당히 죄 짓고 살아가도록 만들려고 한다. 안 넘어가면 '네가 얼마나 잘났는가 보자' 하고 골탕 먹이려고 하며 까닭 없이 미워한다. 실수해서 넘어지면 벌 떼처럼 달려들어서 그 사람을 매도하고 물어뜯는다. 이것이 악한 세상의 모습이다.

이러한 대적에 대한 하나님의 대책은 무엇인가? 31절에 "그런즉 이 일에 대하여 우리가 무슨 말 하리요 만일 하나님이 우리를 위하시면 누가 우리를 대적하리요"라고 하였다. 하나님이 우리 편이 되어 우리를 위해 주신다고 말씀하신다.

그러면 어느 정도로 우리를 위해 주실까? 32절을 보라. "자기 아들을 아끼지 아니하시고 우리 모든 사람을 위하여 내주신 이가 어찌 그 아들과 함께 모든 것을 우리에게 주시지 아니하겠느냐". 여기서 모든 것을 주시지 않겠느냐는 말은 우리의 편이신 하나님은 아들도 아끼지 않고 주신 분이기에 우리가 기도할 때 무엇을 안 주시겠느냐는 것이다. 우리 인생에 그 어떤 대적이 있어도 걱정하지 말고 기도로 간구하면 하나님께서 도와주신다는 것이다.

누가 정죄하리요

내가 부족해서 죄를 지으면 그래서 마귀가 고소하고 사람들이 비난하면 어떻게 될까? 그러면 하나님이 실망하셔서 계획을 철회하시지 않을까? 우리는 육신을 입고 있는 연약한 존재이기에 이러한 걱정에서 자유할 수 없다. 마귀는 고소할 틈을 언제나 노리고 있다가 우리가 넘어지면 비난과 정죄를 쏟아낸다. 우리의 양심도 우리 자신을 비난하며 스스로 자격없고 쓸모없는 존재라고 여긴다.

이에 대한 주님의 대답은 무엇인가? 첫째, 우리를 의롭다고 하신 하나님의 선언은 영원하다는 것이다. 33절에 보면 "누가 능히 하나님께서 택하신 자들을 고발하리요 의롭다 하신 이는 하나님이시니"라고 말씀한다. 우리가 죄를 지어도 하나님의 칭의의 선언은 무효화되지 않는다. 둘째, 부활하셔서 하나님 우편에 계신 그리스도 예수께서 우리를 위하여 변호하신다. 34절에 "누가 정죄하리요 죽으실 뿐 아니라 다시 살아나신 이는 그리스도 예수시니 그는 하나님 우편에 계신 자요 우리를 위하여 간구하시는 자시니라"라고 하였다. 우리가 비록 지금도 넘어지고 연약하지만, 우리를 위해 십자가에서 죽으신 예수님은 지금도 여전히 우리를 위해 하나님께 간구하시며 우리를 변호해 주신다는 것이다. 예수님은 우리가 하나님을 알지 못했을 때에 우리를 위해서 죽으심으로써 우리를 하나님 앞에서 변호하셔서 의롭다 하신 판결을 이끌어내신 분이시다. 그 위대한 변호사가 주님을 섬기다가 연약해서 죄에 넘어졌음을 자백하는 우리를 하나님 앞에서 변호해 주시는 일에 실패하겠는가?

누가 끊으리요

초대교회는 예수님을 믿는다는 이유로 환난, 곤고, 박해, 기근, 적신, 위험, 칼이라는 핍박을 당할 위협 앞에 늘 놓여 있었다. 로마의 10대 박해 동안에 수많은 그리스도인들이 원형 경기장에 끌려와서 조롱당하며 사자에게 물려 죽임을 당했다. 히브리서는 그들이 심한 고문을 받았고 조롱과 채찍질, 결박당함과 옥에 갇히는 시련, 돌로 치는 것, 톱을 켜는 것, 칼로 죽임을 당하고 양과 염소의 가죽을 입고 유리하여 궁핍과 환난과 학대를 받았다고 기록한다(히 11:36~37). 이러한 상황 앞에서 성도는 과연 내가 이러한 위협 속에서도 주를 부인하지 않고 믿음을 지킬 수 있을까 하는 걱정이 생긴다. 35~36절에 "누가 우리를 그리스도의 사랑에서 끊으리요 환난이나 곤고나 박해나 기근이나 적신이나 위험이나 칼이랴 기록된 바 우리가 종일 주를 위하여 죽임을 당하게 되며 도살당할 양같이 여김을 받았나이다 함과 같으니라"라고 말씀한다. 한 번쯤은 내가 과연 믿음을 지켜낼 수 있을까 하는 염려를 해보았을 것이다. 북한군이 쳐들어와서 목에 총을 대고 "너 예수 부인하고 살래, 아니면 죽을래?" 하면 어떻게 할까? 펄펄 끓는 가마솥 앞에서 나에게 예수님을 부인하라고 하면 어떻게 할까? 생각만 해도 겁이 난다.

그런데 이에 대한 대답은 무엇일까? 37절을 보라. "그러나 이 모든 일에 우리를 사랑하시는 이로 말미암아 우리가 넉넉히 이기느니라". 그때에는 그 어려운 상황도 끊을 수 없는 그리스도의 사랑이 우리를 넉넉히 이기게 한다는 것이다. 이 어려움의 때에 그리스도의 사랑이 성도를 붙들어 주신다는 말이다. 장작더미에서도 부인하지 않고 오히려 예수님을 찬송하는 힘, 자기 다리가 불에 타들어가는 것을 보면서도 자기를 죽이는 자를 위해서 기도하는 힘, 스데반처럼 돌에 맞아 죽어가면서도 돌 던지는 사람을 위해서 기도하는 이 힘은 그들 자신의 힘이 아니다. 하나님의 사랑이 그들을 붙들었기 때문이다. 그들은 핍박 속에서 하나님이 나를 사랑하시지 않는다고 불평하며 절규한 것이 아니라 오히려 그 핍박도 끊지 못할 강력한 그리스도의 사랑을 경험하면서 그 사랑에 감격하여 천국을 바라보았던 것이다. 그래서 바울은 그 사랑에서 우리를 끊을 수 없다고 자신 있게 외치는 것이다.

우리를 하나님의 사랑에서 끊으려 하는 것들이 얼마나 많은지 모른다. 38~39절에 "사망이나 생명이나 천사들이나 권세자들이나 현재 일이나 장래 일이나 능력이나 높음이나 깊음"이 우리는 흔든다고 말한다. 사망과 생명을 가지고 핍박과 회유로 우리의 믿음을 흔든다. 천사들이나 권세자들, 즉 악한 마귀가 천사의 탈을 쓰고 우리를 하나님의 사랑에서 끊으려고 유혹한다. 현재의 어려움만이 아니라 장래의 불길한 예언 등을 통해서 그리스도의 사랑을 의심케 한다. 능력의 높음, 깊음과 같은 기적, 주술, 점성술 같은 것으로 협박하고 겁을 준다. 예언한다고 하면서 성도들을 옭아매고 겁주는 사람들이 얼마나 많은지 모른다.

언제가 잘 아는 목회자의 교회를 방문했다가 원치 않는 자리에 동석하여 소위 예언하는 분을 경험한 적이 있다. 그는 원치도 않는 내게 예언한다면서 내가 가는 길이 마치 하나님의 뜻이 아닌 것처럼, 그리로 가면 망할 것처럼 이야기하며 겁을 주었다. 이것은 하나님의 음성이 아니라는 생각 속에서 그 자리를 떠나 집으로 돌아왔지만, 마음속에 두려움이 몰려왔다. 소위 예언이라는 것을 통해서 마귀가 얼마나 성도들을 겁나게 할 수 있는가를 깨달았다. 이 일로 나는 하나님 앞에 두려움을 가지고 엎드려 기도하였고 그때 주님께서는 그 음성이 하나님의 음성이 아님을 분명히 깨닫게 하셨다. 그것은 바로 하나님의 사랑에 대한 확신에서 비롯되었다. 지금까지 나를 구원하시고 부족한 나를 사랑하셔서 여기까지 이끌어주신 하나님의 사랑의 인도하심 그리고 그 여정 속에서 날마다 내게 들려주셨던 그분의 온유한 음성과 비교해볼 때에 그날 그 여자분의 목소리를 통해서 들렸던 목소리는 너무나 달랐다. 너무 조급했고 너무 무례했다. 자신의 말을 신뢰하지 않는 듯한 내 모습을 보고 저주를 서슴지 않았다. 조용히 주님 앞에 엎드렸을 때 내 마음속에 그것은 나를 사랑하시는 하나님 아버지의 음성이 아니라는 확신을 얻게 되었다.

과연 지금까지 우리에게 은혜를 베푸신 하나님이 내가 조금 연약하고 부족하다고 갑자기 안색을 바꾸어 저주하는 분이실까? 결코 그렇지 않다. 예수님이 성도를 위해서 저주를 받으셨는데, 누가 감히 그를 저주할 수 있단 말인가? 자기 마음에 들지 않는다고 교회의 중직자나 목회자가 서슴없이 성도에게 겁을 주는 언행은 십자가에 달리신 주님의 사역을 모욕하는 중대한 죄악임을 알아야 한다. 바울이 이 모든 대적 앞에서 자신 있게 외치는 목소리가 무엇인가?

"다른 어떤 피조물이라도 우리를 우리 주 그리스도 예수 안에 있는 하나님의 사랑에서 끊을 수 없으리라"(39절 하)

그 무엇도 우리를 하나님의 사랑에서 끊을 수 없다. 고난이 왔다고 하나님이 사랑하시지 않는 것처럼 말하는 모든 것은 다 거짓이다. 징계조차도 얼마나 크신 사랑의 표현인가? 변함없는 하나님의 사랑을 의심하지 말자. 이 사랑은 그 어떤 경우에도 끊어지지 않고 우리가 하나님의 나라를 상속할 때까지 우리와 함께할 것이다.

16장

선택받아야 믿을 수 있다는데 사실인가요?

롬 9:6~11장

그 무엇도 그리스도 안에 있는 하나님의 사랑에서 우리를 끊을 수 없기에 하나님은 이 세상의 모든 박해 속에서도 신자가 영광스럽게 되도록 하는 데 실패하지 않을 것이라는 선언이 로마서 8장의 결론이다.

하지만 여기서 한 가지 의문이 떠오른다. '하나님이 먼저 이스라엘을 선택하셨고 부르셨는데, 지금 그들 대부분은 그리스도에게서 떠나 있지 않은가? 그래서 그들은 구원에서 멀어지지 않았는가? 그렇다면 그 무엇도 하나님의 사랑에서 우리를 끊을 수 없다는 말은 신뢰할 수 없지 않은가?' 이러한 의문은 곧 오늘 우리들의 의문이기도 하다. '몇 대째 이어져 내려오는 기독교 집안인데 왜 우리 자녀들은 교회에 다니지 않는가? 모태신앙으로 유아세례까지 받은 아이들이 왜 대학에 들어가면서 교회를 떠나는가? 교회 출석을 잘하던 남편이 한 번 상처 받은 이후 교회를 떠났는데 돌아오지 않는다. 언젠가 돌아올 수 있겠지만, 혹시 그들이 그렇게 완전히 구원에서 멀어진다면 어찌 그들이 하나님의 사랑에서 끊어지지 않았다고 할 수 있는가?'

이에 대한 대답이 무엇일까? 냉정하지만 바울은 그들이 정말 떠난 것이라면 그래서 다시 돌아오지 않는다면, 그들은 진정으로 선택받은 자들, 진정한 하나님의 백성이 아니었다고 말한다. 9장 6절에 "그러나 하나님의 말씀이 폐하여진 것 같지 않도다 이스라엘에게서 난 그들이 다 이스라엘이 아니요"라고 말한다. 즉 혈통적으로 아브라함의 후손이라고 해서 다 이스라엘이 아니라는 것이다. 그러면 도대체 누가 '하나님의 택한 백성'인가? 과연 선택받은 하나님의 자녀들은 누구인가? 여기서 우리는 성경에 나타나는 하나님의 선택의 특성에 귀를 기울여야 한다. 선택과 믿음을 중심으로 9장부터 11장을 간략히 살펴보자.

하나님은 누구를 선택하시는가? (9:6~18)

믿음의 명문가 출신이라고 선택받은 것이 아니다.
이스마엘은 아브라함과 하갈이란 여종과의 관계 속에서 육신적인 방법으로 태어난 아들이다. 반면 이삭은 아브라함과 사라가 육신적으로 죽은 자 같았을 때 약속을 믿고 태어난 아들이다. 하나님의 자녀는 육신으로 난 이스마엘이 아니라 약속으로 난 이삭이라고 성경은 말한다. 결국 이스라엘은 혈육적인 조건이 아니라 바로 약속의 자녀여야 한다는 것이다. 8~9절에서도 "곧 육신의 자녀가 하나님의 자녀가 아니요 오직 약속의 자녀가 씨로 여기심을 받느니라 약속의 말씀은 이것이니 명년 이 때에 내가 이르리니 사라에게 아들이 있으리라 하심이라"라고 말씀하고 있다. 예를 들어 목회자의 집안에서 태어나 5대째 모태신앙으로 유아세례를 받았기 때문에 그를 '하나님의 자녀'라고 할 수 있을까? 그렇지 않다. 오직 예수 그리스도를 믿는 믿음으로만 이스라엘이라는 범주에 속하게 된다.

행위나 조건을 근거로 선택하시지 않는다.
바울은 곧이어 10절에서 "그뿐 아니라 또한 리브가가 우리 조상

이삭 한 사람으로 말미암아 임신하였는데"라며 에서와 야곱에 대한 이야기를 한다. 그들은 아직 모태에 있고 태어나지도 않아 선악 간의 그 어떤 행위가 있기 전이지만 하나님은 야곱을 사랑하고 에서를 미워했다고 말씀하신다. 이 말은 하나님의 선택에서 인간의 도덕 간의 행위가 전혀 고려되지 않았다는 말이다. 11~13절을 보라. "그 자식들이 아직 나지도 아니하고 무슨 선이나 악을 행하지 아니한 때에 택하심을 따라 되는 하나님의 뜻이 행위로 말미암지 않고 오직 부르시는 이로 말미암아 서게 하려 하사 리브가에게 이르시되 큰 자가 어린 자를 섬기리라 하셨나니 기록된 바 내가 야곱은 사랑하고 에서는 미워하였다 하심과 같으니라."

도리어 이 말은 인간 자신에게는 구원받을 만한 그 어떤 이유나 근거를 찾을 수 없으며, 그저 하나님의 선택으로 구원받았다는 뜻이다. 야곱이 이스라엘이 된 것은 하나님이 택하신 '결과'이지 택하심의 '원인'이 아닌 것이다. 야곱에게 남다른 구석이 있어서 떡잎부터 알아보시고 하나님이 야곱을 선택하신 것이 아니다. 그는 성경에 나오는 그대로 야망으로 움켜쥐고 속이는 야비한 사람이었다. 하지만 하나님께서 선택하셨기에 그 결과로 그는 점차 이스라엘로 변화되어간 것이다. 반면에 에서가 장자권을 팥죽 한 그릇에 팔아먹고, 점점 함의 자손인 니므롯을 닮아 익숙한 사냥꾼이 되어가고, 성품이 잔인해져가며, 제 눈에 좋은 대로 이방 여인과 결혼하는 것은 하나님께서 그를 선택하지 않으셨기 때문이다. 즉 선택의 결과로 그들의 삶이 갈라진 것이다. 이렇게 선택은 도덕적인 행위 이전의 일이고, 그 선택이 행동과 성품을 결정짓게 된 것이다.

분명 에서가 장자로서 외적인 조건을 갖추었지만, 이렇게 선택받지 못한 것을 볼 때 이스라엘이 율법을 소유하고, 그 율법을 맡았다는 특권과 그 행위에 열심을 내었다는 것 자체는 결코 선택의 조건이나 근거가 될 수 없음을 알 수 있다. 출생하기 전부터 하나님이 야곱을 사랑하고 에서는 미워했던 것처럼 이스라엘이 되는 것은 선택으로 되는 것이지 외적인 조건으로 되는 것이 아니다. 혈통적으로 유대인이고 율법을 맡았다는 사실이 참 이스라엘의 근거가 될 수 없고, 오직 하나님의 선택으로 예수를 믿는 사람만이 참 이스라엘이 되는 것이다. 그러므로 이스라엘 중 믿지 않는 사람들이 많다고 해서 하나님의 약속이 폐하여진 것이 아니다. 하나님의 약속은 처음부터 믿는 자들을 향한 것이었지 외적인 혈통이나 행위로 말미암는 이스라엘 민족을 향한 것은 아니었기 때문이다. 즉 사랑에서 끊어지지 않을 것이라는 약속은 단지 믿음의 명문가 출신이나 교회를 다니는 사람, 혹은 도덕적으로 착하게 살며 봉사하는 사람들을 향한 것이 아니라 하나님의 선택에 의해서 예수를 믿고 거듭난 참 이스라엘인 하나님의 백성을 향한 것이라는 사실이다. 그런 면에서 이스라엘의 남은 자들을 통해 이 약속은 이어져가고 있으며, 이방인들이 이 믿음에 참여함으로써 참 이스라엘을 향한 하나님의 약속은 폐하여지지 않고 계속되고 있는 것이다.

하나님 주권대로 선택하신다.

'그렇다면 왜 하나님께서는 모든 이스라엘을 다 선택하시지 않았는가?'라고 질문할 수 있을 것이다. 누구는 선택하고 누구는 선택하지 않는 것이 불공평하다는 것이다. 이에 대해 성경은 하나님이 "모세에게 이르시되 내가 긍휼히 여길 자를 긍휼히 여기고 불쌍히 여길 자를 불쌍히 여기리라 하셨으니"(15절)라고 대답한다. 긍휼 즉 '불쌍히 여긴다'는 것은 애당초 그것을 받을 자격이 없는 자에게 베풀어지는 호의인 것이다. 그러므로 누군가를 긍휼히 여기는 것은 의무사항이 아니요, 베푸는 사람의 자의적 판단으로 이루어지는 것이기에 타인은 왜 모든 사람에게 긍휼을 베풀지 않느냐며 불만을 제기할 수 없다.

예를 들어서 어떤 부유한 사람이 특정 학교에서 열 명의 학생을 선발하여 장학금을 지급한다고 하자. 이것을 놓고 그 사람에게 "당신은 왜 공평하지 않게 모두에게 장학금을 주지 않고 열명에게만 주는가?"라고 말할 사람은 아무도 없다. 왜냐하면 그는 전교생에게 장학금을 지급해야 할 의무가 없으며 그는 하지 않아도 되는 긍휼을 베풀고 있기 때문이다. 성경은 하나님의 구원을 이와 같은 긍휼의 관점으로 말한다. 하나님께서는 죄인 된 인간 모두를 구원하셔야 할 그 어떤 빚도 지지 않으셨다. 의무가 없으시다. 한 사람도 구원하시지 않아도 그분에게 뭐라 할 수 없고, 그중에 일부를 구원하든 전부를 구원하든 전적으로 베푸시는 이의 마음에 달린 것이다. 이렇게 하나님의 구원은 긍휼을 베푸시는 이의 마음에 달린 것이지 사람들의 어떤 조건에 달린 것이 아니다. 장학금을 기부하는 이는 어떤 아이가 공부를 열심히 했기에 기부해야 하는 것이 아니다. 아이가 아무리 공부를 열심히 해서 전교 일등을 했어도 기부할 사람이 그럴 뜻이 없으면 장학금을 주지 않는 것이요, 전교생에게 다 장학금을 주겠다는 마음을 먹었다면 공부를 못해도 장학금을 받는 것이다. 이처럼 구원을 받는 것은 우리가 원한다고, 열심히 달음박질한다고 되는것이 아니란 말이다. 그저 긍휼을 베푸시는 이의 주권인 것이다. "그런즉 원하는 자로 말미암음도 아니요 달음박질하는 자로 말미암음도 아니요 오직 긍휼히 여기시는 하나님으로 말미암음이니라"(16절)

이러한 원리는 긍휼히 여기시는 것만이 아니라 완악하게 하고자 하는 자를 완악하게 하시는 데도 동일하게 해당된다. 바로를 예로 들면 그는 열 가지 재앙 속에서도 완악한 마음을 버리지 않고 끝까지 버틴다. 그가 버틸수록 하나님의 크신 능력은 나타나게 되고, 결국 하나님은 당신의 능력을 보이시기 위해 바로를 완악하게 버려두신다. 그래서 17~18절에 "성경이 바로에게 이르시되 내가 이 일을 위하여 너를 세웠으니 곧 너로 말미암아 내 능력을 보이고 내 이름이 온 땅에 전파되게 하려 함이라 하셨으니 그런즉 하나님께서 하고자 하시는 자를 긍휼히 여기시고 하고자 하시는 자를 완악하게 하시느니라"라고 하였다. 여기서 오해하지 말아야 할 것은 바로는 원래 선한 마음을 가진 사람인데 하나님께서 그 마음을 고의적으로 완악하게 만드신 것은 아니라는 사실이다. 인간의 마음의 완악함은 하나님을 거부하고 등 돌림으로써 시작되는 것이다. 그 생명이 하나님에게서 떠나 있기에 마음이 굳어지고 총명이 어두워진 것이다. 그러므로 하나님의 은혜를 떠난 모든 사람의 마음은 완악한 상태에 있는 것이다. 그런데 하나님께서 특별은총과 일반은총의 빛으로 그들의 마음을 어느 정도 누그러뜨리시기에 인간은 그 완악함 중에서 어느 정도 은혜의 빛의 혜택을 입고 사는 것이다. 그런데 하나님이 그에게 그 어떤 은혜도 베풀지 않고 그냥 마음의 정욕과 교만함을 그대로 내버려 두시면 그는 완악함에서 벗어나지 못하는 것이다. 그러므로 여기서 하나님이 완악하게 하셨다는 것은 그를 내버려 두셨다는 것을 의미한다. 하나님은 어떤 사람에게 긍휼을 베푸실 자유가 있으시고, 동시에 어떤 사람은 그냥 내버려 두실 자유도 있다. 이러한 사실에 근거해서 우리는 하나님을 불의하다고 할 수 없는 것이다. 하나님께서는 모든 사람을 다 구원하셔야 할 의무가 없으시기에 그저 하나님의 긍휼로 선택해 주신 것에 대해서 우리는 감사할 따름인 것이다.

믿지 않는 것은 인간의 탓인가, 선택하지 않은 탓인가?

선택은 불신의 책임을 면제해 주지 않는다.
또다시 끈질긴 의문이 꼬리를 문다. 어떤 사람을 하나님께서 내버려 두셔서 믿지 않게 되었다면 과연 누구의 책임인가? 어떤 사람이 믿고 구원을 받았다면 그것은 분명 그를 선택하신 하나님의 긍휼, 하나님의 은혜 때문이라는 것이 분명하다. 하지만 믿지 않았다면 은혜를 베풀지 않은 탓인가, 아니면 믿지 않은 그 사람 탓인가? 이 질문이 우리를 곤란하게 만든다. 성경이 말하는 것은 분명하다. 믿지 않고 지옥에 가는 것은 전적으로 그 사람 탓이라는 것이다. 예를 들어 흉악한 살인범들이 사형장으로 끌려가는 중 급히 왕의 전령이 달려

와서 그 중 한 명에게 사면령을 내렸다고 생각해 보자. 그 사람은 누구 덕에 사형을 면하고 생명을 얻었는가? 바로 왕의 호의 때문이다. 하지만 나머지 사람이 사형을 면치 못한 것은 누구 탓인가? 살인을 저지른 본인 탓이다. 그들은 결코 왕이 우리에게 호의를 베풀지 않아서 죽는다고 책임을 떠넘길 수 없다. 이처럼 우리가 큰 죄악에서 건짐을 받는다면 그것은 전적으로 하나님의 호의로 말미암는 것이다. 하지만 누군가가 회개하지 않고 지옥으로 떨어진다면 그는 자신의 죄로 말미암아 지옥에 가는 것이다. 전적으로 자신의 책임인 것이다.

그런 면에서 이방인들이 구원을 받는 것은 전적으로 하나님의 긍휼로 인한 것이다. 하나님께서 내 백성이 아닌 자를 내 백성이라고 하시고 사랑하지 않은 자를 사랑한다고 부르시는 긍휼로 말미암은 것이란 말이다. 25~26절에 보면 "호세아의 글에도 이르기를 내가 내 백성 아닌 자를 내 백성이라, 사랑하지 아니한 자를 사랑한 자라 부르리라 너희는 내 백성이 아니라 한 그 곳에서 그들이 살아 계신 하나님의 아들이라 일컬음을 받으리라 함과 같으니라"라고 하였다.

그러나 반면 이스라엘 백성들 중에서는 아주 소수만이 구원을 받게 되는데 이에 대해서 바울은 뭐라고 설명하는가? 그 적은 소수가 구원을 받는 것조차도 하나님께서 씨를 남겨두신 은혜인 것이요, 만약에 하나님이 긍휼을 베풀지 않으셨다면 소돔과 고모라처럼 다 멸망받았을 것이라고 말한다. 27절에 "또 이사야가 이스라엘에 관하여 외치되 이스라엘 자손들의 수가 비록 바다의 모래 같을지라도 남은 자만 구원을 받으리니"라고 하였고, 29절에 "또한 이사야가 미리 말한 바 만일 만군의 주께서 우리에게 씨를 남겨 두지 아니하셨더라면 우리가 소돔과 같이 되고 고모라와 같았으리로다 함과 같으니라"라고 하였다. 결국 이스라엘이 구원에서 멀어진 것은 소돔과 고모라가 망한 것처럼 그들의 책임이요, 그들 중에서 소수라도 구원을 받는 것은 전적인 하나님의 긍휼이라는 것이다.

그러면 하나님의 선택된 이스라엘 백성은 왜 소돔과 고모라처럼 죄악으로 멸망받아 마땅한 존재가 되었을까? 그것은 그들이 믿음에서 떠나 자신들의 행위를 의지하였기 때문이다. 의롭지 않은 이방인들은 믿음으로 말미암아 의를 얻어서 구원을 받게 되었지만 정작 율법을 통해 무엇이 하나님 앞에서 의로운 삶인지 아는 이스라엘은 자기 행위로 의롭게 되려고 하다가 율법에 이르지 못하게 되고 의롭다 함을 얻지 못했다. 30~32절을 보라. "그런즉 우리가 무슨 말을 하리요 의를 따르지 아니한 이방인들이 의를 얻었으니 곧 믿음에서 난 의요 의의 법을 따라간 이스라엘은 율법에 이르지 못하였으니 어찌 그러하냐 이는 그들이 믿음을 의지하지 않고 행위를 의지함이라 부딪칠 돌에 부딪쳤느니라". 이스라엘 백성들은 율법을 통해서 자신들이 죄인임을 깨닫고, 그 율법의 완성이신 그리스도를 믿음으로 의롭다 함을 받아야 한다. 그런데 도리어 자신의 행위로 율법을 지켜서 의로워지겠다고 하는 그들의 실상은 하나님 앞에서 소돔과 고모라의 백성과 다름 없는 죄인이 된 것이다. 그래서 하나님께서는 자신의 행위로는 멸망할 수밖에 없는 그들을 위해서 시온에 구원자를 보내주셨다. 이제 그들이 자신들에게 온 구원자 그리스도를 믿기만 하면 그분의 의로 구원을 받는 것이다. 하지만 그들은 외적으로 그럴듯한 종교적인 모습, 도덕적이고 윤리적인 모습으로 인해 자기 의에 빠지게 되었고, 자신의 행위를 신뢰함으로 그들이 믿어야 하는 그리스도를 못박았다. 믿음을 거부함으로써 죄에서 벗어나 의를 얻을 기회를 잃어버린 것이다. 결국 자신들의 구원자를 십자가에 못 박은 시온성 예루살렘은 로마의 디도 장군에 의해서 완전히 함락되는 비극을 맛본다. 그리스도가 그들의 부딪치는 돌이 되었고 그 결과 그들은 산산조각이 나버렸다. 그들은 믿지 않아서 망한 것이다.

여기서 성경의 논리를 분명히 하자. 왜 그들이 망했는가? 믿지 않았기 때문이다. 그러면 왜 믿지 않았는가? 하나님이 선택해주시지 않아서가 아니라 자신을 의롭다 생각하고, 자신의 행위로 구원받겠다는 그릇된 자기 의 때문이다. 결국 그들은 자신들이 죄인이란 사실을 인정하지 않고 긍휼을 베푸시는 주님의 손을 잡지 않은 것이다. 그래서 그들은 구원을 받지 못한 것이다. 정확하게 말하면 하나님은 모든 사람에게 구원의 손길을 내미셨다. 그러나 그들은 자신들이 잘났다고 생각함으로 믿지 않은 것이며, 이방인들은 자신들이 죄인이라고 생각해서 구원자를 믿은 것이다. 시온이 거침돌이라고 생각하여 버린 그 돌을 이방인은 믿고 구원을 받은 것이다. 그래서 33절은 "기록된 바 보라 내가 걸림돌과 거치는 바위를 시온에 두노니 그를 믿는 자는 부끄러움을 당하지 아니하리라 함과 같으니라"라고 선언한다. 그러므로 그가 믿지 않은 것을 누구에게 탓하겠는가? 자기가 잘났다고 생각하여 나는 구원자가 필요 없다고 거부하는 그들을 도대체 어떻게 하라는 말인가? 구원자를 믿은 사람들은 전적인 은혜로 구원을 받은 것이다. 하지만 믿지 않은 자들은 자신을 믿음으로 그 손을 뿌리쳐서 스스로 그리스도에게서 멀어진 것이다. 누구 책임인가? 자기 책임이다.

그러므로 우리는 이 성경의 방식으로 사고해야 한다. 구원을 받았다면 은혜로 받은 것이다. 하지만 왜 구원받지 못하는 사람이 있는가? 그들이 택함 받지 못해서인가? 결코 그렇지 않다. 그들이 복음을 거부했기 때문이다. 복음을 받아들이는 것은 선택의 은혜요, 복음을 거부하는 것은 우리의 책임임을 성경은 분명히 하고 있다.

이와 같은 성경적 사고방식은 다툼과 논쟁의 영역이 아니라 우리가 그대로 수납해야 할 부분이다. 우리 인간은 그저 믿고 받아들여야 마땅하다. 왜냐하면 피조물 된 우리는 하나님과 대적하여 논쟁을 벌일 수 없기 때문이다. 그래서 19~20절은 "혹 네가 내게 말하기를 그러면 하나님이 어찌하여 허물하시느냐 누가 그 뜻을 대적하느냐 하리니 이 사람아 네가 누구이기에 감히 하나님께 반문하느냐 지음을 받은 물건이 지은 자에게 어찌 나를 이같이 만들었느냐 말하겠느냐"라고 말씀한다. 여기서 사람과 하나님은 지음 받은 물건과 지은 자로 대조되고 있다. '반문한다'는 말은 '말대꾸하다, 따지듯이 말하다'라는 의미이다. "너는 사람으로 지음 받은 그릇인데 네가 어찌 너를 만드신 분에게 따지듯 반대하여 말할 수 있느냐!" 지금 네가 반문하는 바로 그 하나님에 의해서 만들어진 존재가 바로 너 자신이라는 것이다. 결국 우리는 선택교리를 하나님이 말씀하신 대로, 보여주신 대로 받아들일 수밖에 없는 존재이다.

선택은 복음을 전할 책임을 면제해주지 않는다.

하나님의 선택교리는 철저하게 이미 믿고 있는 우리에게 해당되는 내용이다. 이미 믿은 우리가 하나님의 긍휼을 입었다는 사실을 말해주는 것이다. 반면에 이 교리는 믿지 않는 자들에게는 자신의 책임을 요구하고 있다. 그러므로 믿지 않는 자에게 요구되는 것은 무엇인가? 바로 '회개'와 '믿음'이다.

그리고 구원의 은혜를 입은 우리는 믿지 않는 자들에게 가서 우리를 구원한 이 복음을 전해야 할 의무가 있다. 하나님의 선택교리는 우리에게 전도에 대한 면책을 부여하는 것이 결코 아니다. 우리 주위에 믿지 않는 자들이 있다면, 그에 대한 책임은 믿지 않음으로 정죄 아래 있는 당사자에게 있는 것이고, 그가 믿을 수 있도록 복음을 전하지 않은 우리에게도 있는 것이다.

그런 면에서 바울은 이스라엘의 구원을 열망하면서 그들이 구원 받지 못하는 것은 하나님을 향한 열심은 있으나 올바른 지식을 따르지 않아서라고 한다. 복음을 몰라서 그렇다는 것이다. 10장 1~2절을 보라. "형제들아 내 마음에 원하는 바와 하나님께 구하는 바는 이스라엘을 위함이니 곧 그들로 구원을 받게 함이라 내가 증언하노니 그들이 하나님께 열심이 있으나 올바른 지식을 따른 것이 아니니라". 그들이 하나님의 율법대로 착하고 도덕적으로 살려고 노력하였지만 그러한 열심에도 불구하고 실패한 것은 열심이 부족해서가 아니라 올바른 지식, 즉 복음을 몰라서 그런 것이다.

구원을 위한 의는 열심으로 얻어지는 것이 아니다. 의를 얻기 위해서 우리가 하늘로 올라가 그리스도를 모시고 내려오지 않아도 되고, 무저갱에 내려가 그리스도를 죽은 자 가운데서 모시고 올라오지 않아도 된다. 하늘로 올라갈 만큼 거룩하지 않아도 되고, 죽음 같은 고행과 형벌로 자신을 자학하지 않아도 된다는 것이다. 그래서 6~7절에 "믿음으로 말미암는 의는 이같이 말하되 네 마음에 누가 하늘에 올라가겠느냐 하지 말라 하니 올라가겠느냐 함은 그리스도를 모셔 내리려는 것이요 혹은 누가 무저갱에 내려가겠느냐 하지 말라 하니 내려가겠느냐 함은 그리스도를 죽은 자 가운데서 모셔 올리려는 것이라"라고 말씀한다. 하늘로 올라갈 만한 거룩이나 지옥으로 내려갈 만한 고행으로 구원에 이르는 것이 아니라 구원의 길은 바로 사도들이 전파하는 믿음의 말씀에 있다. 여기에 이스라엘의 문제가 있었다. 열심은 있었는데 올바른 복음에 대한 지식이 없었던 것이다. 그 복음은 이미 그들 가까이에 존재하고 있었는데 말이다. "그러면 무엇을 말하느냐 말씀이 네게 가까워 네 입에 있으며 네 마음에 있다 하였으니 곧 우리가 전파하는 믿음의 말씀이라"(8절). 하나님의 구원은 사도들이 전파하는 믿음의 말씀, 즉 예수 그리스도가 이루신 일에 대한 소식인 복음에 있다. 이 복음을 듣고 예수를 주로 시인하고, 십자가에서 죽으시고 부활하신 것을 믿으면 구원받는 것이다. 그래서 9~10절에 "사람이 마음으로 믿어 의에 이르고 입으로 시인하여 구원에 이르느니라 성경에 이르되 누구든지 그를 믿는 자는 부끄러움을 당하지 아니하리라 하니"라고 선언한다.

결국 구원은 열심, 신심, 종교성, 행위, 고행, 도덕에 달린 것이 아니다. 올바른 지식인 복음에 달린 것이다. 예수 그리스도께서 우리를 위해서 행하신 십자가와 부활의 소식을 듣고 믿으면 구원을 받는 것이다. 내 아들, 내 남편이 왜 교회를 다니지 않는가? 그들이 왜 상처받고 그 다음부터 교회에 나가지 않는가? 그들은 그동안 하나님에 대한 종교적인 행위와 열심만 가지고 있었고, 정작 진리를 좇은 것이 아니었기 때문이다. 우리 남편은 매우 선한 사람인데 왜 교회를 다니지 않는가? 왜냐하면 이 복음을 분명히 알지 못하기 때문이다. 그동안 잠시 교회에 나온 것은 마음의 평안을 위해서, 좋은 말씀 들으려고, 복 받으려고, 어려운 문제를 해결하려고 잠시 나왔던 것이다. 하지만 그들은 이 십자가의 복음을 듣고, 예수를 주로 시인하며, 주님이 날 위해서 죽으시고 부활하신 것을 믿지 않았던 것이다.

그러므로 그들이 믿어야 한다는 것이다. 자신의 행위를 의지하는 것을 버리고, 주의 이름을 부르고 믿어야 구원을 받는다. 그러기 위해서는 그들이 복음을 들어야 한다. 그런데 그들이 복음을 들으려면 누군가 전파해야 한다. 그래서 바울은 13~14절에 "누구든지 주의 이름을 부르는 자는 구원을 받으리라 그런즉 그들이 믿지 아니하는 이를 어찌 부르리요 듣지도 못한 이를 어찌 믿으리요 전파하는 자가 없이 어찌 들으리요"라고 말한다. 그들이 구원받으려면 우리가 가서 복음을 전해야 하고 그래야 복음을 듣고 구원을 받는다는 것이다. 결국 그들이 믿지 않은 책임이 어디에 있는가? 우리가 전하지 않아서 복음을 듣지 못한 데 있다는 것이다. 선택받지 못해서가 아니다. 하나님은 모든 사람이 구원받기를 원하시지만 우리가 복음을 전하지 않아서 그들이 구원을 받지 못한다는 것이다. 디모데전서 2장 4절에 "하나님은 모든 사람이 구원을 받으며 진리를 아는 데에 이르기를 원하시느니라"라고 말씀하지 않는가?

그러므로 선택 운운하며 하나님을 탓하지 말고 복음을 전파하라는 것이다. 구원받은 신자에게는 믿지 않는 가족, 이웃, 민족, 열방을 향하여 복음을 전해야 할 책임이 있다. 우리는 이것을 위해서 보냄받은 존재들이다. 그리스도는 제자들을 땅 끝까지 이르러 증인이 되라고 보내시지 않았는가? 우리를 대표하는 사도들 안에서 우리 모든 그리스도인은 세상으로 보냄받은 증인들이다. 그리고 이 증인들의 발을 성경은 아름답다고 말한다. 왜냐하면 그들이 전하는 그 말씀을 듣고 사람들이 믿어 구원받기 때문이다. "보내심을 받지 아니하였으면 어찌 전파하리요 기록된 바 아름답도다 좋은 소식을 전하는 자들의 발이여 함과 같으니라"(15절). "그러므로 믿음은 들음에서 나며 들음은 그리스도의 말씀으로 말미암았느니라"(17절).

믿지 않는 가족, 자녀, 남편 옆에 왜 우리가 있는가? 믿지 않는 동료 옆에 왜 복음을 아는 우리가 있는가? 복음을 전하기 위해 보냄 받았기 때문이다. 아직까지 그들이 예수 그리스도를 믿지 않는 것은 우리가 아직까지 전하지 않았기 때문이다. 모든 그리스도인에게는 복음을 전할 책임이 있다. 그들에게 우리를 보냈는데 그들이 한 번도 복음을 듣지 못했다면 하나님은 그 책임을 우리에게 물으실 것이다. 내 주변에 복음을 듣지 못했다고 말하는 사람이 한 명도 없어야 하는 것이다. 또 복음을 들은 사람은 자신이 들은 복음, 즉 그리스도에 대해서 어떤 반응을 했는지에 대해 스스로 책임져야 한다. 이것은 전적으로 인간의 책임이다. 하나님의 주권과 인간의 책임은 함께 가는 것이고 이것이 성경의 선언이다.

신자가 믿음에서 떨어지면 어떻게 되는가? (11장)

이제 바울은 최종적인 결론에 도달했다. 그는 무슨 말로 자신의 복음의 교리를 마무리할 것인가? 그의 결론을 들어보면 그가 무엇을 말하려고 하는지 알게 될 것이다. 그것은 믿지 않으면 망한다는 것이다. 그가 말하는 복음은 무엇인가? 우리로 하여금 예수만 믿게 하는 것이다. 처음부터 끝까지 이 믿음에서 떨어지지 않고 예수 믿은 지 30년, 50년이 지나도 예수만 믿게 하는 것이다. 교회가 100년, 200년이 지나도 계속 예수만 믿게 하는 것이다. 이 믿음에서 떨어지면 이스라엘처럼 망한다는 것이다. 바울은 이 경고로 교리를 마무리할 것이다. 결국 바울이 말하는 복음의 대주제는 믿음이며 성경의 대주제는 믿음인 것이다. 이제 우리는 이 대주제의 결론을 위해서 중간에 나타나는 이스라엘의 구원 시나리오에 대해서 간략히 언급하고 결말로 가야 하겠다.

이스라엘은 복음을 들었음에도 불구하고 믿지 않았다. 그렇다면 그들은 영원히 버림받을 것인가? 과연 이스라엘을 향한 구원의 시나리오는 있는가?

넘어진 이스라엘의 구원 시나리오

바울은 비록 그들 대부분이 하나님을 떠나 있지만 다 버린 것이 아니라 '남은 자'가 있다고 말한다. 과거 아합 왕 때에 엘리야의 질문에 7천 명이 남아 있다고 한 것처럼 하나님을 섬기는 남은 자가 있다는 것이다. 그 남은 자가 누구인가? 바울 자신이 이스라엘 사람으로서 사도가 되었으니 남은 자요, 예수님의 열두 제자도 남은 자요, 예수님의 부활을 목격한 5백여 형제도 모두 유대인으로 남은 자요, 초대 유대 그리스도인들이 남은 자라는 것이다. 비록 그들이 고국에서 쫓겨나 배척당했지만 그들이 남은 자라는 것이다. 하나님은 이러한 남은 자를 통해 반드시 이스라엘을 재건할 것이라고 말씀하신다. 그러므로 하나님이 이스라엘을 버리신 것이 아니다. 마치 나무가 잘려졌지만 그 밑동은 남아서 그루터기가 되어 거기서부터 다시 싹이 나고 가지가 돋아 살아날 수 있듯이 이스라엘은 다시 재건될 것이다. 이것이 이스라엘에 흐르는 사상이며, 그들이 바벨론 포로로 잡혀갔을 때에도 이사야는 "이스라엘이 망한 것이 아니다. 하나님이 남기신 자가 있다. 그들이 돌아와서 그루터기가 되어 이스라엘은 다시 회복될 것이다!"라고 말했다. "이스라엘이여 네 백성이 바다의 모래 같을지라도 남은 자만 돌아오리니"(사 10:22).

어떻게 이 남은 자들을 통해서 하나님께로 돌아오게 되는가? 하나님은 먼저 남은 자를 통해서 이방인을 구원하여 영적인 이스라엘을 건설하신다. 11장 11~12절을 보라. "그러므로 내가 말하노니 그들이 넘어지기까지 실족하였느냐 그럴 수 없느니라 그들이 넘어짐으 구원이 이방인에게 이르러 이스라엘로 시기나게 함이니라 그들의 넘어짐이 세상의 풍성함이 되며 그들의 실패가 이방인의 풍성함이 되거든 하물며 그들의 충만함이리요". 그리고 이 남은 자들인 교회가 육적인 이스라엘의 핍박을 받고 흩어져 이방인에게로 가서 복음을 전했다. 바울도 그렇게 부름을 받았다. 그 결과 열매 맺을 수 없었던 돌감람나무인 이방인이 예수를 믿음으로 참 감람나무인 이스라엘의 남은 자에 접붙여진 것이다. 다시 말하면 이스라엘이라는 감람나무가 잘려졌지만 그루터기가 남았고 그 그루터기에 돌감람나무인 이방인의 가지가 접붙여진 것이다. 그래서 돌감람나무가 참감람나무가 되었다. 이방인들이 예수님을 믿고 참 이스라엘이 된 것이다. 이렇게 하나님은 남은 자들을 통해서 먼저 영적인 이스라엘 나라, 참 이스라엘을 건설하신다. 그래서 17절에 "또한 가지 얼마가 꺾이었는데 돌감람나무인 네가 그들 중에 접붙임이 되어 참감람나무 뿌리의 진액을 함께 받는 자가 되었은즉"이라고 말씀한다.

그렇다면 육적인 이스라엘 나라는 어떻게 재건되는가? 성경은 접붙여진 이방인의 충만한 수가 차면 이스라엘이 회복될 것이라고 말씀한다. 이스라엘의 불순종으로 이방인에게 전파된 복음이 이방인의 충만한 수가 차면 다시 이스라엘에게로 돌아온다는 것이다. 25절에 "형제들아 너희가 스스로 지혜 있다 하면서 이 신비를 너희가 모르기를 내가 원하지 아니하노니 이 신비는 이방인의 충만한 수가 들어오기까지 이스라엘의 더러는 우둔하게 된 것이라"라고 하였다. 즉 복음이 모든 이방인에게 전파되면 끝이 오며 바로 이때 충만한 이방인의 수가 차면 이스라엘이 돌아온다는 것이다. 어떻게 그러한 일이 일어나게 되는가? 그들이 시기하게 된다는 것이다. 정작 원 가지인 자신들은 잘려져 하나님에게서 떠나 있고, 이방인이 하나님께 접붙여져서 하나님의 영적인 복을 받아 누리는 것을 보고 이스라엘이 시기하여 하나님께 돌아올 것이라는 말이다. 그래서 11절 하반절에 "그들이 넘어짐으로 구원이 이방인에게 이르러 이스라엘로 시기나게 함이니라"라고 하였고, 14절에서도 "이는 혹 내 골육을 아무쪼록 시기하게 하여 그들 중에서 얼마를 구원하려 함이라" 하였다.

그래서 이스라엘이 복음을 버린 것이 온 세계의 구원(화목)이 되었다면, 그들이 받아들이는 것은 죽은 자 가운데서 살아나는 것이라고 말한다. "그들을 버리는 것이 세상의 화목이 되거든 그 받아들이는 것이 죽은 자 가운데서 살아나는 것이 아니면 무엇이리요"(15절). 이것이 무슨 말인가? 그때에 죽은 자가 부활하는 재림의 종말론적인 사건이 일어난다는 뜻인가? 아니면 비유적인 것으로 그때에 에스겔의 해골 골짜기에서 해골이 일어나듯이 놀라운 부흥의 때가 온다는 뜻인가? 사실 무엇인지는 정확하지 않다. 어쩌면 그들이 복음을 버린 것이 온 세계에 전파되는 계기가 되었다면 원 가지인 이스라엘의 회심은 전 세계적으로 엄청난 복음의 부흥의 시기를 가져올 것이라고 예상하는 것도 가능하다. 12절에서도 "그들의 넘어짐이 세상의 풍성함이 되며 그들의 실패가 이방인의 풍성함이 되거든 하물며 그들의 충만함이리요"라고 말씀하고 있기 때문이다. 저 모든 유대인들이 예수님께로 돌아온다는 것이야말로 예수 그리스도가 참 구세주임을 온

만방에 드러내는 결정적인 역사적 사건이 될 수 있기 때문이다. 이것이 하나님의 구원 계획이라는 것이다. 그리고 지금 이스라엘 내에도 많은 변화가 있어서 주님께로 돌아오는 사람들이 많이 늘어나고 있다고 한다. 그 일이 어떻게 이루어질지는 모르겠다. 그리고 이 부분에 대해서는 현재 다양한 해석이 있다. 하지만 역사의 종말에 우리는 이 말씀이 어떤 방식으로 성취되는지 볼 것이며, 그때에 이 말씀의 의미가 무엇인지 밝히 알게 되리라.

너도 아끼지 아니하시리라.

이제 대단원의 결론으로 나아간다. 이렇게 이스라엘의 넘어짐과 구원을 이야기하던 바울은 갑자기 안색을 바꾸어 이방인들에게 자랑하지 말라고 한다. 그리고 그들이 원 가지에 접붙여진 가지에 불과함을 상기시키고 그 원 가지가 꺾인 이유를 언급하면서 너희도 같은 잘못을 하면 원 가지처럼 꺾일 것이라고 경고한다. 여기서 이 로마서의 대주제인 믿음이 다시 언급된다. 원 가지인 그들이 꺾인 이유는 믿지 않았기 때문이라는 것이다. 반면에 너희가 접붙임 받아서 선 것은 믿었기 때문이라는 것이다. "옳도다 그들은 믿지 아니하므로 꺾이고 너는 믿으므로 섰느니라"(20절). 그런데 왜 "높은 마음을 품지 말고 도리어 두려워하라"고 덧붙이는가?(20절 하) 그것은 하나님이 원 가지인 이스라엘이 믿지 않을 때에 아끼지 않으신 것처럼 너희도 믿지 않으면 아끼지 않으실 것이기 때문이다. "하나님이 원 가지들도 아끼지 아니하셨은즉 너도 아끼지 아니하시리라"(21절). 여기서 아끼지 않는다는 의미가 무엇인가? 믿지 않으면, 그분의 인자하심 가운데 머물러 있지 않으면 결국 그들도 찍히게 된다는 것이다. "너희가 만일 하나님의 인자하심에 머물러 있으면 그 인자가 너희에게 있으리라 그렇지 않으면 너도 찍히는 바 되리라"(22절 하). 바울이 서두에서도 언급했지만, 바울이 로마서를 쓴 이유가 여기에 있다. 믿으면 서는 것이고 믿지 않으면 넘어지는 것이다. 그러므로 이미 믿은 그들이 끝까지 이 믿음에서 떨어지지 않게 하려고 로마서를 쓴 것이다. 우리는 이 말씀을 분명히 들어야 한다. 칼빈의 예정론과 부합하지 않는다고 물타기를 시도하려고 하지 말라. 성경이 명백히 말씀하는 진리에 귀를 기울이는 것이 우선이다.

이 편지를 받는 로마교회가 원 가지가 아니듯 우리 대한민국 교회도 원 가지가 아니다. 영국도 유럽도 미국도 기독교의 원 가지가 아니다. 그들이 하나님의 복음을 믿고 예수만 믿고 주님의 긍휼과 인자하심만 바라면서 가지의 접붙임을 받았을 때 유럽에 얼마나 큰 부흥이 일어났는가? 그런데 그들이 마치 원 가지인 것처럼, 자기들만 특별해서 택함을 받은 것처럼 교만했다. 지금 그들은 그리스도 대신 도덕의식과 고상한 인격으로 포장한 자기 의와 복지적인 사회제도를 더 의지한다. 그래서 더 이상 교회에 나가지 않는다. 십자가와 부활을 믿지 않는다. 예수님이 그들의 구세주도 주님도 아니다. 그저 자신들이 따라야 할 선생이고 모델일 뿐이다. 요즘 유럽 교회의 상황이 어떠한가? 지금은 건물만 남고 노인들만이 예배하고 있으며, 그나마도 유지하지 못해 술집과 이슬람에 팔려나가고 있다. 성지순례를 가서 초대

교회의 발자취를 따라가보라. 모두 유적지화되어 있고 이슬람화되었다. 원 가지도 아끼지 않으신 주님이 그들도 아끼지 않으시는 것이다.

끝까지 믿음의 복음 안에 남아 있으라.
하나님은 이스라엘도 아끼시지 않은 것처럼 서구 교회도 미국 교회도 아끼시지 않았다. 건물도 문화도 교회에 출석하는 사람도 아끼시지 않았다. 주님의 관심은 어디에 있는가? 항상 이 복음에 머무르는 사람이다. 항상 은혜 안에 머물고 믿음에 머무는 자들이다. 하나님은 그 복음의 생명력을 가진 사람을 통해서 언제나 역사를 써내려 가신다. 그들을 그루터기로 사용하시어 역사를 이루어 가신다. 늘 이 복음 안에 머물며 믿음으로 살아가면 그들은 그 시대의 그루터기가 되어 하나님은 그들에게 열방을 유업으로 주시고 그들을 통해서 하나님 나라의 역사를 이루어 가신다.

그러므로 가장 중요한 것은 바로 복음이다. 이 복음을 지키고 이 복음 안에서 우리가 변화되어야 한다. 복음을 알지 못하고, 복음을 이해하지 못하고, 복음 위에서 신앙생활을 하지 않으면 우리는 하나님이 원하시는 참감람나무가 될 수 없다. 우리는 되물어야 한다. 믿음의 선조들이 과연 오늘날 우리의 모습을 보고 우리를 그리스도인이라고 인정할까? 아브라함이 우리를 안다고 할까? 바울이 우리를 안다고 할까? 초대 성도들이 우리를 안다고 할까? 핍박과 순교 속에서 한국교회를 세운 우리 선배들이 우리를 안다고 할까?

어떤 사람이 말발굽의 편자를 만든다. 그런데 어리석게도 이 말의 편자의 원판을 가지고 첫 것을 찍고 그 다음에는 최근 것을 기준으로 해서 또 찍어낸다. 그렇게 해서 찍다 보면 처음의 몇 개는 그럭저럭 맞겠지만 시간이 지나고 개수가 더해갈수록 불량품이 나올 것이다. 결국 나머지는 거의 쓸모없는 편자가 될 것이다. 오늘날 교회가 이와 같다는 생각을 떨쳐버릴 수 없다. 세월이 지나면서 혹시 원판에서 멀어진 불량 편자만 존재하고 있을지도 모르는 일이다.

신앙이 점점 종교화, 도덕화, 공로화되어 간다. 그리스도에게서 멀어져 간다. 오늘날 교회는 과연 작은 예수 그리스도를 찍어내는 바른 주물의 금형인 이 복음을 제대로 가지고 있는가? 믿음에서 떠난 원가지도 아끼지 않으신 주님이 오늘날 우리를 아끼실까?

우리가 로마서에서 배운 이 믿음을 가져야 한다. 우리가 복음의 사람이 되어야 하고, 복음을 지켜야 하고, 복음을 전해야 한다. 바울이 디모데에게 복음을 지키라고 한 것이 바로 이 복음이다. 충성된 자에게 부탁하라고 한 것도 이 복음이다. 바울은 이 복음이 세상을 변화시킬 것이라는 사실을 확신했다. 그리고 실제로 바울이 이 로마서를 쓸 당시의 그 로마, 동성애가 난무하고 죄악이 난무했던 그 시대를 이 복음이 변화시킨 것이다. 초대교회 당시 세계를 다스리는 자는 로마 황제였다. 역사의 주인공이 마치 로마 황제인 것처럼 인식된다. 그러나 아놀드 토인비는 "바울이 탄 배에는 유럽 문명이 실려 있었다"라고 말했다. 바울은 아시아가 아니라 유럽으로 갔다. 그럼으로써 한 사람이 전 세계 역사의 흐름을 바꾼 것이다. 우리도 이러한 확신 가운데 굳건히 서야 한다. 이 시대의 대안은 오직 복음, 우리 주 예수 그리스도 외에는 없다. 복음은 예수만 믿게 하는 것이다. 복음은 처음부터 끝까지 예수님만 믿게 하는 것이다. 이 복음을 알아야 한다. 이 복음을 체질화해야 한다. 복음을 아는 것으로 끝나지 말고 복음으로 자신을 형성하고, 복음으로 교회의 체질을 새롭게 형성해가야 한다. 그리스도 외에 다른 것이 들어오려고 할 때 이를 철저히 봉쇄하는 방법은 오직 복음뿐이다. 그리스도의 복음을 지키고 이 복음을 전하여 오직 예수 그리스도만이 구원자요, 주요, 기쁨이요, 만족이요, 살아갈 이유요, 사랑이요, 문제의 대답이요, 목자요, 피할 반석이요, 소망이요, 바라볼 영광이요, 승리요, 충만함이요, 모든 것임을 알게 하자. 오직 예수 그리스도만이 우리의 소망이다. 지혜로우신 하나님께 예수 그리스도로 말미암아 영광이 세세 무궁하도록 있을지어다. 아멘(롬 16:27).

이인호 목사의 깊이 있는 로마서 산책

믿음에서 믿음으로

초판 1쇄 2017년 12월 7일
초판 4쇄 2019년 8월 9일

지은이 이인호
발행인 최우식
발 행 익투스

기획 정건수 **출판팀장** 김귀분 **교육팀장** 양재권
교재개발 1팀장 노영주 **교재개발 2팀장** 나현규
행정·경영지원 윤옥정, 임정은, 황종연, 임상문

마케팅 팀장 김경환 **마케팅** 박경헌
마케팅지원 주정중, 박찬영 **인터넷** 현지혜
제작 서우석 **교정** 홍주애 **외부교정** 송지수

표지 및 내지 디자인 생기

주소 서울시 강남구 영동대로 330
전화 (02)559-5655~6 **팩스** (02)564-0782
홈페이지 www.holyonebook.com
출판등록 제2005-000296호

ISBN 979-11-86783-11-5 03230

ⓒ2017, 익투스
※잘못된 책은 바꾸어 드립니다.,

복음에는 하나님의 의가 나타나서
믿음으로 믿음에 이르게 하나니 기록된 바 오직 의인은
믿음으로 말미암아 살리라 함과 같으니라(롬 1:17)